经济法专题研究书系

ZHENGQUANYE ZILÜ GUANLI
"GONGQUANHUA" YANJIU

证券业自律管理 "公权化"研究

楼 晓 著

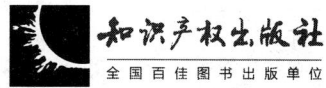
知识产权出版社
全国百佳图书出版单位

图书在版编目（CIP）数据

证券业自律管理"公权化"研究/楼晓著.—北京：知识产权出版社，2013.11
ISBN 978-7-5130-2401-3

Ⅰ.①证… Ⅱ.①楼… Ⅲ.①证券业-自律-研究-中国 Ⅳ.①F832.51

中国版本图书馆CIP数据核字（2013）第264832号

内容提要

本书认为在政府证券监管公权力的不断强势下，已严重削弱了证券业自律管理原有的"独立的"、"自治的"、"私权利"的本质，使其成为政府证券监管的一个"臂膀"。而生成于市民社会或政府主导不同环境背景下的证券业自律管理制度，其"公权化"的路径选择和内涵虽有所不同，但究其根源均是证券业自律管理"公权化"的症结。我国当前证券监管改革中，在证券交易所公司制改革成为必然的趋势下，树立适度的政府监管理念、确立证券业协会充分的证券业自律管理者"独立"地位，并赋予其实际的自律管理职权，应为矫正我国证券业自律管理严重"公权化"的主要路径选择。

责任编辑：彭小华	**责任校对**：董志英
特约编辑：张红蕊	**责任出版**：刘译文
执行编辑：王　岩	

证券业自律管理"公权化"研究
楼　晓　著

出版发行：知识产权出版社有限责任公司	网　址：http://www.ipph.cn
社　址：北京市海淀区马甸南村1号	邮　编：100088
责编电话：010-82000860转8115	责编邮箱：pengxiaohua@cnipr.com
发行电话：010-82000860转8101	发行传真：010-82000893/82005070
印　刷：北京富生印刷厂	经　销：新华书店及相关销售网点
开　本：880mm×1230mm　1/32	印　张：10.125
版　次：2014年7月第一版	印　次：2014年7月第一次印刷
字　数：267千字	定　价：36.00元
ISBN 978-7-5130-2401-3	

出版权专有　侵权必究
如有印装质量问题，本社负责调换。

摘　　要

随着金融危机的发生，一些受金融危机波动影响严重的国家围绕金融市场结构、金融监管理念和监管者责任等内容已着手其本国现行金融监管体制改革。其中，在理论界和政策制定者之间以及最新立法改革中引起广泛争议的焦点是在金融监管体制中，对金融业自律管理形态和角色的重大探讨存在显著缺陷。

现代金融市场的复杂性及全球化特征，使得任何政府试图全面控制和管理金融市场都将不可避免地遭遇管理套利的基本问题，只有通过获得行业的积极参与和管理才可能打破这个怪圈。因此，在讨论、争辩金融监管体制改革时，缺乏对行业自律管理的关注是一个严重的缺陷和遗漏。在整个金融市场中，证券市场无疑是其中市场结构最复杂、投资风险最大、有效监管也最困难的主要部分，现行金融市场的跨境联盟也更多地产生在资本市场领域中。并且，每一次金融风暴引发的经济动荡也基本来自资本市场的爆发原点。因此，证券市场自律管理体制的改革成为金融监管体制改革中不容忽视的重要内容。

证券业自律管理现状不尽如人意，表现为自律管理严重不力、自律管理被严重边缘化、自律管理在利益冲突面前失去信用等诸多严重问题。产生上述问题的原因是多方面的，但本书认为，究其根源是证券业自律管理"公权化"的症结，而非仅仅是自律管理某一外在表象的问题。或者说证券业自律管理不足，所有外在的表象均源自于其"公权化"根源。基于此，本书围绕证券业自律管理"公权化"的表象、产生的原因、路径演变等内容进行分析、研究，并探讨证券业自律管理"公权化"矫正的途径选择。

证券业自律管理"公权化"研究

摘 要

一、证券业自律管理本义及其"公权化"表象的分析

对事物的最高认识莫过于对本质的把握，证券业自律管理亦不例外。证券业自律管理这一古老、传统，而又常新、现代的话题历来是证券监管体制中永恒探索的内容，不同时代、不同体制的国家对证券业自律管理不断改革、完善的孜孜探究也充分说明证券业自律管理本身对于证券市场监管的重要性及其存在的困惑。而"只有正本才能清源"。

在证券业自律管理本义部分，首先，本书通过对行业自律管理中"自我"特性的分析表明，尽管从行业自律管理组织产生以来金融业自律管理中的"自我"都是以集体组织面貌而非个人形式出现的，但"自我"作为一个社团组织管理形态，其表现为独立于政府行政监管并与之并行存在的一种市场化管理组织，属于市民社会中民间协会"私主体"的身份，并具有充分的"独立性"。尽管在政府介入证券市场监管后，自律管理也并非与政府毫无关联，但行业自律管理组织的"独立性"仍是其最本质的特征。而且，契约理论以及行业自律管理中体现的有限"公共利益"特征决定了行业自律管理组织"私主体"的本质特性。其次，本书对证券业自律管理权的"私权利"本义作了分析。从证券业自律管理权行使对象为行业内部成员、行业自律管理权维护的是行业共同利益的角度以及其与政府监管关系的外部维度方面分析了行业自律管理权的"私权利"本质属性。另外，通过对证券业自律管理"自治权"的契约来源及自治权的特性分析表明，尽管证券业自律管理自治权包括带有一定强制约束力的处罚、惩罚等职权，但其本质仍应属于"私权利"的范畴，从而与国家政府实施的"公权力"相区别。

除此之外，证券业自律管理本义部分还从证券业自律管理权的合宪性、契约性角度，对证券业自律管理"自治权"及其权利体系、对证券业自律管理"自治权"行使程序的正当性要求

进行了分析，认为在法治进程中，在外部力量尊重自律管理行为之外，证券业自律管理本身也要注重正当性程序的要求。

在证券业自律管理"公权化"表象部分，本书在认定"公权化"特定含义的基础上，分别对证券交易所、证券业协会的法律属性及证券业自律管理目标三个方面进行了论证。其中，证券交易所"公权化"的表象为证券交易所"自我"身份"准行政机构化"的异化。尤其在中国，现实中的证券交易所自律管理组织已异化为"具有中国特色的公共权力机构"，不再是原本具有私人属性的团体组织。交易所会员从"自我"变身为完全的"被管理者"。证券交易所自律管理也多是以"自律"之名行"行政管理权"之实。证券业协会自律管理"公权化"的表象为证券业协会已从行业成员利益的代表者、维护者转变为仅是一个服务者，其自律监管职能主要成为"政府的桥梁和纽带"，成为政府监管的延伸工具。证券业自律管理的目标也从维护行业成员的群体利益滑向对"公共利益"的维护等"公权化"的表现。

二、证券业自律管理"公权化"国际发展趋势的考察

英美最发达的证券市场本就渊源于证券交易所自律管理的"自我"生成。这种"自发"的具有民间私人俱乐部性质的组织为证券业自律管理打下了坚实的"独立""自治"的品质基础。在长达百余年的期间里，美国处于自由经济发展阶段，其奉行的"最少干预的政府就是最好的政府"信条，极大地促进了美国证券业自律管理的发展。然而，分散、自由所带来的美国证券市场严重的投机、虚假、欺诈等问题，导致对证券业自律管理信任的坍塌和政府的干预介入。伴随着之后每一次金融危机爆发，在责难证券业自律管理的缺陷时，政府开始不断加强其对证券市场的监管力度，并最终使证券业自律管理本身也被置于政府的监管之下，逐渐减弱证券业自律管理的独立、自治的本性，使其从被广泛质疑演变成"准政府机构"，扮演着政府监管者"臂膀"的角

色。尽管对此无论是理论界还是司法实务中都有反对的主张，但理论界的广泛质疑以及有关司法认定本身就已表明英美等西方国家传统的证券业自律管理已经发生了异化演变。

日本早期的证券业自律管理就被置于政府的监管之下，其自律管理的行政色彩同样越来越浓厚，在一定程度上也表现出证券业自律管理"公权化"的发展趋势。

三、证券业自律管理"公权化"的原因探析

造成证券业自律管理"公权化"的原因，既有其行业自律管理本身的内因，也有外因的强大影响，这种内外因的相互联动形成了证券业自律管理"公权化"的局面。

这些原因主要表现在：第一，行业自律管理限度及其利益冲突的内因。证券业自律管理的优势在不断变化的市场结构面前逐渐弱化，公司化改制后的交易所的自律管理职责与其自身利益及其他相关主体利益诉求间的冲突，导致其自律管理中出现放松、偏袒等严重自律管理不力现象。第二，政府对金融市场的直接干预政策和对公共利益的维护是造成证券业自律管理"公权化"的外部动因。第三，证券市场结构及其经济环境的变化是导致证券业自律管理"公权化"的根本因素。第四，经济学理论所主张的经济自由放任监管理念及政府全面干预监管理念的发展变化，也引导了在政府证券监管日益加强环境下的证券业自律管理"公权化"的演变。

面对中国金融市场在2007年美国金融危机中并未受到严重影响的现象，有观点赞许中国现行政府主导型证券监管体制的有效性。然而，中国金融市场未受重创的原因与美国次贷危机爆发的原因非属同一层面的原因，而主要是中国现行证券市场结构相对简单、交易领域相对封闭、缺乏竞争以及与国际证券市场相对脱离的结果。因而这种有效论值得商榷。

四、证券业自律管理"公权化"的路径依赖分析

当今中西方证券业自律管理均表现出"公权化"问题。尽管如此,生成于不同环境背景下的证券业自律管理制度,其"公权化"变迁的路径选择和内涵却有所不同。根据诺斯"制度变迁路径依赖理论",任何制度变迁总有其自身路径依赖的规律可循;其中,文化积累和政治力量是制度变迁路径依赖中的两个重要因素。文化累积过程中形成的价值观、理念等文化存量以及政治制度、组织和利益集团力量对比等政治因素决定了不同制度的路径选择。

英美证券业自律管理是在市场经济、民主政治国家所奉行的"自由主义"精神下自发、自觉生成的,同时也是市民社会高度发展时期的产物。市民社会所特有的"独立""自治"特性以及国家对私权利的保护等价值观使其证券业自律管理在政府监管不断加强的环境中尽管呈现出逐渐减弱并产生异化的趋势,但其"独立""自治"的特性依然保存。或者说,这在某种意义上也可以理解为是对其证券业早期完全行业自律、自治、自由的一种约束,有其合理的一面。

我国几千年封建社会形成的集权主义、国家本位主义及官本位主义等思想、价值观是我国政府主导型证券监管制度选择的根本所在。同时,中国市民社会的缺失使行业自律固有的"独立""自治"精神在由政府推动而成立并运行的证券业自律管理组织中根本无法真正体现,这也是我国证券业自律管理"公权化"路径选择的必然结果。

五、"公权化"下自律管理"存废论"与"有效论"之辨析

在证券业自律管理明显"公权化"的当今,在证券业自律管理中的弊端日益凸显时,关于证券业自律管理体制的废除抑或是维持、存续,不断引发争论。其中,"废除论"所持的理由主要为网络化、全球化、电子化的证券交易市场以及另类证券交易系统使得以交易所为首的证券业自律管理体制虚拟化，故应由市场竞争规则替代行业自律管理。而另一个理由则是在政府监管日益强势的背景下，证券业自律管理已经"公权化"，因而，其自律管理已严重弱化而处于实际虚无状态。当然，还有观点认为证券业自律管理出现的种种弊端并非其被废除的理由，重要的是如何改革使其"公权化"得以矫正，从而发挥其应有的优势和作用，因而证券业自律管理制度的存续及改革是必然的。

而在中国证券业自律管理"公权化"十分凸显的情形下，面对2007年美国金融风暴中中国金融市场并未受到巨大冲击的态势，有人提出了中国现行以政府为主的金融监管体制有效的观点。这一观点的偏颇之处在于未清晰地认识到二者所产生和论及的层面是截然不同的。

六、证券业自律管理"公权化"矫正的路径探究

对证券业自律管理"公权化"这种非正常现象应予以矫正，才能发挥证券业自律管理应有的作用，有效地促进中国金融市场、证券市场的繁荣和发展。

证券业自律管理"公权化"矫正的首要路径是修正中国证券监管制度中一直奉行的政府主导干预理念，实行政府适度干预理念及规则监管与原则监管相结合的理念，以解除政府对市场过度"担忧"所造成的权力滥用与失控现象，实现政府监管权力合理让渡，给予证券业自律管理正常发展的必要空间。其次，中国证券交易所公司化改革及其自律监管的合理定位是使其"公权化"得以矫正的重要途径。证券交易所目前被认为是中国最主要的证券业自律管理组织，"公权化"问题也最严重。面对证券电子化、网络化、国际化趋势发展以及全球交易所公司化改革现状，中国证券交易所也不能"独善其身"，交易所的公司化改革是必然的趋势。对此，应合理借鉴国外交易所改制的成功经验，

准确定位其证券交易市场一线管理者角色,减少利益冲突,发挥其应有的作用。最后,重树证券业协会统一、独立、非政府行业自律监管机构的地位是矫正其"公权化"的重要保障;架构其自律规则制定权、行业管理自治权、市场主体资格准入权、违规行为处罚权、业内成员纠纷解决权等自律管理权利体系,以及完善其组织结构,是矫正中国证券业自律管理"公权化"的重要举措。

Abstract

With the occurrence of the financial crisis, nations heavily impacted start to reform their present domestic financial supervision system by means of rethinking and rebuilding their respective financial market supervision systems with a view to the financial market structure, reconfiguration of financial supervision ideals, and obligations of the supervisors. In this process, a heavily-debated focal issue is the mode and role of self-discipline management in the post-crisis financial supervision order. This issue has been widely disputed on the domestic level and international level, both in theoretical research and by policy-makers. But the debate so far has exhibited apparent flaws. In the present development of financial market, although the US financial crisis led to the collapse of financial credit, as a result of which people in general start to question the efficacy of self-discipline management system in the financial service industry, we should, however, realise that the choice of self-discipline management should no longer be a political one.

Due to the complication and globalization of financial markets, any government shall inevitably encounter the fundamental issue of management and arbitrage in its efforts to achieve overall control and management of financial markets. Only with the active participation of the industry into the management can this vicious cycle be broken. Therefore, a reformation without the involvement of the financial industry constitutes a serious defect and omission in the discussion and debate. In the overall financial market, the securities market is obviously the most complicated, with the highest risk of investment, and meanwhile the task of effective supervision is also the hardest. Cross-border alliance in the financial market occurs most often in the capital market. What's more, every disruption of financial storm and the following economic turbulence have basically evolved in the capital market. Therefore, the self-discipline management system in the securities market should be the priority in the reformation of the financial supervision system.

The reason why the self-discipline management in the securities industry has aroused so much attention and become the focal target of the reformation to the financial supervision system lies in the fact that the status quo of the self-discipline management in the securities industry is dissatisfactory, facing problems like incompetence in the self-discipline management, or marginalization of self-discipline management, or faith breaking of self-discipline management in the face of conflicts of interest. Many factors contribute to the above problems, but the primary reason lies in the "tendency towards public right" of the self-discipline management in the securities industry. To put it in another way, all the superficial phenomena denoting incompetence of the self-discipline management in the securities industry lies in the "tendency towards public right". Based on this knowledge, this dissertation focuses on the analysis of the reasons for and evolvement path of the tendency towards public right of the self-discipline management in the securities industry and probes into the possible corrective approaches to the tendency.

Firstly, Definition of the Self-Discipline Management in the Securities Industry and Analysis of the Tendency towards Public Right

The highest level of knowledge is to grasp the essence of things. The same is true with the self-discipline management in the securities industry, which has had a long tradition but meanwhile has always been a lasting topic in the reformation of securities supervision. The fact that nations of different times and political systems have strived to research on the reformation and perfection of the self-discipline management in the securities industry explains the importance of the self-discipline management to the supervision of the securities market and the perplexity in it. In order to get out of such perplexity, it is essential to clarity essential matters.

The definition part of the self-discipline management in the securities industry is divided into two sections. Section one is inspection into the private identity of the self-discipline management organizations. It begins with the analysis of "self" and "management", then the dissertation proposes that, although in the financial industry the "self" in the self-discipline management is always in the form of collective organizations, as a corporative management mode, it is independent from and coexist with the administrative management. It belongs to a nongovernmental private entity in the civil society and is meanwhile highly independent. Although after the involvement of the government into the supervision of the securities market, the self-discipline management is not totally unrelated to the government, independence is still the most essential feature of the self-discipline management. Besides, the self-discipline management as a private entity is also reflected by contract theory and the limited "public interest" in the self-discipline management. The second section is the discussion over the private right feature of the self-discipline management. It begins with the private right nature of the self-discipline management right through analysis of target of the exercise of such a right by internal members, the common interest safeguarded by the self-discipline management right and its relationship with government supervision. Besides, by analyzing the source of the right of autonomy of the self-discipline management right and the features of the right of autonomy, the dissertation believes that the self-discipline management right still belongs in private right, in spite of the fact that the right of autonomy of the self-discipline management in the securities industry includes compelling penalties and the power to punish, thus distinct from the public power exercised by the government.

What's more, the dissertation also justifies the private right nature of the self-discipline management right and the legitimacy of its right system by means of constitutionality and contract feature of the self-discipline management right. It also discusses the legitimate procedure for the exercise of the self-discipline management right in the securities industry, and thinks that in the process to the rule of law, compliance with due procedure has become an inexorable trend and practical demand. In defining the private right nature of the self-discipline management right, the dissertation also admits that, while acts of self-discipline management should be respected by external forces, the self-discipline management itself should comply with the due procedure.

In the section of the "tendency towards public right" of the self-discipline management in the securities industry, this dissertation, after defining the "tendency towards public right", discusses the following three aspects: securities exchange, securities association and the objective of the self-discipline management in the securities industry. The "tendency towards public right" of the securities exchange exposes its quasi-administrative-agency identity. This is especially the case in China, where the self-discipline management organizations in the securities industry has turned into "public power agencies of Chinese characteristics". They are no longer corporative organizations of private nature. Members of the securities exchange have changed from the "self" into target of administration. The so-called self-discipline management has turned into executive power in the name of self-discipline. The "tendency towards public right" of securities associations is represented by the fact that they have become representatives of the members of the industry and defenders have been reduced to service providers. Their self-disciplinary function has turned into "the bridge and link of the government" and become the extended tool of the government. The objective of the self-discipline management in the securities industry has shifted from safeguarding the interest of the members of the industry as a whole group to safeguarding the public interest, which is unreasonable and unjust.

Secondly, To Explore the Trend of Public Right in Securities Self-Regulation of Securities Industry in International Perspective

USA and UK being the most developed economy countries in the world, the emergence of their securities market just originated from the forming of the securities self-regulation organization, namely the stock exchange. The "innate" and pure nature of private club of this kind of stock exchange laid down a solid foundation for their "independence" and "autonomy". During the period of more than one hundred year, USA sticked to the theory of economic liberalism and abode by the creed of "the best government is the government with minimum intervention", which greatly promoted the liberal development of American economy and fanance and the self-regulation organization without government regulation. Nevertheless, the serious speculation, misrepresentation and fraud problem in American security market brought by dispersion and freedom caused a mistrust of self-regulation and the government intervention. Accompaning with every explosion of financial crisis, while accusing the blemish of self-regulation of security industry, the government began to strengthen the strength of regulaion on the security market, and finally making the self-regulation of security industry being charged by government, which led to the self-regulation of security industry gradually losing its nature of independence and autonomy, and being extensively queried to turn into the role of "quasi-government organ". Regardless of the opposing augument in both academic circle and judiciary, the extensively querying of the academic circle and judicial judgment have showed that some alienation of the traditional self-regulation of security industry in west countries has already occured.

Japan has a long history for government to take charge of the self-regulation of security industry, and the administration attribute of self-regulation of security industy became stronger and stronger, which in some sense reflected the development trend of "public right" in self-regulation of security industry.

Thirdly, To Discuss and Analyse the Causes of the Tend of "Public Right" of Self-Regulation of Security Industry

The causes that brought about the trend of "public right" of self-rregualton of security industry include both its innate reasons of self-regulatin of security industry and reasons in the security market environment. These inherent and extrinate reasons interacted and resulted in the outcome of the trend of "public right" of self-rregualton of security industry.

These reasons are mainly expressed as followings: first, the limitation and conflict of interests of self-regulation of security industry is just the internal factors of the alienation of "self-regulation". Facing with the changing market, the advantages of self-regulation of security industry become weaking gradually. After being restructed into company, the security exchange has confronted some problems such as its own self-regulation duty being conflicted with its own interests and other stakeholder's interests, which would lead to some inadequate self-regulation such as loosening and partiality in self-regulation of security industry. Second, the intervention policy of the government to the financial market and the maintenance target of public interests is for government to directly interfere with security regulation, which is the external reason that leads to the trend of "public right" of self-regulation of security industry. Third, the changes in both the security market structure and it's economy environment is the fundamental factors that cause the alienation of self-regulation of security industry. These developments and changes directly the changing role of government intervention in fanacial market and security market from a loosening regulation to stregthening regulation. It can be followed that the development trajectorie in self-regulation of security industry just coinide with the development trajectories of government regulation theories.

Confronted with the alienation phenomenon of self-regulation of security industry and the phenominon of China's immunity from the American financial crisis in 2007, some approve the effectiveness of Chinese current security system, the reasons for supporting the current system are based upon the relevant simple security market structure, self-enclosed trading field, less competetion and being greatly deviated from international security market. These factors mentioned above will in no doubt affect the correct path of Chinese financial regulation reform.

Fourthly, To Analyse the Path Dependence of the Alienation of Self-regulation of Securities Industry

Although all the self-regulation of security industry in every country presents the development trend of "public right", the path selection and annotations of the alienation of self-regulation of security industry are different under different environment. According to North's institution change theory, any institution change always has its own path dependence to follow. According to North's institution change theory, there are two important factors that constitute the main reasons of institution change path dependence, namely culture and polity. The values, concepts, convictions and knowledge which are accumulated in cultural development and political system, organization and interest group strength decide the differrent institution selection path.

In USA and UK, the self-regulations of security industry naturally orignated from the "liberalism" spirit abode by market economy and democracy nation, and was the just outcome of most developed civil society in western world. It is the unique nature of "independence", autonomy" and the value concept of national protection of private right that makes the self-regulation of security industry in USA and UK maintain the nature of autonomy prominent. Although the self-regulation of security industry gradually weakened and produced the alienation phenominon, people still consider self-regulation of security industry as beding an essentional part of security regulation system.

In China, the thoughts and value of totalitarianism, nationalism and the officialdom standard formed during feudalistic society of several thousand years is the foundation upon which the govenrment choose the current security regulation system with government taking predominance. The lack of civil society in China history make the self-regulation organization of security industry established under the promotion of government being deprived of and no expressing the innate nature of "independence" and "autonomy" of a true self-regulation organiazation of security industry, which is also leading to a different choice of the trend of the alienation of self-regulation of security industry in China.

Fifthly, To Discriminate the "Abolition Theory" and the "Effective Theory" about the "Public Right" of Self-Regulation

Today, Face the increasingly evidenty "public rights" of self-regulation in the securities industr, under the increasingly highlighted the shortcomings in the securities industry self-regulation, the securities industry self-regulatory regime on the abolition or whether is maintained constantly subsisting sparked controversy. Which stands for "the abolition" of the view held by the main reasons for the network, globalization, electronic securities trading markets and alternative trading systems such securities to exchange the securities industry led self-management system virtualization, industry self- management should be replaced by alternative market competition rules. And another reason is under the growing strength of the government regulation, the securities industry self-regulation has become "public authority" and thus, its self-management has been severely weakened and in the actual state of nothingness. Of course, there are orther views that it can not be repudiated enver if the securities industry self-regulation appear the drawbacks, it is important that how to reform or correcte it's "public rights" of heresy, So that play its due role advantages, thus it is inevitable to confirm the continued existence of the securities industry self-management and to continued reform and complete it's system.

In China, the "public rights" of self-regulation in securities industry is increasingly evident, face of the U. S. 2007 financial crisis, China's financial market has not been a huge shock, thus, it was suggested that the the existing financial regulation system by Chinese government dominated is effective theory. This view is biased in that it does not have a clear understanding that the occurrence of the both does not in the same level of production and the discussed are distinct.

Abstract

Sixthly, To Discuss the Path of Rectifying the Trend of "Public Right" of Self-regulation of Security Industry

The abnormal morpholog of "public right" of self-regulation of security industry should be rectified so that self-regulation will play its deemed role and therefore effectively promote the developent and prosperity of one country's financial market and security market.

The relevnant paths to rectify the trend of "public right" of self-regulation of security industry in China are as followings: firstly, we should correct the concept and idea of government dominant intervention, namely the long-cherished principle in Chinese security regulation system, remove all the phenominon of misuse of power and run away so that the government could transfer their authority reasonably and the self-regulation of security industry would have a necessary space for normal development. Secondly, the security exchange's demutualization transform and the reasonable orienation of self-regulation of security exchange in China is an importart path for rectifying the alienation of self-regulation of security industry. At present, the security exchanges are the main self-regulation organzition in China, and its problem of "public right" is also the most serious. Conforming to the development trend of electronization, networking, internationalization and the security exchange's demutualization transform in the world, the security exchange in China should not go backwords from that. The corporate system reform of Chinese security exchanges will in no noubt come true in no long run. China should borrow the best practice of the security exchange's demutualization transform for referrence, reasonably definating the role of security regulation of security exchange so as to decrease the conflicts of interest and play its due role. Thirdly, to establish the securities industry association as the uniform, independent non-government self-regulation organ in China security market is an important safeguard for rectifying its trend of "public right". The establishment of its status of uniform, independent self-regulation organization, the empowerment of right to make self-regulation rules, autonomy authority in industry mamagement, righ to access to security market, punishment right for violation of rules, authority to rule on members, and improvement of its own organzition structure are among the important measures to improve the self-regulation of security industry in China.

目　录

摘要 ………………………………………………………… (1)
引言 ………………………………………………………… (1)
　一、问题的缘起与研究意义 ……………………………… (1)
　二、国内外研究现状 ……………………………………… (7)
　三、研究思路与研究方法 ………………………………… (12)
第一章　证券业自律管理及其"公权化"异化 …………… (14)
　第一节　证券业自律管理的本义 ………………………… (15)
　　一、行业自律管理组织的"私主体"本义 …………… (16)
　　二、证券业自律管理权的"私权利"本义 …………… (31)
　第二节　证券业自律管理权的正当性分析 ……………… (39)
　　一、证券业自律管理权的正当性理由 ………………… (39)
　　二、证券业自律管理权内容的正当性及其限制 ……… (48)
　第三节　证券业自律管理"公权化"的表象 …………… (54)
　　一、证券业自律管理的"公权化"寓意 ……………… (54)
　　二、证券交易所自律管理"公权化"的表象 ………… (61)
　　三、中国证券业协会自律管理"公权化"的表象 …… (81)
　　四、证券业自律管理目标"公权化"的表象 ………… (86)
第二章　证券业自律管理"公权化"国际发展趋势
　　　　考察 ………………………………………………… (91)
　第一节　美国证券业自律管理"公权化"的演变
　　　　　路径 ……………………………………………… (91)
　　一、1933年前美国证券市场充分的行业自律
　　　　管理 ……………………………………………… (91)

1

二、1934年美国证券交易监管委员会（SEC）的
　　　成立与干预 ··· (95)
　三、1975年《证券交易法修订案》中SEC监管权的
　　　扩大 ·· (97)
　四、2007年美国金融业监管局（FINRA）的成立及其
　　　"公权化"质疑 ··· (99)
 第二节　英国证券业自律管理体制的确立及变化 ······ (101)
　一、18世纪至1986年前英国证券市场充分的行业自律
　　　管理 ·· (101)
　二、1986年《金融服务法》后FSA监管的逐渐
　　　干预 ·· (104)
　三、21世纪英国金融监管局权力的不断扩张 ········ (106)
 第三节　日本证券业自律管理"公权化"的演变
　　　　　路径 ·· (108)
　一、1943年前日本证券市场的行业自律管理阶段 ··· (108)
　二、"二战"后日本政府的统一金融监管体制 ······ (109)
　三、20世纪90年代后的日本金融监管体制改革 ···· (110)
　四、2006年日本《金融商品交易法》后的证券业
　　　自律管理 ··· (112)

第三章　证券业自律管理"公权化"演变的原因 ······ (115)
 第一节　行业自律管理的限度和利益冲突 ············· (115)
　一、证券业自律管理的限度 ······························· (115)
　二、证券业自律管理中的利益冲突 ····················· (128)
 第二节　金融监管与公共利益的国家干预 ············· (141)
　一、政府金融监管政策的主张 ···························· (141)
　二、金融市场公共利益的维护 ···························· (145)
 第三节　证券市场结构的变化及其经济环境 ·········· (148)

一、传统证券市场向另类证券市场的发展 …………（148）
　　二、现代证券市场结构的自由化、全球化和
　　　　电子化 ………………………………………（154）
　第四节　经济监管理念下的自律与他律博弈 …………（163）
　　一、亚当·斯密的"自由放任监管理念" …………（164）
　　二、凯恩斯的"国家干预监管理念" ………………（167）
　　三、弗里德曼的"新自由主义"理论 ………………（170）
　　四、斯蒂格利茨的"新凯恩斯主义" ………………（173）

第四章　证券业自律管理"公权化"路径依赖的分析 …（176）
　第一节　金融制度变迁的路径依赖原因 ………………（176）
　　一、制度惯性：路径依赖 ……………………………（176）
　　二、制度变迁"路径依赖"的重要因素 ……………（178）
　第二节　美国证券业自律管理"公权化"演变中的路径
　　　　　依赖 ……………………………………………（179）
　　一、"自由主义"文化的深远影响 …………………（179）
　　二、政治力量的"妥协" ……………………………（181）
　　三、市民社会与第三部门的建立 ……………………（182）
　第三节　中国证券业自律管理"公权化"变迁中的路径
　　　　　依赖 ……………………………………………（184）
　　一、集权主义、官本位文化——公权力的崇拜 ……（184）
　　二、政治制度因素 ……………………………………（186）
　　三、市民社会的缺失 …………………………………（188）

**第五章　"公权化"下自律管理"存废论"与"有效论"
　　　　之辨析** ……………………………………………（190）
　第一节　证券业自律管理"消亡论"之辨析 …………（190）
　　一、证券业自律管理制度的废除、维持论争辩 ……（191）
　　二、"公权化"下证券业自律管理的弱化、消亡

辨析 ·· (195)
　第二节　证券业自律管理的生存条件 ··············· (197)
　　一、证券业自律监管是否已无关紧要 ············· (197)
　　二、证券业自律管理的改革成为必然 ············· (200)
　　三、证券业自律管理生存的条件保障 ············· (202)
　第三节　中国"公权化"下证券监管体制有效性的质疑
　　　　　和原因分析 ··································· (206)
　　一、金融危机中中国证券监管模式的有效论 ······ (207)
　　二、中国"公权化"金融市场未受冲击的原因质疑和
　　　　剖析 ··· (209)
第六章　证券业自律管理"公权化"矫正的路径选择 ··· (216)
　第一节　证券监管理念的修正及政府监管权力的合理
　　　　　让渡 ·· (216)
　　一、证券监管理念修正的意义 ······················· (216)
　　二、美国证券监管理念的变化和反思 ·············· (221)
　　三、中国证券监管理念的转变与修正 ·············· (225)
　　四、政府证券监管的合理定位 ······················· (232)
　第二节　证券交易所公司化改革及其自律监管的合理
　　　　　定位 ·· (238)
　　一、国外证券交易所公司制改革实践对中国的
　　　　启示 ··· (238)
　　二、中国证券交易所公司化改制的必然趋势 ······ (241)
　　三、公司化改制后证券交易所自律管理的合理
　　　　定位 ··· (245)
　　四、建构中国证券交易所跨境市场的联合交易
　　　　监管 ··· (250)
　第三节　中国证券业协会自律管理改革的现实路径 ··· (252)

一、统一的非政府自律监管机构地位的确立 ……（252）
二、证券业协会自律管理权实现的根本保障 ……（260）
三、证券业协会自律管理的现实途径 ……………（262）
四、美国证券自律管理组织中独立证券仲裁纠纷的
　　解决机制及其对中国的启示 …………………（268）
五、实现和保障自治的证券业协会治理结构的建设 …（272）

结语 ……………………………………………………（274）
参考文献 ………………………………………………（278）
后记一 …………………………………………………（291）
后记二 …………………………………………………（293）

引 言

一、问题的缘起与研究意义

（一）问题的缘起

1. 金融监管体制改革的国际浪潮

面对美国居民次级房屋抵押贷款债券危机（以下简称次贷危机）的不断蔓延，以及接连不断的金融事件，世人在震惊之余亦开始反思现行金融市场发展中哪些环节出了大的问题，尤其是金融监管的理念、体制、架构等是否存在严重的缺陷或偏离？其实，早在2000年，美国经济学家、前美国联邦储备委员会（以下简称美联储）委员爱德华·葛兰里奇就认识到美国金融监管存在严重的空白和失控问题，"次级房贷市场就像是狂野的美国西部，超过一半以上的这类贷款由没有任何联邦监管的独立房贷机构所发放"；并向当时的美联储主席格林斯潘指出了快速增长的居民次级住房抵押贷款可能造成的风险，希望美国有关监管当局能够"加强这方面的监督和管理"。

以美国为例，早在2007年11月，美国金融服务圆桌组织（Financial Services Round Table）发布了《提升美国金融竞争力蓝图》（The Blueprint for U. S. Financial Competitiveness），建议美国金融监管机构采用原则监管（principles-based regulation）方法。2008年3月29日，美国财政部公布了《现代金融监管构架改革蓝图》（Blueprint for a Modernized Financial Regulatory Structure）（以下简称改革蓝图），提出应对美国金融监管体制进行重建，建立以目标为基础的监管模式；并认为这种监管模式能够鼓励和支持金融创新，促进金融体系的有效竞争，同时更好地管理

引　言

金融风险。2010年7月21日，经美国总统巴拉克·奥巴马签署的自"大萧条"时期以来改革规模最大的金融监管体系全面整改法案《多德—弗兰克华尔街改革和个人消费者保护法案》(Dodd-Frank Wall Street Reform and Consumer Protection Act）正式出台；其代表着美国历史上最有力的消费者金融保护以及最严厉的金融监管制度，旨在封堵金融监管漏洞并消除导致类似于2008年金融市场危机中的投机行为。美国新金融监管法案赋予美联储更大的监管职责，同时其自身也将受到更严格的监督。同时，成立金融稳定监管委员会，负责监测和处理威胁国家金融稳定的系统性风险，将之前缺乏监管的场外衍生品市场纳入监管视野。并在美联储下设立新的消费者金融保护局，对提供信用卡、抵押贷款和其他贷款等消费者金融产品及服务的金融机构实施监管。

在美国最新金融监管改革法案受到世界范围关注的同时，其证券市场自律监管的改革也同样受到了广泛的关注，并引起一些国家证券业自律监管改革的积极效仿。美国除在联邦层面表现为一个政府监管机构（SEC）承担政府证券监管职权外，于2007年又成立了一个全国统一的非政府证券业自律监管机构（FINRA），以加强美国证券业自律监管的职能。

在此之后，一些国家开始效仿并合并其国内的证券业自律管理机构，以加强证券业自律管理的职能。例如，2008年6月1日，加拿大投资行业监管组织（Investment Industry Regulation Organization of Canada，简称IIROC）合并了加拿大投资交易商协会（IDC）和市场监管服务公司（RS），成为统一的加拿大证券业自律监管机构，履行加拿大证券行业的自律监管职能。2009年2月4日，原韩国证券业协会、韩国资产管理协会和韩国期货业协会合并成立了韩国金融投资协会（KOFIA），成为韩国金融业自律管理的统一组织（SROs），履行韩国统一的金融业自律管理的职能。

引 言

日本作为世界第二经济大国和金融强国，受其十年前金融危机的打击和重创，一直在积极探索其金融监管体制的改革和创新。2006年6月14日，日本新修订的《证券交易法》更名为《金融商品交易法》，该法建立了对所有金融行业和金融产品的金融厅一体监管体制，原无须监管的场外交易的各类金融衍生产品都必须接受监管，被认为是日本金融法制改革的里程碑。同时，其证券业自律管理组织在金融监管局监管和授权下履行行业自律监管职责。

而在2003年5月，国际证监会组织（IOSCO）发布了证券监管目标和原则，制定了30项监管原则，其中针对SROs提出了"监管体制应根据市场规模、复杂程度，适当发挥自律组织对各自领域进行直接监管的职责"。在此背景下，整合证券业自律监管体系、提高证券业自律监管地位和能力已成为各国证券监管改革中最为重要的内容。

由此可以看出，各国在完善其金融监管体制、提高金融监管效力等所采取的各种措施中，均一直致力于证券业自律监管的完善。但无论是美国的FINRA，还是加拿大的IIROC，一个明显的特征乃是证券业自律监管越来越多地受到政府监管和干预或是在其授权下履行自律监管的职责。

在中国，此种现象尤为突出。中国证券市场是在政府计划推动下建立和发展起来的，经过20余年的发展，证券市场并没有繁荣起来。尽管立法规定中国证券市场实行以政府监管为主、行业自律监管为辅的证券监管体制，但实际上并不存在真正意义上的证券业自律监管制度。

实践中，被认为承担证券市场重要自律监管职能的证券交易所，从职能上看更多地是在完成政府监管场内市场交易的任务，从设立上看则更表现为政府管理证券市场的附属机构，公权化甚至公权力的特征非常突出。且证券交易所本身也不认为其是独立于政府的自律监管机构。而证券业协会虽是法定的证券业自律监管机构，但其更多地只是起着政策、法律的传达、培训作用，处于被行业成员"漠视"的境地。从而实际形成了政府证券监管"一枝独大"的局面。

当前，中国理论界研究证券业自律管理的论著并不系统和深入，且多为从证券交易所的角度探讨证券交易所的性质、种类、职能及公司化改制问题。与此同时，对证券业协会的研究几乎没有或者至多一带而过。即便一些探讨证券业自律监管的文章，也多为重复地分析证券业自律监管效率低、监管机构不独立、职能不完善等具体的问题，而对为什么会产生这些问题、问题的根源和症结是什么、为什么会形成自律管理不力的局面，却鲜有深入研究。

2. 问题的提出

证券业自律管理是证券市场规范建设的重要手段之一，也是证券经营机构实施风险管理、继而规避经营风险的重要途径。从中国20余年的证券市场发展进程看，无论是立法、业界还是理论研究都不断地呼吁应加强自律管理、减少政府监管范围。2006年《中华人民共和国证券法》（以下简称《证券法》）将原由证监会执行的一些职权下放给交易所行使。毋庸置疑，这在一定程度上确实加大了交易所自律管理组织的管理权限。但是，应该看到，某种具体管理职能的下放或赋予并不能彻底改变中国证券业自律管理组织自律管理不力的现状。

对于证券业自律管理中存在的自律管理不足这一"顽疾"，各国在其金融监管体制改革中均采取相应对策：或加大赋予自律组织的自律管理权限，从微观上解决证券业自律管理不足的问题；或调整金融监管结构，从宏观上解决自律管理与政府监管失衡的现象。国际证券证监会组织（IOSCO）也在其《有效监管模型》（Model for Effective Regulation）文件中阐明了自律监管的价值和效率，提出了自律监管的目标和原则。❶但是，改革却因各国不同的市场体制和金融业发展程度而呈现出不同的效果。

中国证券业自律管理不力的痼疾，除了金融市场不完善、市场调节功能不足、第三方组织机构不完善等因素外，经济体制、政治体制乃至固有的国家本位治理理念更是其自律管理不力的深层次根源。

中国证券业自律管理组织是在特殊政治体制、经济体制改革背景下肩负着某种"历史使命"由政府主导生成的；且证券业自律管理职权内容的增减都不是由自律组织自行决定，而是政府放权或授权的结果。证券业自律管理组织独立的非政府性本是与"公权力"的政府监管相对应的，只有二者相互补充、呼应，达到金融监管体制的平衡，才能从不同的层面实现对金融市场、证券市场有效的监管。但是，行业自律管理与政府监管体制在中国却因政府监管的"强势"而呈现出金融监管体制严重失衡的现象。

实际上，从中国证券交易所和证券业协会两大证券业自律管理组织的成立、发展、演变及其职责可以看出，形成中国证券业自律管理不力或政府监管与证券业自律管理严重失衡的根本症结是中国证券业自律管理组织自律管理权的"公权化"，而导致证券业自律管理"公权化"的主要原因是中国证券市场制度设计的缺陷，而这种原因又与其背后的社会、政治制度有着密切的关系。

只有正确认识证券业自律管理不力的问题根源，才能真正"对症下药"；否则，外在的某一权利的下放或赋予都不能解决中国证券监管体系严重失衡、自律管理不足的问题。

（二）研究意义

证券业自律管理的研究是一个古老又常新的研究内容。本书

---

❶ Objectives and Principles of Securities Regulation, IOSCO, May, 2003.

的研究正值金融危机引发金融体制、证券业自律管理体制国际改革浪潮的背景,这一背景需求金融监管新的理念变革、金融监管体制的重新架构和完善。本书围绕证券业自律管理"公权化"的问题进行的研究具有重要的理论意义和实践意义。

本书的理论意义在于:第一,指出了证券业自律管理不力的症结即是其"公权化",证券业自律管理不力的种种表现皆出自于其"公权化"问题。证券业自律管理"公权化"的认定,不仅填补了我国理论界对证券业自律管理研究的空白,深化了对证券业自律管理的理论研究,更有利于人们正确地认识目前证券业自律监管所生问题的真正症结之所在。第二,通过对证券业自律管理本义及其"公权化"表象的系统分析,尤其是对产生这一问题的原因分析,可以使人更清晰地认识到证券业自律管理不足存在的问题。第三,通过对比分析英美证券业自律管理"公权化"演化的过程,以及从制度变迁路径依赖角度分析中西方证券业自律管理制度的发展轨迹,更进一步阐述了不同制度下证券业自律管理体制"公权化"的不同内涵,丰富、深化了我国证券业自律监管的理论研究内容。

本书的实践价值在于:第一,有助于正确界定证券业自律监管的法律地位及其与政府证券监管的关系。在政府金融监管干预框架下,证券业自律管理尽管不可避免地履行政府授予的一些职权,但并不能影响或改变其行业自律管理组织的属性和地位,不能将其混同于政府监管行列。只有正确界定证券业自律管理机构的独立地位,才能更合理地界定其与政府金融、证券监管的权限。第二,有助于促进中国证券监管立法合理目标的确立,并树立正确的证券监管理念。通过研究证券业自律管理"公权化"的种种表现,可以正确树立证券业自律管理的目标和范畴,确定合理的政府监管理念,促进证券业自律管理与政府监管体制的平衡发展。第三,有助于科学确定证券业自律监管模式,完善证券业自律管理体系,矫正证券业自律管理措施。

二、国内外研究现状

（一）国内研究现状

中国证券市场的产生依托于政府的推进，而非市场发展的自然结果。虽然证券市场经过了 20 余年的发展，但在政府主导监管的模式下，中国证券业自律管理不仅未得到长足发展，甚至有萎缩的嫌疑。❶ 在这种监管状态下，不仅证券业者在实践中对行业自律管理给予了理性的"漠视"，并且理论的探讨也很薄弱。

证券监管是金融监管的重要组成部分。金融监管涉及金融学、经济学、法学、管理学等多学科领域，因而在金融学、经济学或管理学等学科中研究金融、证券监管问题是自然的和必然的。但是，监管制度的表现形式、权限范围或实施手段等都只有以法律的方式表现出来才具有法律约束力，也才能被遵守和执行。但就现有文献看，似乎从事法学研究的人却并不"热衷"于探讨证券监管的问题。在专门进行证券自律监管研究的文献中，除基本属于笼统地探讨证券业自律监管的问题外，几乎均仅着墨于证券交易所的自律监管研究。尽管证券业协会是中国证券法确定的法定自律监管机构，但学界对其的研究却处于一种被边缘化的"尴尬"境地，不仅证券商们对其"无所畏惧"，理论界似乎也不"青睐"于此。

关于金融监管架构或模式问题，学者们从不同学科角度、基于不同视角进行了一定的论证。主要分析角度包括：（1）以比较的方法从美国金融监管的市场结构及金融衍生品的风险角度看中国金融监管的选择；（2）从金融监管的制度结构角度探讨中国单一金融监管的趋势；（3）从制度经济学的角度，运用新制

---

❶ 以我国推行中小板市场、创业板市场为例，因政策规定，出现了上海证券交易所主要是主板市场，而深圳证券交易所成为中小板块和创业板市场的现象，导致我国目前两个证券交易所在一定程度上被人为地割裂开，不能形成有效的市场竞争。加之证券交易所本身带有强烈的政府机构色彩，更无法完善行业的自律监管。

度经济学的理论，分析市场约束与效率的判断标准，探讨中国证券监管的模式；（4）从博弈论的角度分析政府监管与自律监管的选择。以上分析问题的角度虽然不同，但其存在共识，即均认为中国金融监管存在的问题需要调整，其中主要在于调整政府监管与自律监管的"度"。但是，在提出加大自律监管的建议时，对于"度"的界限是什么显然并没有一个清晰的答案。

目前，在中国理论界关于证券业自律监管的专题研究中，能够收集到的文献主要集中于证券交易所的自律监管研究方面，且基本集中于探讨证券交易所公司化改制及其存在的问题和建议上。关于证券业协会自律监管的研究均散见于证券业自律监管的论著中，且所提问题及建议多大同小异。

综合现有文献，主要的观点有：（1）中国证券交易所缺乏独立的法律地位；（2）虽然公司制的交易所存在利益冲突，但仍是交易所改革的方向；（3）会员制证券交易所虽是非盈利法人，也存在管理和利益的冲突，因此应保持其自律管理的功能；（4）证券交易所与其会员或成员间是一种契约关系，这种市场约束下的合约安排是其自律管理的根本和基础，故不仅应确立交易所的自律监管地位，更应还原其应有的自律监管职能。

从上述中国关于金融监管和证券业自律监管的文献研究现状可以看出，无论是从金融监管研究中散见的关于证券业自律监管的研究，还是专题研究，都反映出国内关于证券业自律监管的理论研究还很欠缺。凸显的问题主要表现为：（1）研究过于笼统，且研究内容多有重复；（2）研究对象过于狭窄，基本集中于证券交易所的自律管理；（3）研究方式多侧重于经济学的分析；（4）缺乏对证券业自律监管的系统研究；（5）研究多集中在证券交易所自律管理不足的表现方式上，似乎仅局限于"就事论事"，没有扩展开；（6）对中国金融业出现的混业经营方式、创新的金融衍生品种、证券业监管的国际化合作、网络证券发行及交易等监管中存在的行业自律监管问题的研究处于严重滞后或空白状态,其更多只是涉及证监会或交易所发布的一些条例。

(二) 国外研究现状

自20世纪90年代大多数国家证券交易所实行公司化改制起,由于利益冲突问题,关于证券业自律监管主体、监管权限的划分便成为各国争议的热点和焦点。尤其是在英国、日本、美国、加拿大、韩国等国进行的金融监管体制、证券业自律管理统一模式的改革过程中,如何分配政府证券监管和行业自律监管各自的监管权限、如何提升自律监管的效率,更是全球热衷于探讨的课题。

第一,关于美国金融行业监管局(Financial Industry Regulatory Authority,简称FINRA)整合的观点。(1)对于整合后的FINRA能否达到预期的目标,理论界及证券业界有赞同的,也有不少学者持有疑问。例如,《A Welcome Change: Why the Merger was Necessary to Preserve U. S. Market Integrity》一文的作者首先指出,在这种背景下,美国全国证券交易商协会(National Association Of Securities Dealers,简称NASD)和美国纽约证券交易所(New York Stock Exchange,简称NYSE)为解决利益冲突进行了整合。对此业界也有赞成和反对的不同观点。反对者质疑两个自律管理机构的整合能否以一种公正的方法继续管理其成员企业。该文分析了美国两个自律管理体系存在双重管理、利益冲突、低效、高成本的弊端,认为作为一个非盈利管理机构,FINRA的整合可以解决这些问题,能够集中监管这些领域并更好地保护投资者。(2)关于FINRA的性质问题,这恐怕是现有文献中普遍提及的问题。从FINRA的管理机构看,其意欲保持机构的独立性、公正性和覆盖性,由分散式的管理结构整合为统一的管理机构。但是,一个普遍的观点认为FINRA不再像早期的SROs一样是完全的证券业自律管理机构,因其一方面受SEC太多的干预和监督,另一方面行使了类似于司法的仲裁权而被认为是政府机构或者至少是半政府机构。(3)因为上述(2)的缘故,对证券业自律监管的性质、作用也普遍存在质疑。

第二，关于证券自律管理的观点。(1) 人们开始质疑自律管理组织的独立性问题。对其是否还具备行业自律管理组织的独立性，或是否已演化为准政府机构的性质，有激烈的争论和质疑。例如，《Should Securities Industry Self-Regulatory Organizations be Considered Government Agencies?》《Ending Securities Industry Self-Regulation as We Know It》等论著的作者认为，在过去的75年里，自律管理组织规则逐渐与联邦法定规则融为一体，其活动受SEC的严格监管，已成为自律管理私有部门与政府管理部门的奇怪混合体。其提出疑问：特别是整合后的FINRA，是否或在什么程度上变成政府机构，是否或者在什么程度上成为受宪法和法律控制的政府机构？在一些案件中，法院表明SROs代表政府参与活动。FIRNA目前作为SEC监管下的一个垄断的自律组织，没有SEC的同意其不能存在。特别是FINRA行使的惩罚和规则制定功能，被认为是政府的功能。问题是这些行为是否被赋予了必要的、恰当的宪法上的或别的权力。如果FINRA像SEC那样进行管理，则它可能会变成SEC的一部分；并且，如果SEC过度控制FINRA的管理和运作的话，FINRA将不再是SROs。因此，应当给予FINRA作为一个独立的、非政府的专家实体从事证券经纪商管理的机会，重要的是应当防止来自SEC和国会的过度干预。(2) 有学者对证券业自律管理提出了"机构基础"管理模式，即将监管权限分别赋予不同的机构行使，其前提是有一个大的统一管理的机构；并将其认为是第三种监管模式。例如，《Institution-Based Financial Regulation: A Third Paradigm》一文的作者探讨了全球正在热点探讨的关于"原则基础"(principles-based) 和"规则基础"(rules-based) 的金融管理模式，而在美国一种新的管理路径正被提出，即"机构基础"(institution-based) 的管理模式。也有学者主张行使英国的金融服务管理局 (Financial Service Authority, 简称FSA) 统一监管模式。(3) 有学者分析了美国现行的"规则管理"模式及英国的"原则管理"的利弊,认为英国的"原则管理"模式更有弹性和灵活性。

第三,分析 SROs 监管与 SEC 监管的各自利弊。不同文献中总结的利弊内容大致相同,普遍的观点认为,随着 SEC 管理的强化,SROs 的监管能力将萎缩,并逐步变成 SEC 的附属机构;并认为这不利于行业发展,是失败的。对 SROs 监管模式的研究,主要提出"原则监管""规则监管""机构监管"等不同模式;还有学者对 SROs 监管模式提出"政府主导"模式、"灵活性"模式、"合作"模式。例如,《Comment and Casenote:"No Crying in Baseball"—And No More Crying on the Stock Markets: An Alternate-Hybrid Approach to Self-Regulation》的作者指出:对于政府作为唯一的市场管理者而言,大量的资金是根本的,而把这个负担强加给一般未参加交易的纳税人是不公平的。政府缺乏司法权、基金和专有知识去有效监管欺诈及证券业内部的操纵。另外,割裂的(分业的)市场给监管市场间交易带来了挑战。且发生在不同 SROs 间的侵权行为很难被确认。《Panel Discussion: Crisis in Confidence—Self-Regulation in the Securities Industry》一文的作者提出疑问:自律监管现在是否正在实现那些已经实践的原则?是否正在实现 1934 年立法起草所期望的目标?而《Arbitrating and Mediating Customer Securities Disputes at FINRA—FINRA》《New Securities ADR Pilot Launches, Allowing Industry Arbitrator Removal》等文章对 FINRA 作为证券业自律监管组织对其会员间及会员与客户间发生的证券争议纠纷进行仲裁和调解的职权进行了分析和探讨,对在美国证券业发生的经纪商与客户或经纪商之间的纠纷都必须经由证券业自律监管机构仲裁裁决的仲裁权限和正当性进行了探讨。

三、研究思路与研究方法

(一) 研究思路

本书主要遵循如下逻辑思路：首先，提出中国证券业自律管理严重不足的症结即为其"公权化"问题，进而探究证券业自律管理的本义和异化的含义和表现。其次，从英、美等国证券业自律管理演变异化的路径来分析中国证券业自律管理体制生成、发展路径所表现出来的不同的异化后果。再次，通过对证券业自律管理制度变迁的路径依赖分析来认识证券业自律管理"公权化"的演变规律。最后，在上述研究分析的基础上提出矫正中国证券业自律管理"公权化"的三个主要变革途径和建议。

(二) 研究方法

本书在研究过程中采用了历史分析的方法、法解释学的方法、比较分析的方法，从经济学理论、法学理论的角度探讨、研究证券业自律管理"公权化"的相关问题。

(1) 历史分析方法。任何现行的制度、文化都是历史发展不断演变的结果，同时也与具体的历史背景相关。因此，在研究这一问题时，梳理历史发展历程不仅有助于增进对其整体理解和认识，而且可以从该历史的演变中领悟、洞察其发展的方向。通过对历史的分析，也有助于我们研究现存制度与目标制度的差异及其成因，进而探寻一种合理的目标制度。

(2) 比较分析方法。比较分析方法是进行法学理论研究的常用方法。正如斯旺森（GuyE. Swanson）所指出的："没有比较的思维是不可思议的，如果不进行对比，一切科学思想和所有科学研究也都是不可思议的。"但是，比较的目的不是把一种制度类型或模式强加于另一种之上，而是通过比较揭示那些隐藏在某些共同表象中的差异性，进而在此基础上探寻借鉴的可行性。因此，比较分析方法是本书运用的一种认识特征和揭示意义的有效方法。

(3) 法解释学方法。法解释学方法是法学研究方法中最古老和传统的方法，对于理解法律含义有其独特之处，是一种最基本的研究方法。本书诸多内容尤其是法律含义、法律制度部分多适用这种研究方法。

(4) 系统分析方法。证券业自律监管的"公权化"趋势是世界范围内证券业自律管理的一个现象。而证券业自律管理并非仅是单纯的监管措施改进的问题，其涉及的金融、证券行业本身就是一个复杂的、多学科交融的领域。因此，本书试图从不同的角度、不同的学科理论探讨其背后真正的原因，以便得出恰当的、有合理根据的结论。

第一章　证券业自律管理及其"公权化"异化

近年来，随着金融危机的发生，各国开始关注现行金融服务管理体系的问题，全球金融市场已经围绕机构结构、监管重构和责任问题开始重新思考和架构各自金融市场监管制度。[1] 虽然已有国家通过相关立法调整金融监管体制，以期更好地应对未来可能发生的金融危机，如近来美国著名的金融改革立法《多德—弗兰克法案》（Dodd-Frank Act）即对此作出了回应。然而，不仅在最新立法方面，同时也在理论界和政策制定者方面，引起广泛争议的是在新兴危机后的金融监管秩序中，缺乏对行业自律管理的形态和角色的重大探讨。

在某种程度上可以说，这种欠缺是明显的和直接的。因为在金融行业各市场主体追逐经济利益的过程中，政府不仅无力、有时也无法保持或减少导致市场风险的各种因素。而美国金融风暴引发的金融业信用的倒塌，也使人们广泛质疑金融服务行业的自律管理。尽管当今金融业在追逐超增长利益中没有太多的自由、创新，但是，否认行业自律在未来管理结构中的恰当位置，将毫无疑问会阻止对这些问题的有效解决。因此，缺乏对自律管理体制的关注，在金融监管体制改革中是一个严重的缺陷和遗漏。尤其是鉴于现代金融市场的复杂性及全球化，任何政府试图全面控制和管理金融市场都将不可避免地遭遇管理套利的基本问题。只有通过让行业自身积极参与管理进程，才可能打破这个怪圈。不

---

[1] Saule T. Omarova: "Rethinking the Future of Self-Regulation in the Financial Industry", 35 Brook. J. Intl L. 665 (2010).

仅如此，金融危机发生前所实施的"机构监管"模式也受到了强烈的质疑。

因而，要重新定义自律管理的目标，尤其是在金融服务领域中公共和私人之间的模式。并且，在当今新兴危机的环境中，金融业自律管理也不应再是政治上选择的路径。❶

在整个金融市场中，证券市场无疑是其中最复杂、风险最大、监管也最困难的构成部分，金融市场的国际融合也更多地发生在资本市场领域中；并且，每一次金融风暴的引发及其对一国乃至全球经济的波及也多来自于资本市场的爆发原点。因而，资本市场中的自律管理成为金融领域监管体制改革的重中之重。

一国金融监管当局为实现宏观经济的协调发展和金融管理目标，多将证券业自律管理体制作为政府提供的一种纠正市场失灵现象的金融制度安排，目的是最大限度地提高金融体系的效率和稳定性。而如何把握适度的监管领域，确立平衡的金融监管体制、监管模式及具体的监管措施，以实现对金融安全和效益的协调，从根本上讲是由一国的政治经济体制和金融发展状况所决定的。

第一节 证券业自律管理的本义

随着证券市场多次"金融风暴"的巨大波动，作为证券市场监管的一部分，证券业自律管理也历经了从主到次、跌宕起伏的演变历程。并且资本市场成熟度不同的国家，对待证券业自律管理的态度也迥然不同。美国学者 Stringham 就从经济史的角度，以伦敦证券交易所的出现为例说明证券市场会自发地产生自律管

---

❶ John Gapper: "A Credibility Problem for Goldman", Fin. Times (London), Oct, 15, 2009.

第一章 证券业自律管理及其"公权化"异化

理意义上的证券监管,证券监管不一定必然地由政府来推行。❶自1602年荷兰交易商在阿姆斯特丹组建第一个专门从事股票交易的市场以来,无论是后来的由咖啡屋里、梧桐树下集合起来的证券交易市场,还是继而发展成为专门提供证券集合交易的规模性的证券交易市场,均以具有"私人俱乐部"特性的证券商协会方式开始实行对证券业的自律管理。❷而当"私人俱乐部"式的证券业自律管理弊端丛生,导致政府运用强制手段开始干预监管市场以后,证券业的自律管理几经跌宕演变仍然被保留下来。但是,在证券监管体系中,自律管理处于何种地位、享有多大自律管理的权限,也一直成为争议的焦点;尤其是在中国这样一个市场发展不充分的国家,证券业自律管理更是处于"欲罢不能、欲进又止"的境地。那么,证券业自律管理的本义是什么?其存在的真正动因有哪些?为何要保留自律管理而不能由政府监管完全取代?自律管理权是权利还是权力,是私权利还是公权力,抑或是兼具公、私的混合权力?证券交易所及协会行使自律管理职责时是公法人还是私法人?这些自律管理的本质、内涵、属性、功能等基本问题,仍为证券业自律管理中存有争议的重要问题。

一、行业自律管理组织的"私主体"本义

(一)行业自律管理的私有性

行业自律管理既不是一个新生事物,也不可能消亡,其作为社会组织的一种形式渊源于中世纪的商人交易行会。现代社会自律管理存在不同形式,包括法律和医学、产品鉴定方案等职业的自律管理协会及正式的自律管理组织。因而,很难在如此众多形态的自律管理机构中简单地界定自律管理用语的含义。这也是自

---

❶ E. Stingham, "The Emergence of the London Stock Exchange as a Self-Policing Club", Journal of Private Enterprise, Vol. 17, No. 2, 2002.

❷ 屠光绍:《证券交易所:现实与挑战》,上海人民出版社2000年版,第3页。

律管理在学理上存在严重分歧的一个重要原因。自律管理经常与一些相似的用语替换,如自律监管、合作管理、自由主义、个人管理、软法等。尽管如此,上述每一个用语都倾向强调一个共有的特征,即将自律管理与那种具有纯粹自愿特征的、作为唯一规则制定权威、或无约束力的、或规则的非立法特征的非政府角色的管理区别开来。❶ 通常将行业自律管理作为与政府监管相对的、完全自由的市场管理角色来运用。在这种意义上,自律管理经常被视为政府管理的对立面或可选择的一方。❷ 行业自律管理支持者所持的雄辩言辞,与其反对方一样,在实质上都倾向于利用其影响政策的选择和态度,并且影响自律管理以任何特别的形态、方式存在。

支持者认为,自律管理通过市场因素可以提供较之政府直接监管更多的益处。特别是在管理市场经济活动中,私有机构的自律管理通常被认为更具有灵活性和适应性,并能更好地回应和更快速适应市场条件的变化;其中,灵活性的一个优势是其能更大限度地减少管理成本和费用、增加效率。因而,自律管理是反应灵敏的、灵活的、消息灵通的、目标明确的一个管理典范,其可以促进更大的服从、激发被管理组织或部门内在的道德。自律管理强调其潜在的行业成员之间共同价值观的认同,即在管理过程中参与者强烈感受到其共有的价值观,并自愿服从其认同的规则。❸ 在这里,行业自律管理被认为具有私有的特性,行业自律管理以一个私有管理的形式对其成员而非外人进行正式控制或至

---

❶ Gunningham & Rees: "Act as a form of Self-Regulation, Whether or not they are required by Industry Regulation", Supra note 2, p. 365.

❷ Onnig H. Dombalagian: "Self and Self-Regulation: Resolving the SRO Identity Crisis", Brook. J. Corp. Fin. & Com. L. 317.

❸ Julia Black: "Decentring Regulation: Understanding the Role of Regulation and Self-Regulation in a Post-Regulatory World", 115 M. D. A. Freeman ed. 2002.

少是支配,使其自愿接受其行为规则。❶而反对者指出,根深蒂固的利益冲突存在于任何自律管理的安排中,并且有其固有的无效率状态。从这个视角看,自律管理具有自私、自利、缺乏制约、"搭便车"的问题。自律管理的反对者认为,自律管理实际上是一种非常态的、政府对该领域完全放任的一种形态。在反对者眼中,自律管理是非常有问题的,因为其有不可逾越的、通有的行为问题——执行能力的缺乏或无效。❷

另外,在论证自律管理时,有三个层面上的问题需要明确:首先,就国家层面而言,自律管理并非指一个纯粹的个人经济活动体系,也不意味着可以完全忽视任何类型的政府监管。自律管理具有复杂性和灵活性,其是将行业私有的规则制定与直接的政府监管相结合的。其次,自律管理中应强调保持"自我"的重要性。最后,自律管理与内部事务的管理和基本经营的管理不同,其是从行业范围的角度阐述自律管理机构、组织,而非个人、实体层面的服从或风险管理的体系。从这个层面上讲,自律管理应与个人管理区别开来,即私人实体组织中的单个成员制定和实施规则的意愿须与该集合性组织中其他成员的意愿相符合。

在金融业日益复杂的变化中解释和界定自律管理含义的重要理由是为厘清特定行业自律管理的原因、主要目的、性质和范围。自律管理作为一种市场管理路径的特别形式,应考量架构金融业中公共与私人的关系。实际上,在公共与私人经济和社会生活领域之间,政府与非政府管理力量在不断地进行着博弈,划分其各自管理的权限。其实,政府监管的核心目标不是通过强制公众遵守外部约束力的规则达到控制和监管,而是利用个体的能力

---

❶ Fred C. Zacharias:"The Myth of Self-Regulation",93 Minn. L. Rev. 1147.

❷ Gunningham & Rees:"Act as a form of Self-Regulation,Whether or not they are required by Industry Regulation",Supra note 2,p. 369.

达到服务公众的目标。❶ 这些都从不同的侧面印证了行业自律管理的私有特性。

虽然行业自律管理不能也不会取代直接的政府监管,但是有效地利用自律管理固有的优势则能够较好地提供一个针对管理套利引发的基本管理挑战的解决方案。事实上,若在管理进程中没有获得行业有效、积极地参与,政府也将难逃金融机构通过不断创造新的、更复杂的方式去追逐其短期的个人利益并阻挠政府管理目标实现的厄运。

(二)行业自律管理中"自我"的私人本义

在关于自律管理的讨论中有三个问题需要解决:首先,"自我"的含义是什么?其次,"管理"的含义是什么?最后,政府干预的特征是什么?这实际上涉及对自律管理中"自我"主体的不同解读,即自律管理中的"自我"是个体还是团体、组织?是完全独立于政府,还是与政府具有某种的牵连,抑或是联盟?哪种是自律管理的本义?

而认识、界定其中的"自我"(self),不仅影响到对于自律管理的身份风险和疑虑的解决,也影响到对于行业自律管理权性质的认识;其影响及于行业自律管理中自律管理权的享有者和行使者。而在不同的语境下,自律管理中的"自我"表现为不同的层次和含义。

行业自律管理(self-regulation)的核心特征是"自我"(self)管理。"自我"一词通常具有两层不同的含义,即作为个人的自我与作为集体或团体的自我。因此,"自律管理"一词也常描述两种不同的境界,即由自己约束自己的行为,针对特定事物、环境管理自己的行为;以及由一个集体性组织管理其会员或他人的行为。而管理的定义则根据管理的命令和控制模式的不同而有所变化,

---

❶ David R. Johnson &David Post: "Law and Borders—The Rise of Law in Cyherspase", 48 Stan. L. Rev. 1367, 1402 (1996).

或由每个个体自愿决定控制其自己的行为，或通过市场管理约束自己的行为。❶ 尤其是当自律管理的本质被认为是集体性管理的一个进程时，"自我"一词通常就被描述为具有集体性、团体性。此时，自律管理就是个人组成一个团体共同行为，在尊重自己和他人、接受其权威中执行管理的功能。在这一点上其与个人管理区别开来。由于两种可能同时存在，因而会引起不同的公共法律问题。

以个人面貌表现的"自我"更多地体现在简单法律关系上。而在金融行业里，金融业自律管理中的"自我"从行业自律管理组织产生以来都是以集体性组织的面貌出现的。而以集体性组织的面貌出现的证券业、金融业自律管理组织对其行业的管理力度、效果、范围使其面对政府时具有更强的驾驭能力；但是反过来而言，政府对集体性的自律管理组织也有更强的控制欲望，并通过其实现国家政府监管的意愿。

另外，在外部维度上，相对于政府对金融市场、资本市场实施的直接行政监管而言，"自我"一词也暗指其与政府监管没有特殊的关系。换句话说，在金融行业中，"自我"作为一个社团的管理形态，其表现为独立于政府的行政监管并与之并行存在的一种市场化管理机制。❷ 此种语境下，"自我"即指集团性的自律管理组织本身，表现出自律管理组织自我规则、自我管理、自我控制的意愿，其背后隐含了"减少政府介入和干预私人领域以及市场自治的哲学理念"。❸ 而在内部维度上，自律管理相对于被管理者或其参与成员而言，"自我"不仅表现为行业自律管理

---

❶ Brikinshaw, Lewis and Harden: "Government by Moonlight: The Hybrid Parts of the State", Routledge, 1990, p. 3.

❷ Peter Cane: "Self-Regulation and Judicial Review", C. J. Q. 324～327, 324 (1987).

❸ Margot Priest: "The Privatization of Regulation: Five Model of Self-Regulation", 29. Ottawa. L. Rve. 233, 237～238 (1998).

组织本身对其会员的制约、维护，也更表现为自律管理组织内部成员的自我约束和自我遵守。这也是自律固有的特征，"因为只有当私有领域中的某一部分成员承担起管理其自己事务的责任时，自律才可能发生"。❶

因此，从本源上看，行业自律管理组织中的"自我"是以团体组织形式表现的，独立于政府机构的，实行自我约束、自我管理的一个组织或社团；而该组织或社团的本义是以非政府组织性质的私人主体的面貌表现的，在多数国家中表现为协会、公会、行会等法人组织。

（三）行业自律组织的"独立性"

在当今技术驱动引发的经济全球化的世界中，社会进程中的复杂性、流动性和多样化需要一个更加分散的权力结构和运作过程，市场管理包含经济和社会生活层面中由众多公、私主体之间协商形成的调整社会关系的协作性组织，如非政府组织、商业协会等机构。管理不仅是政府活动的产物，也是政府与非政府的社会主体之间相互依赖和相互作用的结果。❷ 特别是金融业日益复杂的市场结构、快速发展的技术、全球化交易的方式等，使得行业自律管理也在这个相互博弈的过程中不断发生着变化。

早期的行业自律管理组织均被认为是独立于政府的、旨在维护行业利益和保护其会员权益的组织，具有较为强烈的独立性，是独立于政府的、带有私人性质的社会团体法人。早期形成的纽约证券交易所、伦敦证券交易所即为如此。即便在当今金融业、证券业自律管理组织的独立性被广泛质疑的背景下，质疑的焦点仍然是期望背离了独立性的证券业自律管理组织回归到原来独立

---

❶ [加] 布莱恩·R. 柴芬斯：《公司法：理论、结构与运行》，林华伟、魏旻译，法律出版社2001年版，第395页。

❷ Kenncth. W. Abbott & Duncan Snidal："Strengthening International Regulation Through Transnational New Governance: Overcoming the Orchestration Deficit", 42 Vand. J. Transnat'l. 501（2009）.

的应然状态。这也恰好表明了行业自律管理组织的独立法律地位的本义和需求。

但是,在政府介入证券市场监管后,自律管理也并非与政府毫无关联。在实务中,根据"自我"与政府之间紧密或疏远的关系不同,自律管理表现为四种不同的类型:(1)委托统治的自律管理,即集团性组织,如一个行业基于政府的要求或指定在政府界定的框架内进行管理。(2)强迫性的自律管理,即行业本身的构架及实施的管理必须符合政府的要求;否则,政府有权强制立法监管。(3)自愿的自律管理,即没有政府积极的、直接或非直接的干预。(4)自律管理不仅在于其与政府之间的关系,更在于其参与者(如可能是其集体中唯一的成员)、其结构(可能是一个机构或一个公司)、其强制性(可能是强制实施其规则或依赖其会员去遵守)、其规则的类型(可能是立法的、契约的)的不同特性,呈现出不同的形式。❶ 而一国金融业自律管理采取上述哪种自律管理的类型,则也决定了其本身的属性和自律管理的特性。

而且,随着社会的发展,尤其是金融业对于国民经济的影响日益深远,具有集团性质的金融业自律管理组织亦无法置身于政府之外,或者政府无法令其置身于政府监管之外,以致金融业自律管理机构逐渐演变为中介调停人。尤其是在当今这样一个政府在上、个体在下的等级结构的社会中,自律组织作为社会分级中的一个层级,其并不处于居间的角色,而是在政府利益与个人利益之间扮演着重要的联结作用,在国家、市场和社会大众之间以民主的方式予以居间调停;而自律管理组织联结政治的角色不是因为其个体的身份,而是因为其特别的社会角色。❷ 因而,在金

---

❶ Julia Black:"Constitutionalising Self-Regulation", The Modern Law Review, Vol. 59, No. 1 (Jan. 1996). pp. 24~25.

❷ Moran:"The Politics of the Financial Services Revolution", Macmillan, 1991, p. 20.

融、证券市场监管的体制维度上，自律的程度取决于其与政府之间的相互关系；而在越来越多的政府外部压力下，自律管理机制更多地显示出正式管制的色彩。其自愿本质和所隐含的比现存规制更严厉的限制成为自律管理的两个关键元素。❶

由此可以看出，在以国家政治为主的等级架构中，行业自律管理角色的变化使得其独立性在国家金融监管的进程中逐渐弱化，表现出在政府监管中逐渐扮演维护公共利益的角色的趋向。这也使得人们对行业自律管理中的"自我"本质提出了严重的质疑。

实际上，现代学者已认识到自律管理现象的复杂性和异质性，并承认自律管理的独立性和有效性在行业间的巨大变化和不同的部分原因是其所处的社会和经济环境所致，而导致这种变化的普遍或部分原因在于自律管理的成立实为公共机构的设计。

（四）行业自律组织的公、私法人混合体之评析

在行业自律管理的角色发生变化的同时，也引发了对行业自律管理组织法律属性的争辩；该争辩不仅存在于金融市场自律管理体制发达的英美等国家，也发生在金融市场不发达的国家中。

1. 公法人与私法人分类的标准及困惑

公法人与私法人是西方国家立法关于法人的一种分类，而其划分标准在理论上一直争议不断，形成了设立目的说、设立依据说、设立主体说、权力说等几种不同的学说。❷ 依设立目的说，以实现公共利益、满足社会公众需求、维护社会公共秩序为目的设立的法人为公法人；相反，以个人、团体的私人利益为目的而设立的法人则是私法人。依设立依据说，若设立法人是依据公法进行的，则是公法人；而若是以私法为依据设立的，则是私法

---

❶ Rendf D. Nevers: "Self-Regulating War? Voluntary Regulation and the Private Security Industry", Security Studies, 2009, 18 (3), pp. 479~516.

❷ 江平主编：《法人制度论》，中国政法大学出版社1994年版，第41~43页。

人。依设立主体说，凡是由国家或公共机构设立的法人均是公法人；相反，由私人主体自行组成的则为私法人。依权力说，若主体行使的是公权力或被授权行使公权力，则为公法人；反之，则为私法人。

上述这种关于法人分类的二分法原则极大地影响了世界各国关于法人的分类，并一直占据主导地位。但也有人提出其具有很大的缺陷，认为这种"非此即彼、二者必居其一"的二分法在形式逻辑上存在缺陷，会使人对现实中某些主体法律属性的确认产生困惑。因为公益与私益并非"楚河汉界"、截然区分；而且就主体类别而言，现实中一些社会团体、行业组织、自律机构等主体有时也无法依照单一的标准将其归类。在形式逻辑中，概念之间的关系可以是对立的，也可以是矛盾的，还可能是相关联的。❶ 在当代社会，国家与社会、政府与市场、权利与权力之间"出现了复杂的国家社会化与社会国家化、公共权力领域与私人领域之间交叉互相渗透的趋势，实现了由分离抗衡向互动合作的转型"。❷

关于公法人、私法人分类的理论在证券业自律管理组织中也存在更大的分歧。例如，关于《证券法》属于公法还是私法，学界莫衷一是。有观点认为，《证券法》中含有大量的强制性规范，具有公法的特性，故应将《证券法》划归为公法范畴。而反对者认为，首先，强制性规范并不等同于公法规范；其次，无论公法还是私法都包含强制性规范和任意性规范，二者的区别不应以所谓强制性规范所占比例的高低来决定。因而，归属于商法范畴的《证券法》仍应属于私法范畴。❸ 依此观点，依照《证券法》设立的证券业自律管理组织本应属于私法人范畴。但是，依

---

❶ 刘森林："二分法与辩证法"，载《青岛海洋大学学报》1999年第1期。
❷ 马长山：《法治进程中的"民间治理"》，法律出版社2006年版，第57页。
❸ 叶林：《证券法》，中国人民大学出版社2000年版，第32页。

照设立主体说观点，凡是由国家或公共机构设立的法人均应是公法人，而证券交易所、证券业协会等证券业自律管理机构多是由政府许可设立的；尤其是类似于中国这样一些证券市场不发达的国家，证券交易所多是由政府主导设立的，国家保留对资本市场的绝对控制权。并且还有以政府名义设立的证券交易所，由国家管理，归国家所有，如奥地利维也纳交易所、巴西交易所、韩国交易所❶，称此类交易所为公法人名正言顺。当然，那些由市场自发组建的交易所，如纽约证券交易所、伦敦证券交易所，当属于私法人。

产生上述关于证券业自律管理组织公法人、私法人性质认识不一的主要原因在于认定的标准和语境并不在同一个层面上。一个是应然状态的认识，一个是实然状态的认识。

2. 契约理论：行业自律管理组织私法人的本性

从语源的层面上看，自律管理是一个在无外部干涉的条件下，由组织或个人组成的团体建立的对其自身行为实行强制性规范的过程。最初的证券业自律管理组织来源于有历史渊源的交易所会员间的私有契约。这一自律管理的基本结构揭示的意思是在由券商自愿组成的自律管理组织中，所有成员应当受到公平的尊重；同时，自律管理组织也应当保证其能服从会员制定的各项规则。这一意思产生的基础就是契约理论。成员间相互结合，借助契约的形式和外观来明确其相互间的合作，并以此界定他们之间的权利和义务。依照契约，一方面，成员通过自愿达成的契约构建了行业自律管理组织，并通过契约条款让渡自己的部分权利于自律管理组织；另一方面，自律管理组织通过契约获得成员让渡的权利，并以之集合为自律管理权的重要内核。❷ 而实行自律管

---

❶ 吴卓：《证券交易所组织形态和法人治理》，东方出版社2006年版，第27页。

❷ 鲁篱、黄亮、程乐明：《金融公会法律制度研究》，中国金融出版社2005年版，第41页。

理的组织通过选择公司、金融机构或其他行业实体等组织形式实现对管理目标的内部控制与管理。

无论是早期起源于梧桐树下的美国纽约证券交易所及在咖啡馆中诞生的英国伦敦证券交易所，还是后来包括美国证券商协会（NASD）、美国银行家协会（ABA）等在内的金融协会，都是通过契约形成的行业自律管理组织。基于契约理论产生的这些自律管理组织应然地具有独立于政府的非政府私人团体（private entity）性质。因而，在所有关于证券业、金融业自律管理组织的认定中，其私有（private）性是其固有的、本质的法律属性。

此外，从上述设立目的说、设立依据说、设立主体说、权力说来评判公法人、私法人的分类，都可充分地论证和回应证券业自律管理组织的私法人属性。这是因为，从设立目的上看，证券业自律管理组织设立的初衷和根本驱动力在于对金融企业追求自我利益的集体性保护。正如昂格尔所说，"主体之所以接受并遵守一种人们之间相互关系的结构框架——利益联盟，原因在于它相信这是实现其目的的手段"❶。证券交易所最初即是由证券经纪商根据其利益保障所需自发组建而非由政府创设。依此，证券交易所当属私法人。同时，这种基于契约享有的自律管理权尽管包含对组织成员、会员一定的制裁权，但其本质亦应属于私权利的范畴。

契约理论不仅体现在早期形成的会员制证券业自律管理组织中，在当今大部分证券交易所已实现了公司转制的情形下，其同样贯穿于公司运行中，因为公司本身即是一系列契约的组合。

但是，随着社会的发展，根源于契约理论的自律管理组织的私有特性发生了很大的变化，并影响了其自律管理组织性质及其自律管理权的认定。

---

❶ ［美］昂格尔：《现代社会中的法律》，吴玉章、周汉华译，中国政法大学出版社1994年版，第137页。

3. 公共利益理论：行业自律管理组织的公法人属性

从本源上看，金融业、证券业自律管理组织的私法人属性是其应然的本性。但是，自20世纪30年代以来，政府开始参与干涉对证券市场的监管，证券业自律管理组织的独立性和私主体特性开始逐渐演变。尤其是在立法将维护公共秩序、公共利益作为划分公法、公法人和私法、私法人的重要衡量标准后，金融业、证券业自律管理组织的公法人、私法人属性之分也越来越令人感到困惑。

维护社会公共利益、公共秩序是国家权力行使的最普遍目标，但公共利益、公共秩序的维护并非国家权力一己之力即可为之。尽管以强制力为后盾的国家权力具有绝对的权威性和制裁特征，但是面对纷繁复杂的社会，国家开始在其权力等级结构中通过立法、授权等形式，将部分国家权力特别是行政权"分解"于其他社会组织，以实现其维护公共秩序的目的。依照公共利益理论，此类社会组织进而成为公法人，或至少成为准政府机构，带有公法人的特性。

具体到金融业、证券业中，在金融市场成为市场经济最重要的组成部分后，由于金融业、证券业本身的特性，尤其是在金融风暴发生后，金融风险被部分归责于自律管理的失效和自律组织诚信的丧失。不仅政府加强其对金融业、证券业的监管，而且证券业自律管理组织也更注重通过其自律规则加强对其成员的有效管理，自律管理无疑带有更浓厚的强制性元素。尤其是当政府将管理证券市场公共利益的一部分权力授予交易所或协会后，证券业自律管理组织的公法人色彩愈加浓厚，进而被质疑为"准政府机构"。

尤其是一些后发性的证券市场中，证券交易所、证券业协会的成立及其自律管理源自于政府的主导创建和处于政府的严格监管之下，维护公共利益的部分职责更是由政府"分散"于这些自律管理组织；证券业自律管理组织彰显了更强烈的公法人特性，出现了"私主体公法人"的现象。

4. 证券业自律管理组织公、私法人混合体之评析

在美国1975年证券法修正案赋予SEC更大的证券市场监管权及对NASD和NYSE实施监管时，即引发了对证券业自律管理组织私主体性质的质疑。质疑的一个重要原因是证券业自律管理组织开始担当一些政府监管的职能，诸如对证券市场公共利益、公共秩序的维护职能，而非仅限于对证券行业成员共同利益的维护。也即证券业自律管理组织不仅承担维护行业成员的共同利益，同时还充当维护证券市场公共秩序、公共利益的角色。鉴于此，有学者提出，现代证券业自律管理组织并非纯粹的私法人主体，也非纯粹的公法人主体，而是兼具公、私法人性质的混合体。

以美国为例，有学者提出，"自1934年证券交易法颁布至今，美国公众见证了作为自律管理组织的证券交易所由最初自治的、不受政府控制的私人组织演变成为成熟的准政府组织的过程"。❶也有一些学者对于证券交易所到底是私人组织，还是演变为政府组织，抑或兼具公、私两种身份持质疑的态度。❷

将证券业自律管理组织界定为公、私法人混合体的主要理由是证券业自律组织所负担的公共职能。当今证券交易所作为证券市场一个重要的自律管理组织，普遍承担着维护公共利益的功能，保障市场的公正、有序、透明，并承担维护投资者利益的法定义务。就此而言，证券交易所具有明显的公共机构色彩，具有公法人的特征。因此，证券交易所变身为兼具商业组织和公共机

---

❶ William I. Friedman："The Fourteenth Amendment's Public/Private Distinction among Securities Regulation in the U. S. Marketplace"，23 Ann. Rev. Banking & Fin. L. 731～733（2004）.

❷ Peter Geiter："The NASD：Public or Private Entity? Quattrone Case Highlights Conflict"，Nat'l L. J.（Col. 2. 2005）.

构性质的混合体。❶ 正如香港证券交易所改制为公司制的交易所后对其角色和职责的表述为：（1）作为商业实体，香港证券交易所属于市场营办组织和上市公司，经营证券市场，以股东利益为本位。（2）作为公营机构，香港证券交易所通过维持一个公开、安全、公平、有序、透明的市场，促进香港国际金融和中国主要资本市场的地位，造福社会。当交易所的商业利益与公共利益出现冲突时，须以公众利益为重。（3）作为自律组织，香港证券交易所身处市场一线，监管发行上市及市场交易。❷ 由此可以看出，香港证券交易所公开承认其兼具公营机构和自律组织双重身份。

目前，进行公司化改制后的证券交易所既不是纯粹的具有私法人主体性质的商业组织，也不是纯粹的只承担维护公共利益的政府公共机构，而是兼具商业利益——私法人主体的私有利益和公共利益——公法人主体的公共职责于一身，因而具备公、私法人的双重法律属性。尤其是中国证券交易所及证券业协会本身为会员制的社团法人，具有私法人的属性；但因其由国家设立并承担依政府授权履行和实施促进资本市场改革完善的公共政策的功能，更表现为一个公法人色彩多过私法人性质的混合体。从实然状态看，中国证券业自律管理组织确实处于这种状态。

目前，还有学者认为当今社会已非"公法—私法"二元法律结构的社会，而是"公法—私法—社会法或公私混合法"三元法律结构的社会。这是因为，按照以利益为标准判别的法律分类，由于公共利益和私有利益常常交织、混合在一起，因而除公共利益和私有利益外，还存在二者的混合体——社会利益，进而

---

❶ 卢文道：《证券交易所自律管理论》，北京大学出版社2008年版，第67页。
❷ 香港证券交易所研究及策划部："香港交易所的角色和责任"，载《交易所》2004年第10期。

也出现了公法、私法和公私混合法三个法域。❶而经济法就是该公私混合法的典型代表。❷不仅如此，就主体而言，也存在"市民社会—团体社会—政治国家"三元结构的主体，并可将介于私法主体与公法主体之间的社会团体、行业组织归为社会中间层主体，为具有私法人和公法人混合特征的混合体。❸

  上述看似合理的论证却存在以下难以回答的疑问：首先，以国家公共利益与私主体私有利益交叉、融合的社会整体利益为特征而引申出来的社会法、经济法是否为公法、私法以外的第三类法。它们是近年来中国在完善市场经济法律体系、落实科学发展观、构建社会主义和谐社会的历史大潮中应运而生的新兴法律学科，如将反垄断法、反不正当竞争法、环境保护法、消费者权益保护法、金融法、计划和产业政策法、国有企业法等归入其中。社会法的概念本身是模糊的，因为社会整体利益必然是国家利益的一部分，社会整体利益与国家利益并非两种截不同的利益。实际上，关于社会法的概念、定位和体系，社会法不同内容之间的相关性以及社会法的基本制度等基本理论内容至今尚未达成一致的认识。其次，所谓公共利益和私有利益的融合、交叉应该是在所有立法宗旨中都得以体现的，因为任何立法的直接目的和最终目的都体现了私有利益和公共利益的融合。最后，以社会团体、行业组织介于国家、市民之间并承担一定的维护公共利益的职责即认定其为公、私法人的混合体，则混淆了本质与外延的界限，或者是混淆了主体身份与其职责的界限。主体的身份通常与其履行的职责相对应，但是当其经过授权履行了超出其主体身份的职责时，其身份也将发生一定的转变或异化，而这种异化即存在正

---

 ❶ 王全兴：《经济法基础理论专题研究》，中国检察出版社2002年版，第147页。

 ❷ 徐孟洲、徐阳光："论公法私法融合与公私熔和法"，载《法律杂志》2005年第6期。

 ❸ 顾功耘主编：《经济法教程》，上海人民出版社2002年版，第51页。

当与否的问题。

落实到证券业自律管理组织，证券交易所和证券业协会为会员制的交易所和协会时，是民事主体中的社会团体法人，为民间组织机构或第三方机构，无论是哪种类型都不属公法人。当证券交易所为公司型组织时，其法律属性应为典型的商事主体私法人。证券交易所作为证券市场一线监管者或管理者，在其实现维护行业秩序和会员共同利益的同时，客观上也起到了维护证券市场公平、透明、有序的作用。也即当证券交易所被认为是纯粹的自律管理组织即私主体时，其维护行业和会员的共同利益的直接目标与实现证券市场公共利益的客观目标相融合。应该说，证券业自律管理组织总体上属于私主体身份并未变化，所改变的是当今政府基于授权通过其实现政府特殊政策和监管职能，从而出现了证券交易所等自律管理组织行业利益与公共利益的融合、交叉，以及公法人与私法人的混合。这种实然状态有其合理的一面，但若过分偏离其自律管理的本义而出现异化，则其正当性值得考量。

二、证券业自律管理权的"私权利"本义

（一）证券业自律管理权讨论的语境——相对于内部成员、行业本身还是市场？

行业自律管理实际就是自律管理组织通过运行其享有的自律管理权维护行业及会员利益、约束和裁决成员的行为以实现维护行业共同利益的目标，其自律管理的实现是以权利取得为先决条件的，自律管理实为其自律管理权实施的过程及一系列实施行为的组合。而自律管理权行使对象的不同语境对认识行业自律管理有一定的意义。

首先，就内部维度而言，行业自律管理组织作为一个集体性、团体性的组织，面对的是其所有会员及会员的共同利益，这是自律管理权行使的主要对象。自律管理权主要体现在自律管理

组织与其成员之间的法律关系中，即自律管理组织作为自律管理权的行使主体履行对其成员的维护、管理、约束和制裁的权利。在这种语境下，自律管理权虽是基于契约产生的民事权利，但仍具有一定的制约性和强制性，表现为一定形式的规制、约束和裁决，尤其是该裁决行为具有有效的约束效力。但并不因此即可将其归结为具有与行政处罚或法律制裁等同性质的公权力，其仍当属于私权利的范畴。

其次，行业自律管理组织行使自律管理权维护的是行业的整体利益。在金融领域中，金融业、证券业自律管理是一种行业公会性质的自律管理。行业公会最大的特征是公会成员间特殊的联合性，这种联合的特殊之处在于它不是某些个人或某些特定企业的简单联合，而是由具有一定相关性的竞争者构成的联合体，旨在促进本行业的集体性利益或共通性利益。❶ 黑格尔在其《法哲学原理》中对行业协会特征的揭示早就明确指出：同业公会的普遍目的是完全具体的，其所具有的范围不超过产业和它独特的业务和利益所含有的目的。❷ 行业协会是一种非盈利性组织，它由商业中的竞争者所构成，其目的就在于促进和提高该行业中的一项或多项经济利益或者该领域所覆盖成员的经济利益。❸ 实践中，绝大多数金融公会都在其章程中明确宣示其宗旨在于促进本行业协会成员的共同利益。❹ 证券业自律管理组织实际上是通过实现上述内部维度的自律管理目标，进而实现更深层次的目标。即行业自律管理组织通过对本行业所有相关的各个竞争主体会员

---

❶ 鲁篱、黄亮、程乐明：《金融公会法律制度研究》，中国金融出版社2005年版，第4页。

❷ ［德］黑格尔：《法哲学原理》，范扬、张企泰译，商务印书馆2009年版，第248页。

❸ George P. Lamb, Summters Kittelle: Trade Association Law and Practice, Little Brown and Company, 1965, p. 3.

❹ Joseph F. Bradley: "The Role of Trade Association and Professional Business Society in America", Unicersity Pork Pennsy Bvania, 1965, pp. 21~22.

的共同利益的保护、制约，不仅实现了对本行业成员的利益保护和行为约束，也实现了对本行业的共同利益的保护，进而促进本行业共同秩序的维护。这是行业自律管理与政府对市场的直接监管之间的根本区别。因为政府对公平和有序的市场秩序的维护是其直接的监管职责和基本宗旨。从这个层面上看，证券业自律管理组织对证券业的自律管理权仍然属于内部维度的自律管理权范畴。

最后，从外部维度上看，相对于政府对证券市场的直接监管，证券业自律管理组织的自律管理是独立于政府行政监管之外并与之并行存在的一种市场化监管机制。❶ 如上述关于自律管理中"自我"的外部语境所述，此外部维度上的行业自律管理组织具有独立的市场主体资格，具有独立的法人地位。同样，外部维度上的自律管理权在本义上也具有独立的权属性质，而非政府监管权的延伸或组成部分。尽管在此层面上，行业自律管理组织被赋予联结市场与政府的中介桥梁的作用，在一定程度上担负着促进和保障国家与企业、国家与市场之间相互沟通的功能，但其自律管理权仍是独立于政府行政监管权力、由行业自律管理组织独立享有和行使的权利。

因而，无论从内部维度来看还是从外部语境来看，自律管理权在本质上属于独立的证券业自律管理组织享有的独立权利。

(二) 证券业自律管理权的本质特性——自治权

自律管理 (self-regulation) 中的自我 (self) 表明了自律管理的本质区别于政府行政监管的属性，而其管理 (regulation) 本质与政府监管的区别则在于管理的主体范围、力度、效力等方面都有所不同。从词源上看，管理 (regulation) 与监管 (supervise) 有所不同，二者在管理的范围、对象和目标方面都具有一定的区

---

❶ Perer Cane: "Self-Regulation and Judicial Review", C. J. Q. 324～327, 324 (1987).

别。监管的内涵是监督的本质反映，有自上而下的察看之义。监管的目的就是提示督促、防止差错、治理和维护秩序。管理是由计划、组织、指挥、协调及控制等职能要素组成的活动过程❶，即组织通过市场经济选择，科学、合理、优化配置经济要素资源，达到组织经营低投入、高产出目的的经营行为。❷ 管理的本质反映的是一种组织对其成员的内部约束的特征，与具有外部强制性的监视、察看、裁决有所不同，故而 self-regulation 多被翻译或界定为自律管理而非自律监管，以示其与政府的行政监管相区别。管理的职能（管理过程）包括计划、组织、领导和控制等。

　　行业的自律管理权是行业成员间通过契约让渡部分权利于自律管理组织，从而使自律管理组织获得对其成员行为进行规范、约束、管理、控制的管理权，是无须外部力量直接介入的权利，故而该权利被界定为自治权的范畴。自治与他治相对应，如马克斯·韦伯所称，"自治意味着不像他治那样，由外人制定团体的章程，而是由团体的成员按其本意制定章程（而且不管他是如何进行的）"。❸ 依此契约，这一民主程序在行业自律管理组织及其会员间实现了"自愿"与"强制"的统一。❹ 由此，行业自律管理组织获得了管理、服务其全体会员的权利，其利用这些集体性的规范原则进行内部事务的治理成为一种必然的结果，同时也使自治成为可能和客观的结果。行业自律管理作为一种功能系统，可以去应对某一个专门领域中的特殊事项，这样一种功能系统本身就要求其是自治的。❺ 也即行业自律管理的本质是自治，自律管理权

---

❶ ［法］亨利·法约尔：《工业管理与一般管理》，转引自孙国强：《亨利·法约尔：一般管理的先驱》，河北大学出版社 2005 年版，第 28 页。

❷ 丁家云、谭艳华：《管理学：理论、方法与实践》，中国科学技术大学出版社 2010 年版，第 10 页。

❸ ［德］马克斯·韦伯：《经济与社会》，林荣远译，商务印书馆 1997 年版，第 78 页。

❹ 黎军：《试论行业组织管理权力的来源》，载《当代法学》2002 年第 7 期。

❺ 鲁篱：《行业协会经济自治权研究》，法律出版社 2003 年版，第 113 页。

实为自治权。实际上,市场选择自律管理最主要的依据就是证券业自律管理组织能否更好地预测风险以及是否具有确定的自治权和问责制。❶ 正如有美国学者认为,立法授权确定的上市标准只能是侵蚀了自律管理的原则和交易所对公司管理的自治权,国会在市场领域中制定官方的规则在很大程度上逐渐削弱了交易所管理其市场运行的自治权。不断加剧的联邦化不可避免地减少了证券业的自治权,同时增加了自律管理组织及其成员的成本。❷

根据自治模式的不同,经济系统中的自治分为行业准则式自治、法规式自治、公司式自治、监管式自治和管制式自治五种模式。同时,依据自治权的主体及内容的不同,自治权可分为民族自治权、社会自治权、行业协会团体自治权等。而证券业自律管理权属于其中的行业准则式自治的模式及行业协会团体自治权的类别。行业协会团体自治权的基础来源为契约,这是由行业协会这一自律管理组织的社团性所决定的。

(三) 行业自治权的法律属性——公权力与私权利的混合?

1. 行业协会自治权为公权力、私权利的混合之说

以自治权为内涵的行业自律管理权的法律属性如何界定,也是法律领域一直争论不休的问题,即自律管理权是权利(right),还是权力(power),抑或是权利和权力的混合体?不同的学者持不同的主张。而在自治权为行业自律管理权的本质内涵的情形下,以自治权为特征的自律管理权又如何体现其法律属性?

按照法学理论分类,权利与权力在行使的主体、内容、方式、约束力等方面均有不同。迄今为止,对权利的解说至少有八种不同的主张,至今未形成被普遍接受的统一定义。❸ 但通说认为权利作为一种资格,以利益为核心内容,并在主体行使时表现

---

❶ Onnig H. Dombalagian: "Self and Self-Regulation: Resolving The SRO Identity Crisis", Brook. J. Corp. Fin. & Com. l. 317.

❷ Joel Seligman: "The New Corporate Law", 59, Brook. L. Rev. 1 (1993).

❸ 郑成良:《现代法理学》,吉林大学出版社1999年版,第90页。

出平等、自愿等特征。而权力"是一种社会关系中某个主体能够运用其拥有的资源，对他人发生强制性的影响力、控制力以促使或强迫对方按其意志和价值标准作为或不作为"。❶ 也即权力是以强制力为后盾的，表现为自上而下的一种控制、支配力量。因而，权利多适用在私法领域中，而权力则表现出公权力的特性。

落实到金融业、证券业自律管理，由于对证券业自律管理组织（尤其是针对证券交易所）的法律属性认识不一，导致对其行使的自律管理权性质的界定更加困难，有私权说、公私权混合说、准行政权说、社会权力说等不同的观点。❷ 而当将证券业自律管理组织认定为公法人，或兼具公、私法人性质的市场主体时，尤其是当其中的自律管理组织——证券交易所依行政授权担当了管理证券市场的整体秩序的部分职责时，证券业自律管理权被界定为公权力。这一认识模糊了行业自律管理权的本质属性与其延伸、演变后的特性，混淆了实然状态与应然本质的界限。

在政府介入证券市场监管以前，由于证券业自律管理组织纯粹私法人的特性，其享有的自律管理权也属于私法人享有的私权利似并无多大争议。但随着政府逐渐加强其对证券市场的监管，行业自律管理组织及其自律管理权的属性也日益模糊，并从最初本源上的私权利逐渐向公权力演变和异化。对行业协会团体自治权性质的认识应取决于对该自治权权源的认识。就自治权本身而言，行政委托、法律直接授权及会员间的契约均是其权利的来源；但是，行业协会团体自治权的产生只能源于会员间的契约，这是行业自律管理组织自治权产生的依据，也是该自治权最本源的权源。❸ 源于契约的行业协会团体自治权与其他种类的自治权如民族自治权、国家自治权区别开来，这些自治权均来自行政委

---

❶ 郭道晖："权力的特性及其要义"，载《山东科技大学学报（社科版）》2006年第6期。

❷ 汪莉："论行业协会自治权的权源与性质"，载《学术界》2010年第7期。

❸ 同上。

托、授权或者法律的直接授权。具有协会团体性质的证券交易所最初即是按照由会员依契约方式形成的章程来保护、约束、裁决会员的。一般而言，依照契约获得的是具有民事权利性质的私权利；依此而论，因契约获得的行业协会自治权也同样应具有私权利的特性。反之，通说认为，依照行政授权或法律直接授权形成的法律关系为行政委托关系或行政授权关系，由此获得的是具有公权力性质的权力，权力关系具有主体间的不平等性、权力行使的强制性和惩罚性。

然而，尽管行业协会自治权来源于会员间的契约，但是在行业协会通过契约受让的自治权内容中，不仅有行业规制的制定权、行业资格的认证权、信息的发布权，还包括对会员违约、违纪行为的非法律惩罚权及对会员间争议的调解权。❶ 实际上，证券业自律管理组织享有的自律管理权也包括上述所列各项内容。也正因为如此，有学者认为行业协会自治权的这些内容决定了该类自治权具有权力的法律属性，而非权利的特性，并将行业协会自治权界定为社会权力❷，或者将证券业自律管理权界定为公权力与私权利的混合权。❸

2. 行业协会自治权的公权力、私权利性质之评析

不管将行业协会自治权或行业自律管理权界定为权力，还是权利与权力的混合权，都承认行业协会自治权的本质权源均来自会员间经契约方式的权利让渡，也即行业协会自治权的来源是"私权"；且该自治权行使的范围限定于章程范围内，特别是该行业协会仍然主要是为了特定群体的共同利益而集合的团体组织，非以社会公众的整体利益为目的的公益法人。既然如此，为

---

❶ 鲁篱："论非法律惩罚——以行业协会为中心展开的研究"，载《河北大学学报（社科版）》2004 年第 5 期。
❷ 汪莉："论行业协会自治权的权源与性质"，载《学术界》2010 年第 7 期。
❸ 卢文道：《证券交易所自律管理论》，北京大学出版社 2008 年版，第 51～56 页。

何基于私权利的让渡形成的服务于特定团体利益的社会团体自治权演变为具有公权力性质的权力？仅仅是因为该自治权的内容中包含了带有一定强制效力特征的处罚权？那么由此产生的疑问在于，是否凡具有一定强制效力的处罚权都应归入公权力的范畴？私权利中是否不能包含任何具有强制力的权能？如果答案是肯定的话，那么，在政府开始介入证券市场监管之前完全由证券交易所和证券商协会自律管理的上百年历史中，交易所本身固有的包含对其会员及市场交易行为裁决权的自律管理权也该被认定为公权力才对。由此是否就可以推导出，自证券交易所产生起，证券业自律管理权就具有或者包含了公权力的特性，而不论其自律管理是否经过行政授权或立法授权？显然这一推导无法令人接受。

其实，自中世纪商人法逐渐形成至其逐渐消亡的漫漫历史长河中，商人们成立的商事仲裁法庭、商人法院、商事规则无不体现了规则的制定权、处罚权等具有强制性约束力的特征，而这些正好是商人自治的最典型特征和主要内涵。即使认为证券交易所行使的是多元而混合的权力的学者，也承认证券交易所作为公法人时区别于典型意义上的公法人的关键在于，其行使的权力并非公权力，而主要是私权利。❶

行业自治权是行业协会实现其价值、功能不可或缺的工具和手段。自治权作为市场经济中一种全新的权力安排，与传统公权不同，不是一种公权。❷ 这是因为它不是由国家机关所享有的权力。行业自治权的主体是独立于国家公共机构的社会民间团体，其自治权主要局限于团体成员；而公权力的效力可遍及社会不特定的公众。

在现行行业自治权的产生渠道中，除了契约方式外，还存在法律授权和行政授权方式，而所谓公权、私权混合体说更多是基于行政授权来论证的。实际上，将行业协会的自治权认定为公权

---

❶ 卢文道：《证券交易所自律管理论》，北京大学出版社2008年版，第56页。
❷ 鲁篱：《行业协会经济自治权研究》，法律出版社2003年版，第141～142页。

和私权的混合体,模糊了公权和私权的界分。正如昂格尔所说,"日益明显的是,这些组织以准公共的方式行使的、影响其内部成员生活的权力,使人们更难保持国家行为与私人行为之间的区别。"❶ 公权与私权混合体说实际上是将应然状态与实然状态下的行业自治权混合起来。

因契约而产生是行业协会自治权最根本和最重要的取得方式,也是最能反映行业协会本质以及最有效发挥其功能的手段。但是,也应该看到,行业协会自治权与传统的私权利在表现方式上有所不同:行业协会自治权是由自律管理组织行使的具有集体性的自治权,与传统民事主体享有的典型私权利不同的是,其还含有制裁、规制成员行为的强制性特征,而这一部分是私权利一般不具备的。

第二节 证券业自律管理权的正当性分析

一、证券业自律管理权的正当性理由❷

(一)权利正当性的理由——社会的承认和认可

无论是权力还是权利,其存在和发挥实际效力的前提是拥有正当性;而正当性的一个基点所在就是权利或权力的来源的正当性问题,来源的正当性在很大程度上决定了权利或权力的正当

---

❶ [美]昂格尔:《现代社会中的法律》,吴玉章、周汉华译,中国政法大学出版社1994年版,第188页。

❷ 从法哲学的角度出发,广义的正当性是最高的"合法性",或说其包含了"合法性"的寓意;就经验层面,正当性表现为得到社会的普遍认同和尊重;就理性层面,正当性是经过道德哲学论证而取得的合理性。因而本书选用"正当性"一词,而非"合法性"。另一原因在于,"合法性"一般在狭义上只能理解为"合法律性",主要涉及生效的法律。而行业自律管理权来源于契约,契约与法律有本质的差别,故此处用"合法性"一词将存在很大的漏洞。此处所用正当性是指广义上涵盖合法性寓意的正当性。而对于正当性与合法性之间的差别,因其与本书所述内容的关联性不强,故此处不予详述。

性。正如格老秀斯所言,"权利一词所指示的,不过是所谓的正当而已",而"自然法是正当的理性的准则,它指示任何与我们理性和社会性相一致的行为就是道义上公正的行为,反之,就是道义上罪恶的行为"。❶《布莱克法律词典》认为,"权利作为一个抽象意义上的名词,是指正义或伦理上的正当。"❷ 即他们都提及"权利的本源——正当"问题。权利正当与否与权利主体间的社会关系密切相关,或者说权利的社会性存在是权利事实的客观描述,也即权利存在的正当性理由决定或影响了权利本身的属性和效力。

英国新黑格尔派主要代表人物格林和鲍桑葵认为,"权利是通过承认而形成的",且"能够认识到共同利益也是自己的利益,并借助于别人认识到的利益来控制自己履行权利,也即使人意识到,权利应该通过相互承认得到控制",并进而断言,"权利是而且必须是不仅作为社会的产物,而且是有自我意识的社会的产物。对共同利益的彼此共同意识与相互承认,构成了权利成立的正当理由。"❸ 而一项权利或权力之所以能有一定的效力并被保护,是因为其获得了社会的承认。因此,社会承认的实质就是权利正当性最核心的理由,由社会承认而产生的权利的正当性即为社会成员彼此认可,而这种认可所依据的标准或条件则是权利、义务的规则。

经由社会承认形成的权利正当性有三层含义:一是权利体现的利益应具有正当性。即权利是指社会规范对某种利益的确认和保护,而该利益应体现社会对"正当利益"的追求;该"正当利益"不仅包含国家利益,也包含符合社会伦理道德的公共利

---

❶ 周辅成:《西方伦理学名著选辑》,商务印书馆1964年版,第579页。

❷ 征汉年:"权利正当性的社会伦理思考",载《江苏社会科学》2009年第2期。

❸ [英]鲍桑葵:《关于国家的哲学理论》,王淑钧译,商务印书馆1995年版,第207页。

益、团体利益。二是权利正当性评判标准的正当性。权利正当性评判标准主要是指社会正义的要求，即判定该权利是否具有正当性，取决于其行为准则是否符合社会公共生活中人们基本的共同利益。三是社会承认形式的正当性。社会承认的形式既包含由国家以法律方式进行的认可，也包括社会团体组织以契约方式进行的认可。前者主要是依靠法律的方式强制性维护，后者主要是依靠契约、道德、伦理规范自觉遵守。此两种方式并不是非此即彼的关系而是并存的。

由此，权利内容的正当性、权利内容正当性的评判标准以及权利正当性的社会承认形式三者共同构成了认定某一权利正当性的理由。

（二）证券业自律管理权的合宪性分析

在权利的社会性所表示的主体间社会关系的语境下，在权利正当性的社会承认的两种形式中，获得立法中具有最高法律效力的宪法的认可，则是权利正当性证成中最主要的理由之一。也即是否合宪是判定权利正当性的基石，合宪性也是合法性的前提和重要根据。只有在合宪的基础上，其他相关立法才对其确定具体的内容。

落实到证券业自律管理上，其自律管理权正当性的一个基点所在就是该自律管理权的合宪性。如上所述，行业自律管理权的核心表现为自治权的特征和内容。因而，行业自律管理权的合宪性问题也即为社会团体自治权的合宪性问题，而该问题包含两层含义：一是自律管理权主体——行业协会本身的合宪性问题，二是自律管理权本质——行业协会自治权的合宪性问题。

1. 行业自律管理权主体身份的合宪性

行业协会的合宪性问题表现为以宪法为依据的结社自由权、

集会自由权和言论自由权三个方面。其中，结社自由权❶是行业协会合宪性最基础、最直接的来源。结社自由权是指公民（契约）自由组织社团的权利，是各国公民所享有的一项基本的宪法权利。自1919年德国的《魏玛宪法》首次将结社自由作为一项宪法权利时起，结社自由即已被世界各国宪法和判例所确认。目前，有近160个国家的宪法均明确规定公民享有结社自由权。❷例如，《德国宪法》第9条第（1）项规定："所有德国人皆有结社的权利。"《意大利宪法》第18条规定："所有公民均有不经许可而自由结社的权利，但其所追求的目的应以未为刑事法律所禁止为限。"《日本宪法》第21条规定："保障结社、言论、出版及其他一切表现的自由。"美国宪法中虽然没有关于结社权的明文规定，但是1958年美国联邦最高法院宣布："为了信仰和思想的提高而从事于结社自由，是《宪法》第14条修正案所保障的'自由'的一种不可分割的内容"，实际上也确认了结社自由权。而且《世界人权宣言》第20条也规定："人人有权享有和平集会和结社的自由。任何人不得迫使隶属于某一团体。"中国自1954年颁布《宪法》起至今，结社自由都是《宪法》赋予公民的一项基本权利。

结社权作为宪法中的一项基本权利有其背后正当性的需求。首先，这是人的本体性需求，是社会性本能、人性的多元化需求。其次，这也是社会分工制度变迁所决定的结社内在的社会、生活的需求。"社团"一词来源于古罗马法，当时认为，"社会团体伙伴关系的联合与宗旨并非来自一种或神或人的更高权威，而是仅仅来自它自身内部，也就是说，仅仅来自于成员们为达到

---

❶ 此处所述行业协会仅指非政府的社会性社团法人，不包括各国专门、特殊的政党社团，如我国的政治协商会议等。且此处所用行业协会即指行业自律管理组织，而不仅指证券业协会。

❷ [荷]亨利·范·马尔赛文、格尔·范德·唐：《成文宪法的比较研究》，陈云生译，华夏出版社1987年版，第15页。

他们自己所设定的目标而自愿的联合。"❶ 由此，结社的自由得到了认可和延续。正如托克维尔关于结社自由权的重要论述所言："再没有比社会民主的国家更需要用结社自由去防止政党专制或大人物主权的了——在没有这种社团的国家，如果人们之间不能随时仿造出来类似的社团，我看不出有任何可以防止暴政的堤坝。"❷ 结社自由是民主市民社会的基础，也是公民权利的具体实现。其不仅是对抗政党专制的重要工具，随着社会的发展，更成为人们满足其经济利益、社会生活等各方面需要的重要组织。

与结社自由权密切联系的是集会自由和言论自由的权利。集会是结社团体正常运行最主要的形式，结社团体主要是通过集会的方式开展活动、完成其社团的意图和任务的；同时，与之相连的是意愿的表达自由或言论自由权的行使。结社团体体现的是其成员共同利益的关切，而其以充分的表达自由为支撑前提。因为若缺乏表达自由的基本权利，成员间无法沟通各自的意愿和诉请，则无法形成社团组织共同的意愿、主张，且易产生冲突和碰撞，从而导致结社团体宗旨的歪曲或成员共同利益维护的落空。

结社自由权、集会自由权和言论自由权构成了宪法赋予行业协会的合法权利。而证券业自律管理组织是最为典型的行业协会的形式，其从成立之初就是特定证券市场主体为维护其共同经济利益结社而成的行业自律管理组织，具有坚实的合宪性基础。

2. 行业自律管理权的合宪性

行业自律管理权的本质就是其自治权的特性。行业自律管理组织的自治也是其运作中最重要的特征。但是，以商业利益为目标的金融业、证券业自律管理组织中的自治权虽然在本源上来自

---

❶ [美] 哈罗德·J. 伯尔曼：《法律与革命》，贺卫方等译，中国大百科全书出版社 1993 年版，第 262 页。

❷ [法] 托克维尔：《论美国的民主（上卷）》，董果良译，商务印书馆 2004 年版，第 217 页。

于成员的契约授予，但在法治的环境下，其自治权仍有合宪性的问题。因为行业协会自治权的关键实际上仍然在于国家权力与自律组织自治权权限和范围的分配问题。在行业自律管理组织本身合宪性不存在争议的前提下，其自治权的范围和界限仍可能存在是否合宪、合法的问题。尤其是当行业自律管理组织属于商会、金融公会、行业协会等具有私主体性质的社团法人时，其自治权的关键就在于该组织是否拥有充分、有效地实现自治的各项权利。

关于自治权的合宪性问题，仍然可以追溯到社团的结社自由权。结社自由权不仅包括组建、加入和退出社团的权利，更包括社团事务基本免受国家干预的自由权利。因而可以说，行业协会的自治权是宪法上结社自由权的逻辑延伸，诚如上述关于行业协会的结社、集会、表达自由权实则都是自治权的一种外在表现。自治权的本义就是要求政府尊重和支持社团的自主性地位和组织结构，确定行业协会的结社自由权的一个必然结果便是对行业自治权命题的逻辑确认。从这一角度来说，行业自治权的合宪性既是其正当性的表现，也是其正当性的理由。

（三）行业自律管理权的契约认可

在法治环境下，无论哪种类型的公权力、私权利，其合宪性都是先行需要确立和解决的前提，行业自律管理权——自治权的合宪性问题也不例外。然而，合宪性绝非意味着所有的权利都应由法律直接授予或规定，因为其中有些权利的获得是通过其他途径获得的，如通过组织体内部成员的授权行为。尤其是就具有私主体性质的社会团体组织而言，除了合宪性以外，主体权利还可以来源于其内部成员协议的授予。主体内部成员间的契约认可也是其权利正当性的主要来源之一；而就行业自律管理组织本身而言，其自律管理权的社会承认方式——来自组织成员内部的契约

则是其自治权正当性的最本质理由。❶

自证券业自律管理组织——证券交易所产生时起，源于其成员之间契约的自治权也伴随而生。从理论角度上看，属于典型商事领域的证券交易所延续了传统的商会或金融公会自治的特征；从商会、行业协会的产生和发展历史进程看，行业协会、商会在其起源上就主要是一种自愿性组织，自治成为其天然的特征，并具有私人俱乐部的特性。尽管在其历史发展轨迹中，不同历史阶段、不同地区、不同国家的商业公会、行业协会的自治程度有所差异，但是源于自愿的自治仍然是其本质特征。例如，Procassini教授对美国行业协会的界定为："美国行业协会是私人和自愿的，政府一般对行业协会既不管理其构成，也不监控其行为。"❷ 行业协会的这种自治权主要源于成员间的契约。

作为行业自律管理组织自治权之源的契约方式包括证券交易所和证券业协会成员间依契约理论形成的协会章程、证券交易所与其他证券市场参与者之间订立的上市协议等。协会章程就是协会成员通过协商一致将维护行业共同利益和成员共同利益的任务交由能够代表其成员意愿的机构履行、实施而达成的一种契约，而行业协会正是通过该契约获得成员让渡的权利并以之集合为自治权的重要内核。

依该契约所产生的自律管理权是否具有正当性，则以该契约是否能产生合同效力为判定标准。按照民法上关于合同效力的理

---

❶ 对于自治的类型、模式、样态，可以从不同的角度划分为不同的类型，但这不属于本书探讨的主要内容，故这里不作详论。这里所要强调的行业自律管理组织的自治是限定在金融领域中的行业自律管理，故这里所有论及的行业自律管理及其自治均是以非政府的民间私主体性质的行业自律管理为视角的，而绝不包含具有政治色彩的行政公权力的自治。

而现在理论界常论及行业协会、行业自律管理组织、商会、金融公会或协会等不同的概念，尽管这些概念及其所论及的内容存在一定的差异，但是将证券业自律管理放在其中，均符合其主要的特征。

❷ Andrew A. Procassini: "Competiters in Alliance", p. 69.

论，合同的生效要件包括：第一，当事人具有相应的缔约能力。在商事、经济领域中，缔约能力通常不仅需要主体具有完全的行为能力，而且还需要主体具有相应行业的专业知识和能力。落实到证券交易所和证券业协会章程上，所有的缔约者均是依法成立的、具有完全行为能力的各类具有竞争能力的证券商、证券经营者，故属于具有相应缔约能力的主体。第二，意思表示无瑕疵。所谓无瑕疵，即为缔约者在充分了解缔约章程的内容、风险、责任后真实、自愿地表达其意愿。此要件在证券交易所和证券业协会章程最初订立时并无争议。第三，缔约内容的合法性、可确定性。在民商事领域中，所谓的合法，是指只要不与国家法律的强制性规范相冲突即为合法。由此可以看出，证券交易所和证券业协会章程符合所有的合同生效要件，因而，会员依此章程自愿放弃个体意愿而授权交易所和行业协会取得的自律管理权具有完全的正当性。在行业协会所涉及的诸多契约性文件中，协会章程是产生自治权的最重要的契约形式。

除此之外，证券交易所在接受公司上市时与其签订的上市协议，在符合上述合同生效要件的情形下，亦即意味着上市公司正当地赋予了交易所对其进行管理及对其违约行为进行惩处的权利。

正如卢梭关于社会契约的论证所言："正如自然赋予每个人以支配自己的各部分肢体的绝对权力一样，社会契约也赋予了政治体以支配它的各个成员的绝对权力。"❶ 在某种意义上，这种产生于交易所和行业协会组织体内部，来源于其成员间的约定，而非组织体外部力量赋予行业协会的具有"合同效力"的自律管理权，就如同卢梭所称的"社会契约"形成的集合性权利。因而，这种基于契约所产生的行业自律管理权便具有了正当性。不仅如此，三百年的证券业自律管理历史也从实践上证实了这一

---

❶ ［法］卢梭：《社会契约论》，何兆武译，商务印书馆1982年版，第41页。

自律管理权的合理性与正当性。

（四）行业自律管理权行政授权的正当性考察

通常，权利的来源除了契约之外，还包括立法授权和行政授权。立法授权因其强制力因素，多被划入公权力的范畴。但在多数情况下，立法所确定的行业自律管理权是对行业自律管理组织固有的、应然的"自治权"的一种确认，就此角度而言，其又与行政授权完全不同。

然而，在当今政府日益干预金融领域经济活动和秩序之时，行政授权所实施的力度和范围都在日益增强和扩大。不可否认，在实际生活中，行政授权对解决金融领域中存在的众多问题都发挥了重要的作用，但也要思考行政授权于一社会团体行使行政权力本身的正当性问题。尤其是当今无论是证券市场发达国家抑或是发展中国家，行政授权于证券业自律管理组织行使带有公权力特征的职权已成为事实，这也是为何交易所被广泛质疑成为准政府机构的主要原因所在。而这种质疑本身也使这一现状的正当性受到拷问。

通常认为，基于行政授权所获得管理权为"行政权力"则更符合行政法原理，可视为公权力范畴，由此获得的自律管理权即不同于普通意义上的因契约而获得的自律管理权。换言之，依据行政授权进行的管理活动，并非典型的自律管理行为，而属于行政监管行为。并且按照行政法基本理论，当主体依照行政授权实施监管行为时，无论该实施行为的主体性质如何，都不能改变所授行政权力的公共性特性，也即这些权利起初是公共权力，在转交于交易所手中后，公共性仍然得到保留。❶

这里产生一个逻辑上的困惑，即当接受行政授权行使该公共权力的主体是私主体或具有私主体性质的社团组织时，主体的私

---

❶ Giovanna De Minieo："A Hand Look at Self-Regulation in the UK"，E. B. L. Rev. 193（2006）.

有性质与其行为的公共权力如何统一、协调起来？或者说行使了公共权力的私主体的性质是否得到了改变？尤其是当其被赋予的行政授权范围不断扩大时，行业自律组织的身份风险也将不断扩大。

更重要的是，行政授权的不确定性和易变化特性，致使因行政授权而取得的自治权中，其权限则可能因授权者的意志而随时更改，甚至取消，故而其受到的行政授权者的制约力度也就更大。❶ 这种现象产生的一个直接后果就是公权力的扩张侵蚀到行业自律管理自治权的内部，有损于行业自律管理本应具有的独立性和自治权，甚至可能导致行业自律管理自治权体系的碎片化。

行政授权打破了行业自律管理组织自治权的独立的本质内涵，很大程度上演变了商会、金融协会、行业协会为行业成员特定群体集结的社会团体法人的属性，从而在利益驱动下使得源于内生的行业协会自治权的正当性发生异化。

二、证券业自律管理权内容的正当性及其限制

（一）自治权实体内容权利体系的正当性

无论行业自律管理自治权来源的争议如何，毋庸置疑的是，因契约而产生的自治权仍然是也应该是行业自律管理权中最根本和最重要的取得方式。因为这既符合行业自律管理组织是基于成员自愿而组成的非政府社会团体组织的特性，也符合行业自治权本身的特质，且其仍是当前行业自律管理组织最主要的形成方式和表现形态。

但是，这种内生于组织体内部，来源于成员间的合意而授权于行业协会行使的自治权，自产生时起其行使主体即与其实施对象存在一定程度上的分离，也即基于契约理论生成的自治权，当

---

❶ 纪益成、罗贤平："发展金融公会，转型经济的必由之路"，载《经济管理》1995年第12期。

成员将其共同利益的管理、维护权利交由行业协会享有后，行业协会即享有对成员独立的管理、维护以及一定裁决的权利，且该权利的行使无须经成员的合意或认可，但是必须保障权利行使程序的正当性。

源于成员合意但生成后却又独立于其成员个体的行业协会自律管理权却并非原单个个体意愿的叠加，而是形成其独立的自治权权利体系，且其也不以关注个体成员单个利益的实现为宗旨，而是着眼于该行业成员的共同利益的维护。这也是行业协会自治权独立性的重要表现。

因而，在维护、实现行业共同利益为宗旨的目标下，在以行业协会成员和上市公司为主要管理对象的语境下，行业协会自治权的内容应形成有关主体资格的认定、行为规则的确定、权利的维护、行为的裁决等具有内在逻辑关联的权利体系。具体为：（1）行为规章的制定权。行为规则的制定，是保障行业成员与市场参与者能够遵守共同的行为规范，从而达到对行业成员共同利益维护的基础条件，这也是行业协会自治权中的契约表现与传统民法中契约的内容本质上的差别；（2）会员等资格的认定权；（3）会员及市场参与者行为的监督权；（4）业内争端、纠纷的解决权；（5）业内成员违规行为的非法律惩罚权。该惩罚权是行业协会自治权最本质的表现，没有对违规行为的裁决，自治的功能也将荡然无存，或形同虚设；（6）行业成员权利的维护权，即表现为行业协会在其成员利益受到外部不当侵害而其自身无力维护时，协会有权以自己的名义代表本协会成员进行追诉。这也是行业协会维护组织体内部成员利益最有力的保障，正如有学者指出的那样："当人们把他们的利益、资产行为在刻意表明集体利益的名字和形式下聚集起来时，唯一适用的司法政策经常是允

许联合体或组织在单独的一个案件中辩论所有的利益。"❶

证券商、证券交易行为作为典型的商主体、商事行为,从其发源起即符合商法本身的自主发展的轨迹和特征,而证券业自律管理组织作为典型的一种行业协会,上述自治权的内容也同样符合这一特性,因为"商法最初的发展在很大程度上(虽不是全部)是由商人自身完成的","商人自己制定为他们在城镇和各地每年每季集市上交易所专用的法律"。❷ 并且,"组成商人的行会和商业联盟,运用商人习惯法协调商人之间的关系,处理商事纠纷,并编纂规范,组织商事法庭,行使审判权和商务仲裁权。"❸ 商人行会和商业联盟及其自治的各项权能在 11 世纪至 14 世纪几百年的商人法历史发展中发挥了无可替代的作用,并被历代沿袭。而证券业行业协会的发端和发展也正是早期商人行会的延续。

尽管行业协会自治权的权利体系中自律规则的制定、行为的监管和处罚多带有强制性的色彩而被质疑,但这种质疑其实没有看到行业协会自治权内容中的强制性特征是仅限定于行业组织体特殊群体范畴内,而非公法对所有公众范畴内的具有社会普遍强制力这种本质上的差别。实际上,无论是从商人行会的历史实证中看,还是从其自治权本身的特征看,都说明了行业自律管理权权利体系有其内在的正当性与合理性。

(二) 自治权行使程序的正当性要求

无论是权利抑或是权力,二者行使的程序都要求有正当性。行业协会自治权行使程序的正当性与其实体权利的正当性具有同

---

❶ Heidi. Li. Feldman:"Divided we Fall:Associational Standing and Collective Interest",87 Mich. L. Rev. 733 (1988)。

❷ [美]哈罗德·J. 伯尔曼:《法律与革命》,贺卫方等译,中国大百科全书出版社 1993 年版,第 414 页。

❸ [美]泰格·利维:《法律与资本主义的兴起》,纪琨译,学林出版社 1996 年版,第 9 页。

等重要的意义和要求，由于权利行使程序的不正当，即使体系完备的权利也会黯然失色。

自20世纪50年代英国以程序正义原则的复兴开启了英国司法审查制度的变革后❶，美国联邦最高法院随之也发动了"正当程序革命"❷，扩张正当程序原则适用范围，并推动了行政法正当程序原则的适用。起源于英国"自然正义"的正当程序原则不仅是司法、行政法中一项重要的原则，也成为一项重要的宪政原则。正当程序原则强调权力运行程序的中立、理性、排他、可操作、平等参与、自治、及时终结和公开，是实现国家"法治"的重要手段和途径。而在具体部门法中衍生出了一系列的程序正当规则，如告知义务、及时送达通知、公正的听证等保障程序公正、公开的规则。美国著名的 Villian 诉纽约证券交易所案❸中，正在接受交易所纪律处分的 Villian 即认为：纽约证券交易所举行的听证会缺乏公正性，如不允许律师代理、交易所听证会审查混同、对同一事实重复提起诉讼并正在审查、拒绝查阅相关资料等，违反了宪法修正案中正当程序的条款，故请求法院签发临时禁令限制听证会继续进行。由此可见程序正当的影响力之大。

正当程序原则是最低限度的程序正义要求，也主要适用于司法、行政法中，是因为这些代表公权力的正当程序的行使关乎人们最基本权利的实现和保障，因而有其宪政的需求。但同样，正当程序原则的适用也提出了司法能动主义的潜力和限度问题，以及其自身的正当性问题。❹

然而，宪政中的正当程序原则适用在行业自律管理程序中产生了这样的疑问：第一，行业自律管理自治权自生成后即独立于

---

❶ 何海波："英国行政法上的听证"，载《中国法学》2006年第4期。

❷ Richard Pierce："The Due Procss Counterrevolution of the 1990s?", 96 Columbia Law Review 1973（1996）.

❸ Villian v·New York Stock Exchange, 348F. Supp. 1185（S. D. N. Y. 1972）.

❹ 何海波："司法判决中的正当程序原则"，载《法学研究》2009年第1期。

第一章 证券业自律管理及其"公权化"异化

协会个体成员,其自治权中的执行权、惩处权通常依照证券交易所、证券业协会单方面的意志,依据其自律的规则予以行使并具有很强的制裁性和强制性,因而,易在受管理的主体之间产生争议和冲突。但是,证券交易所和证券业协会的这种惩处权范式又是其自治权行使的常态,那么,证券业自律管理组织在行使其自治权时,如何考量其自治权中的正当程序约束,以及其是否要无条件地接受宪法中适用于司法审判和行政程序中的正当程序规则?第二,由于证券业自律管理组织私人身份的特殊性,适用于司法和行政法中的正当程序原则如何在行业自律管理的自治权行使程序中予以体现?行业自律管理组织权行使中的正当程序原则要求是否与其私有身份的本质特性相冲突?或者,证券交易所、证券业协会的自律管理的程序是否应遵守该正当程序原则?证券交易所是否可以迫使证人放弃宪法所赋予的拒绝自证其罪的权利,并且能够不按照正当程序条款惩戒其会员?还是可将其视为行政主体而受到正当程序的约束?[1]

实际上,针对上述疑问,美国法院在审理证券交易所对其会员或上市公司的相关诉讼中的做法并不完全一致。如在 Villani 案中,对于交易所先入为主影响处分公平性的问题,"法官认为:'可以推定该小组不会仅因交易所已经在本法院对原告们提起诉讼而在其纪律处分中存有偏见'"[2];在 INI 案中,被退市的 INI 公司认为交易所举办的听证会存在审查混同、没有实行对抗制以及交叉询问的问题,主张交易所违反了宪法修正案的正当程序原则,而法官认为:交易所纪律处分中的通告(notice)内容没有必要与刑事起诉书一样的精确。[3]在这些案件中,法官更多地强

---

[1] William I. Karmel: "Turning Seats into Shares: Causes and Implications of Demutualization of Stock and Futures Exchanges", 53 Hastings I. L. J. 367, 400 (2002).

[2] Villian v. New York Stock Exchange, 348F. Supp. 1185 (S. D. N. Y. 1972).

[3] Intercontinental Industries, Inc. v. American Stock Exchange and SEC, 452 F. 2d935, Fed. Sec. L. Rep. pp. 93, 314.

调了证券交易所自律管理机构的特殊性,不将其行为解释为政府行为,使其不必严格遵守刑事程序和行政程序,以此保持对交易所主体行为和性质解释的一致性,从而达到既尊重交易所的自律管理,又不让交易所出现败诉的目的。但是,在另外一些案件中,如 *Crimmins v. American Stock Exchange* 案中,法官认识到交易所与政府之间的密切关系,将交易所自律管理解释成政府行为,故认定其应当接受正当程序的约束。❶ 在现实的相关案件中,多数法官更多地强调交易所自律管理的特殊环境,以区别于纯粹的司法和行政程序,尊重交易所自律管理的自治权特性和制度框架,不愿介入交易所自律管理程序的问题中。而只有当交易所在超过专业的怀疑确信他(即交易所)的当事人确实被剥夺了高贵的正当程序所要求的公平因素时,律师才能提起这样的诉讼。❷

行业成员之间基于契约生成的证券业自律管理组织,其权利的让渡尽管使得自律管理组织具有相对的独立性,并可独立裁判,但是契约本身也表达了其内部之间一定的权利义务安排,包括实体和程序权利的某种设计,其本身具有正当性的体现,因而,对于这种体现私法意思自治的内容,在不违背重大利益的情形下,应尊重其自律管理行为,不应将其上升到司法或行政法的层面,完全按照正当程序原则予以外部力量的干涉。尤其是证券交易所自律管理的专业性特性,决定了外部力量应当对其予以适度的尊重。

因而,证券交易所自律管理中正当程序原则的适用应遵守正当程序的"适度性"适用原则,即在尊重交易所自律管理原则的前提下,在交易所自律管理与被管理主体之间形成的法律关系

---

❶ 368 F. Supp. 270, Fed. Sec. L. Rep. pp. 94, 321.
❷ 509 F. 2d 863, Fed. Sec. L. Rep. pp. 94, 948.

中，区分"重要关系"和"非重要性关系"[1]，对于关涉重大权利的自治权裁量应当适度导入正当程序原则，而对于一些不涉及重大权利关系的自律管理行为，正当程序也应当保持适度的克制，以维护交易所自律管理的独立意志。

尽管如此，在法治进程中，遵守正当程序成为各个领域必然的发展趋势和现实的需求。当民众对正当程序的渴望不断地挑战交易所自律管理的权威时，在外部力量尊重其自律管理的行为的同时，证券业自律管理本身也要注重程序正当的要求，对关乎其管理对象的"重要利益"如上市的准入、会员资格的取消等可能会对其造成"严重损害"时，必须尊重正当程序原则这一"最低限度的公正"的适用，不能以行业自律管理为借口而免除司法审查。而且，从另一个角度来说，该自治权是依契约由自治权利管理对象所赋予的，故而在一定程度上也有限制该自治权权利行使的要求。

第三节 证券业自律管理"公权化"的表象

一、证券业自律管理的"公权化"寓意

（一）何为"公权化"异化？

公权和私权是文明社会与法治社会的两大权利体系。所谓私权（Private Right，又称私权利），通常是指是公民、企业以及社会组织甚至国家，在自主、平等的社会生活、经济生活中依法享有的私人权益，包括财产权和人身权，具有"私人（个人）性质"，涵盖了一切不为法律明文禁止的行为。法定的私权经由法律明确规定并受到法律的明确保护，通称为公民权利。在现代法

---

[1] 徐明、吴伟央："论证券交易所自律管理正当程序的有限性"，载《证券法苑》（第3卷），第315页。

治国家，充分确认私权已成为法治的前提，正如英国宪法学家戴雪认为："法治的首要标准固然是法律具有至尊型，然而，任何法律，即使是国家的根本大法——宪法，其终极根源也离不开个人自由与权利，不是宪法赋予个人权利与自由，而是个人权利产生宪法。"❶ 这从根本上突出了个人权利即私权对于法律的先在性，从而也肯定了确认私权是法治的前提。

公权力（Public Power or State Power）的含义不尽相同，理论界有以下几种观点：一种观点认为，公权力是指国家行政权力，"广义公权力系指行政机构以一单方决定而造成相对人权利义务的变动。"❷ 另一种观点认为，公权力通常是公共权力以及相应的公共管理权力的统称，即公共权力是由社会的共同需要而产生的，是全体社会成员共同意志的集中表现，对全体社会成员具有普遍的约束力。公共权力是在公共事务的管理过程中，由政府官员及其相关部门掌握并行使的，用以处理公共事务、维护公共秩序、公共利益的权力。公共权力的行使主体不仅包括国家机构，同时还包括非政府的公共组织，其是政治权力、经济权力、文化权力的综合，并具有政治性。❸ 还有一种观点认为，公权力是指国家权力，是统治阶级运用国家机器实现其意志和巩固其统治的支配力量，是一种特殊的政治权力，即国家作为政权主体依据国民授权发挥国家管理职能所产生的权力。❹ 其实，无论是国家行政权力、公共权力还是国家权力都属于公权力范畴，均具有一个共同的特性，即具有绝对的强势，处于支配地位，并经常是

---

❶ 董郁玉：《政治中国》，今日中国出版社1998年版，第74页。

❷ 刘宗德："行政法学方法论"，载《日新》2008年第3期，第105页。转引自台湾云林地方法院检察署官网：http://www.ulc.moj.gov.tw/public/attachment/752414265323.pdf。

❸ 陈敏昭："公共权力与国家权力"，载http://blog.sina.com.cn/baby521507. 2011/10/13。

❹ 党琳、刘静："浅谈什么是公权力"，载《今日南国》2009年第5期。

"公正、正义"的象征，用以保护私权利和利益。

无论何种公权力都是从整体利益、社会利益、国家利益的角度去考虑和行使的，但公权力的行使又脱离不了行使权力的人。公权持有者行使公权时，也像普通人一样，常常会从个人利益或所属集团利益出发，根据面临的诱因行事，而有利可图的欲望往往比他面临的其他诱因更加强烈，这就导致"一切有权力的人都容易滥用权力"。❶ 实际上，公共权力的社会契约论决定其"所属主体"是人民大众，但是其"行使主体"是国家和政府机构，因而公共权力的"所属主体"和"行使主体"始终处于分离状态并产生了一定的矛盾。一方面公共权力是"公属"的；另一方面又被"私掌"，且由于"私掌"的行使主体是一个特殊的利益集团，因而，公共权力在运行中极有可能违背其"善"的目的，而具有"恶"的可能，即公权力的异化。❷ 除此之外，这种公权力的强制性在缺乏相应制约的情形下，极易膨胀和扩张。不仅如此，公权力的行使也会有决策失误，也会有地方利益和寻租现象。

公权力与私权利之间的关系，是各种社会关系中最为重要的关系，公权力与私权利的平衡是衡量一个国家法律制度和法治文明是否健全的重要标志。

公权力尤其是政府行政公权力，是一柄"双刃剑"，在实现高效管理社会的同时，公权力一旦介入社会治理，其所具有的强制力和不可逆性，亦非常容易被滥用。因此，面对纷繁复杂的社会现象，在公权力尤其是通过行政权力来进行规范和引导人们的行为时，必须考量两个因素：第一，是否合法，即公共治理政策正当性和执行力的来源是否具有法律的依据和授权；第二，是否

---

❶ [法]孟德斯鸠：《论法的精神》，钟书峰译，商务印书馆1982年版，第154页。

❷ 蒙丹、张清学："马克思主义公共权力发展理论——公共权力萌芽、异化与回归"，载《攀枝花学院学报》2009年第2期。

必要,即只有在社会自治方式和市场化手段"无能为力"的情况下,行政介入才能"不得已而为之"。"必要"是对公权力滥用的有效防备。但"必要"又不易从表面上予以判定,故而公权力的扩张成为其权力行使中最严重的问题。

在针对私权方面,公权力扩张或滥用的严重后果有时表现为对私权利本身的异化,导致私权利公权力化,将本义的具有私人性质的权利异化为具有公权力的特性,这不仅模糊了公权力和私权利的界限,还有可能使私权利的行使弱化。

正如"私法公法化"是将本质上具有平等、自由、自愿特性的私法异化或演变为具有强烈支配性和强制性,并以公共利益、公共秩序为实现目标的公法一样,"公权化"的前提是私权利,"公权化"即是将本义上的私权利演变为具有公权力特性的权力,使原本意义上为实现个体或私有主体利益的私权利异化成为具有公共事务管理的公权力,而私权利的自愿、自治、任意性特性异化为具有强制性、国家意志性的权力,或者带有强烈的公权力支配性与强制性特性。

在证券市场发展进程中,自发产生的行业自律管理是最初形态上的行业自律管理,其产生的时间先于日后的法定自律[1],本义上的证券业自律管理也"正是针对证券交易所会员的自我管理、自我约束、自己监管事务而言的"[2]。

但是,随着市场的发展和技术的提高,相应调整行业自律管理和政府行政监管各自的范围、职权或者两者监管结合适当的监管体制也是顺应时代发展需求的结果,如以行业自律管理为绝对特色的英国金融业的监管体制"也由传统的自律性模式转变为政

---

[1] E. Stringham: "The Eimergence of the London Stock Exchange as a Self-Policing Club", Journal of Private Enterprise, 2002, Vol. 17, No. 2.

[2] 卢文道:"证券交易所自律管理侵权诉讼司法政策",载《证券法苑》2010年第1期,第3页。

府监管和交易所自律管理相结合之模式"❶，但是，这种调整如果是以一方丧失或过于削弱其本质特性，演变就变成了异化，正如美国学者所称："从具有里程碑意义的《1934年证券交易法》颁布至今，美国公众见证了作为自律管理组织的交易所由一开始自治的、不受控制的私人组织演变为成熟的准政府组织的过程。"❷美国证券业自律管理组织（SROs）包括已注册的股票交易所、金融业管理委员会（FINRA），现都已在SEC的严格监管之下运行，由SEC引导它们自律管理方面的活动、证券经纪商每日的业务及其他市场参与者的行为。"在这种行业自律管理概念下，深深根植于后萧条时代的监管模式，证券业自律管理组织开始作为准政府机构履行着由SEC'外包'给他们的资源密集型的任务。"❸证券业自律管理由原来充分的私有性质的自律管理走向"公权化"异化的道路。

不可否认，异化后的证券业自律管理仍然保留了本义传统自律管理中部分自律管理的职权，如证券业自律管理组织对其管理对象会员之间的契约性质的关系而产生的自治管理权利仍是其自律管理的实质部分。但即便如此，却不能因此而否认其演变异化的现象。

（二）证券业自律管理"公权化"探讨的语境

证券业自律管理的"公权化"在不同社会制度、不同国家的金融监管体制中体现的程度虽有所不同，但是随着国家、政府在金融市场、资本市场监管力度的不断加强和扩大，证券业行业

---

❶ 屠光绍主编：《市场监管：架构与前景》，上海人民出版社2000年版，第19页。

❷ William I. Friedman："The Fourteenth Amendment's Public/Private Distinction among Securities Regulation in The U. S. Market Place"，23. Ann Rev. Banking & Fin. L. 731~733，2004.

❸ Onnig H. Dombalagian："Requiem for the Bulge Bracket：Revisiting Investment Bank Regulation"，85 Ind. L. J. 777，836~843（2010）.

自律管理的"私有领地"越来越成为政府监管的范围。而在不同的语境和场合下,证券业自律管理的"公权化"有着不同的维度。

首先,以"公权化"为核心探讨证券业自律管理的演变和异化是因为法治时代的所有社会关系都是以权利或权力为圆点的。无权利或权力内容的主体,不仅其利益保护失去根基,而且其存在或生存都将受到威胁或毫无尊严,而主体行为的实施亦是以权利或权力为前提的,否则其行为将失去正当性与合法性。在法治时代的任何社会关系中,虽然主体、权利、行为构成其相互间法律关系的基本要件,但都是以权利或权力为核心并围绕其运行的。在证券业自律管理中,证券业自律管理组织、自律管理权、自律管理行为也都是围绕自律管理权的特性、内容展开的,而自律管理权的本性和异化不仅取决于其主体属性的异化,反过来也决定了其主体的本性和行为的异化。

其次,在"司法公法化"思潮的冲击下,证券业自律管理的"公权化"也反映了这一浪潮的不当影响。在社会化思潮推动下,20世纪以来西方法治发展出现的"社会国家化""私法公法化"的演变趋势,导致在商法这一私法领域中,无论是从其法律价值、商法本质、发展及内容等方面也都表现出"私法公法化"的现象,尤其是对资本市场中的行为规范更是表现出明显的以强制性为特征的公法属性。商法的盈利性与生俱来,也是其最本质的特征。依照商法中商事行为的规定,证券经纪商、证券交易行为都是典型的商事主体和商事行为,符合商法的盈利、自治、平等的价值追求,且经济行为的市场竞争、优胜劣汰的自主发展、经营主体的自我约束性也是商事活动中特有的品质。但又由于商法是以商品、资本交易为核心进行的市场经济活动,本身凝聚了竞争性、秩序性以及政策性等诸多因素,因而商事法规越来越多地体现出国家干预经济、调节个人与社会之间的经济关

系、维护社会公共利益的内容。❶

再次，私权利、公权力的产生是因基于正当的权源而生成。证券业自律管理组织自治权产生于其会员间的契约及其与市场参与者之间的契约，而公权力——无论是指公共权力或国家行政权力——通说认为其也是基于契约而成，此为社会契约论。前者的契约指的是纯粹私法意义上的私主体之间的合意，依此合意产生的是私有性质的自治权。后者社会契约论认为，国家及其行政机构行使的公共权力是基于全社会人民自愿通过契约放弃、转让部分权利而建立国家，形成国家权力。如"国家一切权力来自于人民、属于人民（美国《权利法案》）"、"政府正当权力来自被统治者的同意（美国《独立宣言》）"、"主权即全体人民的公意，政府是经主权者通过法律而形成的（卢梭）"❷等均表达了国家权力是基于全体社会人民之间的"民意"而形成的。

虽然同为契约，但是特定私有主体之间的"合意"与全体社会人民之间的"民意"却形成了两种法律属性截然不同的权利，前者是私有性质的权利，或为民事权利；后者是具有公法性质的具有政治色彩的公权力。尽管二者并非水火不容，且权力以权利的存在为前提并以保护私权利为目标，但若不当将它们相互异化则会带来巨大的危害。而证券业自律管理组织——无论是会员制的证券交易所和证券业协会，还是公司制的证券交易所——其自律管理自治权的产生都属于私主体之间的"合意"，从具有私有性质的"合意"层面上看，将特定私主体间的"合意"上升为全体人民的"民意"无疑是对私有权利的公权力的异化。

又次，从内部维度上来看，证券业自律管理组织——会员制的证券交易所和证券业协会均被设定为非政府组织性质的社团法

---

❶ 董列春、白莉莉："商法的现代嬗变与误读"，载《武汉理工大学学报》2005年第6期。

❷ 漆多俊："论权力"，载《法学研究》2001年第1期。

人，而公司制的证券交易所更是一种典型的商业主体。尽管也有认为证券交易所承担了对证券市场公平秩序、公众利益（即所称的公共利益）的维护职责，暂且不论这种职责是否就是国家及其政府机构承担的维护公共利益的职责，无论如何都无法改变证券交易所非政府组织性质的特性，更何况当证券交易所改组为典型的公司形式后，更不属于前述所指的享有公共权力的非政府公共组织。公权力的行使主体是特殊的国家机构或国家授权的机构，而如果将某种国家公共权力授权于具有私主体性质的机构行使，不仅授权本身的正当性受到质疑，且易产生公权力的滥用和私权利的异化。

最后，金融市场、证券市场的经济性、竞争性是其固有的特征。金融市场、资本市场是当今市场经济中最为复杂的市场，其各自的市场构成及市场结构纷繁复杂，尤其是以资本为特征的市场经济中，证券的种类、范围、方式、场所等的不断衍生和扩大，国际间证券市场交易的不断发展，证券交易的电子化以及不同金融市场间的相互交易等，使得证券市场充满了风险和经济利益的竞争、投机。因此，如何防范风险成为证券业自律管理和政府监管的首要核心任务。但是，从政府监管的固有缺陷和证券商证券交易追逐利益规避风险的本能角度看，行业的自律管理是不可或缺的。而当政府将行业自律管理权限不断压缩或者不断扩大公权力的监管范围时，不仅会打破行业自律管理和政府监管两者结合的平衡限度，而且会扩大券商的自律惰性，也会造成公众公信力依赖的落空。因而，在资本市场结构特性下，证券业自律管理的"公权化"也是对市场经济的竞争性和经济特性的背离。

二、证券交易所自律管理"公权化"的表象

证券业自律管理的不足、异化已成为各国金融自律管理中的诟病，并成为当今金融监管体制改革的重要内容。尽管各国证券业自律管理"公权化"异化的程度各不相同，但是其异化的现

象却也显而易见。"公权化"是证券业自律管理异化的主要症结,围绕着证券业自律管理权的"公权化",证券业自律管理的各个方面也都相应地发生着异化,而证券交易所作为最重要的证券业自律管理组织,其自律管理"公权化"的表现更为明显,并更多地受到责难。

(一)证券交易所"自我"身份的异化——"准行政机构"的身份

1. 美国纽约证券交易所(NYSE)的"准政府机构"身份

证券业自律管理组织最初是以私有性质的证券业行业内各个会员组织机构的身份出现的。该行业组织确定了其会员行为的标准,并对违反该标准的成员予以惩罚。众所周知,在证券市场的历史发展史中,证券业自律管理组织在证券立法之前既已存在两百多年,并自主确立了证券市场管理的一些规则,且一些重要的概念被日后的证券立法所吸收、采纳。事实上,作为最主要的美国证券业自律管理组织 SRO,最初是作为证券业私有领域的会员组织(Private sector membership organizations),该组织为其会员确立行为标准并且处罚犯错误的会员。而且,这种状况一直持续到美国 1933 年《证券法》和 1934 年《证券交易法》颁布之前,同时美国联邦证券立法中的重要概念均来自 SRO 管理规则,其所创建的 SEC 成为 SRO 管理之上的另一个管理层。❶ 自美国股票交易所成立之日起至 1934 年,美国证券交易所都是个体之间依照私法契约成立的私人俱乐部性质的自律管理组织。

自 1934 年美国《证券交易法》确立了联邦证券监管机构 SEC 并开始对证券业自律管理组织进行监管后,就在原证券业自律管理组织的基础上增加了另一层的管理,形成了联邦或国家监管与证券业自律管理两种层次的管理体系。证券业自律管理组织

---

❶ See Sprcial Study on Market Structure, Listing Standards and Corporate Governance, 57 Bus. Law. 1487, 1489~1510 (2002).

逐步整合到联邦法定金融监管架构中，其自律管理也在 SEC 的监管之下。尤其是 1975 年美国证券交易法修订案中赋予 SEC 更大的对 NYSE 和其他 SRO 组织的监管权，肯定了 SEC 在 SRO 执行和处罚中的角色后，证券交易所是继续作为私有性质的非政府实体，还是开始扮演政府的角色成为政府代理机构或准政府机构，受到理论界和司法审判人员不同的质疑。更重要的是，一些新的自律管理组织是由证券法律创设的，它们因而是一种集私有自律管理组织和被授权的政府监管的特殊混合体❶，从而成为政府的"臂膀（arm）"，担负政府的角色（state actor）。

美国作为判例法国家，其早期法院的一些判决也认定 NYSE 的活动或执行的管理职责属政府的活动。在美国某跨洲制造业公司诉美国股票交易所（Intercontinental Industries, Inc. V. American Stock Exchange）的案件中，法院认为是否美国股票交易所是一个政府的角色时，法院总结为：当 SEC 将关于程序控制的第五修正案带入到对 SRO 管理的密切干预时，在交易所不为一个政府代理机构时，其所主张的不适用合宪程序的要求就被推翻了。❷ 也即当 SEC 在交易所中适用法定的合宪程序要求时，交易所就不再被当做纯粹的自律管理机构，而是具有了政府的色彩。

同样，一些法院针对证券商协会所发生的案件判决也反映了对该类非政府组织协会为准政府机构角色的认定。如在 1970 年 Harwell v. Growth Programs 公司案件❸的判决中，法院认定 SRO 行为应被归为政府的活动。审理该案件的美国得克萨斯州西部区域的地方法院基于联邦立法的体制认为：国会认可证券交易商管理协会的成立以防止不公正、不公平的证券交易，故而这种在 OTC 证券市场中由国会创建的一个有效的管理者组织 SRO，即具

---

❶ Roberta S. Karmel: "Special Study on Market Structure, Listing Standards and Corporatr Governance", 57 Bus. Law. 1487, 1489~1510 (2002).

❷ Intercontinental, 452 F. 2d at 941 n. 9.

❸ 315 F. Supp. 1184 (W. D. Tex. 1970).

有了政府行为的属性。且 SEC 拥有广泛的对协会活动每一个行为的实质审查权,对于法院而言,相当清晰表明,受制于 SEC 监管之下的 SROs 作为准政府机构承担促进和执行公正、公平交易原则的职责。法院强调 SEC 是如此深入地参与了 SRO 规则制定的活动中,故而,SRO 应当被认为是政府正当授权的有效运行。❶

尽管也有美国法院针对证券交易所、证券商协会的活动并不都认定为政府的行为或承担政府的角色❷,但是,这些法院的判决说明在国家干预证券市场管理的过程中,面对 SEC 对证券业自律管理机构的行为、程序和规则进行不断的干预或参与,这些昔日纯粹的证券业自律管理机构已逐渐带有一定的政府管理色彩,而这种演变、异化导致的结果是使得证券业自律管理逐渐丧失其独立性和特殊性,并削弱了其行业自律管理的优势。

2. 中国证券交易所身份的"公权化"表象——政府的附属机构身份

中国证券市场走的是先发展后规范之路,中国证券交易所成立的特殊历史背景充分地印证了这一独特的发展历程。

(1) 证券交易所自律管理组织的异化——"中国特色的公共权力机构"。

20 世纪 90 年代初,中国证券市场处于试点阶段时期,严重缺乏相应立法。1993 年 7 月 7 日国务院证券委员会发布的《证券交易所管理暂行办法》(以下简称《暂行办法》)中首次以法律条文的方式确定了交易所事业法人性质的自律性管理组织地位,使得证券交易所的定位从立法的角度确定了其机构的性质。但是,中国于 1999 年颁布的第一部《证券法》却仅将证券交易

---

❶ Onnig H. Dombalagian: "Self and Self-Regulation: Resolving the SRO Identity Crises", Brook. J. Corp. Fin. & Com. L. 317.

❷ Saule T. Omarova: "Rethinking the Future of Self-Regulation in the Financial Industry", 35 Brook. J. Int'l L. 665.

第一章　证券业自律管理及其"公权化"异化

所简单地界定为"是提供证券集中竞价交易场所的不以营利为目的的法人",并未在证券市场的基本法律中确定其证券业自律管理组织的性质。2001年修订的《证券交易所管理办法》才再次确立了中国证券交易所自律管理组织的法律地位,2005年修订的《证券法》最终以证券基本法的面貌将证券交易所确定为自律管理法人。至此,中国在立法层面上从最初的界定、到不置可否、再到最终确认,完成了中国证券交易所为自律管理组织法律地位的立法界定。

证券交易所作为一种社团性质的法人,自律性和互助性是社团性的会员制证券交易所固有的天然本性。❶ 这也是为什么实行会员制的证券交易所国家均规定会员大会是证券交易所的最高权力机构,证券交易所对会员进行管理的权利源于会员的同意,因而,会员加入社团的行为即表明其愿意接受证券交易所的管理,这是立法层面上确立的会员制证券交易所社团法人自律管理组织性质的本义。

但是,立法上证券交易所自律管理组织性质的认定却与其现实的认同存在很大的差异。

证券交易所与其他市场经济的组织形式一样,其诞生的方式无外乎两种:一种是借助商主体私主体力量自发组织形成证券集中交易场所的证券交易所;二是在借助国家公共权力的力量,在一国证券市场不发达、股票权利交易需求不足的情形下,由政府主动筹建的证券交易所。从证券市场的发展历史中可以看出,英美证券交易所最初是会员们为便利交易、维护共同利益自愿发起的互助型组织,只有会员才能进入市场交易,会员之间遵守共同的游戏规则,共同维护市场秩序、改善交易条件、保持行业的利润水平。这种会员制本质是一种民间的自律管理组织,是典型依

---

❶ 朱慈蕴:"论证券交易所与会员公司的法律关系",载《法商研究》2001年第3期。

靠私主体力量发展起来的。虽然直到20世纪30年代经济危机过后，美国联邦政府出台了《证券法案》和《证券交易法案》，并成立了法定监管机构——美国证券交易委员会（SEC），对证券市场实行统一的管理，但这并未改变交易所会员制组织的本质。在SEC的定义下，证券交易所始终是作为自律管理组织（SROs）的法律形态存在的。

"法律是当时经济条件的反映"。证券交易所的产生都是在一国市场经济发展到须通过资本市场调节资源配置并进行证券权利交易这一需求的结果。因而当一国经济处于计划经济或简单商品经济体制下，经济条件本身不需要也无从产生用于证券权利交易的交易所，而在市场经济不发达的国家中，基于市场筹集资本并进行证券权利交易而产生的证券交易所也往往是应国家经济发展的需要，带有明显的"国家目的性"。"世界上许多发展中国家用证券市场作为向其停滞工业注入资本的方法，或者作为更有效率的分配资源的方式，或者只是作为其推行私有化的一种辩护和工具"。❶ 在中国等后发经济国家，证券交易所的设立通常也都是企业需求不足时，国家政府计划强制安排的结果。这些国家为融入全球资本竞争体系，或者为某些特殊重要企业提供资金融集机会，集中全社会力量促进部分企业竞争力的提升，国家往往从"大局"出发，强制设立证券交易所。❷ 其实，中国上海证券交易所的成立和发展即是国家为满足经济改革发展的需求，尤其

---

❶ Jason Gottlieb, Launching the Phnom Penh Stock Exchange: Toward a Legal Framework for Launching a Stock Exchange in an Underdeveloped Country, 14 Colum, J, Asian, 235, Spring, 2000.

❷ 龚浩成等主编：《上海证券市场十年》，上海财经大学出版社2001年版，第45页。

是为国企改制融资的需求而建立的。❶

由此，在政府催生下基于"国家需要"存在的证券交易所，更多地体现国家市场发展的意志，而非传统的社团法人组织，在其权利与权力混淆的状态下，其法律定位及功能、职责带有强烈的国家公权力的特点。从现实中国证券交易所的产生、职责来看，证券交易所也与本义上的自律管理组织的内涵相去甚远，立法层面上规定的会员制社团法人的证券交易所自律管理组织实际上异化为政府或半政府性质的机构，相较之于证券业协会自律管理组织而言，证券交易所更是俨然扮演着政府监管机构附属机构的角色，自律管理组织的人格异化成为具有公共权力机构的自律管理组织。

（2）证券交易所"公权化"身份异化的主要表现。

中国法律层面上的证券交易所自律管理组织异化成为具有公共权力机构特征的自律管理组织，主要表现为以下几个方面：

第一，交易所自律管理组织人格独立性丧失。

由国家行政机构许可设立，而非交易所会员自发成立的证券交易所自建立之时起，即在国家、政府的严格监管之下，因而，由国家政府批准设立的交易所其"自我"人格的独立性先天不足，证券交易所与国家证券监督管理机构的关系不仅是监管与被监管的关系，二者也是领导与被领导的关系，交易所受到国家证券监督管理机构的绝对领导和控制，成为政府统一监管证券市场的"臂膀"——政府监管的"附属机构"，成为严格执行贯彻政府意志、实现国家引导证券市场方针、政策的重要"雇员"。❷

---

❶ 1990年，中国人民银行上海市分行就"进一步发展上海金融业"的问题代上海市政府拟稿向国务院进行请示，请示中提出"完善证券市场，建立证券交易所"的建议。建议认为，成立上海证交所"有利于促进证券的发行，有利于进一步搞活金融"，并提出"证券交易所建立初期，拟以国债交易为主，同时继续扩大股份制的试点，以'三资'企业和企业集团股份有限公司为主，逐步增加股票的上市量"。

❷ 卢文道：《证券交易所自律管理论》，北京大学出版社2008年版，第167页。

证券交易所带有严重的半政府机构的特性，其自律管理的"自我"人格严重丧失，导致其自律管理严重不足，流于形式，更多地成为政府金融市场监管政策的执行机构。

第二，交易所会员的异化——从"自我"变身为完全的"被管理者"。

传统会员制证券交易所因是各证券商成员共同利益的维护者和代表者，由各证券商组成的会员大会是交易所的最高权力机构，其在协调、制约、整合各证券交易商个体利益意愿的基础上形成共同意愿，进而维护交易商整体的共同利益，会员在交易所自律管理机构和运行中处于"自我"主导的地位。但是，中国证券交易所诞生的历史背景决定了其非传统意义上的会员制证券交易所。由于交易所不是会员"自我"组建，而是政府强制"事后加入"的，各会员在证券交易所中基本被排除在自律管理的"自我"范围之外，而仅仅变身为"被管理者"，各会员从会员制交易所自律管理的"自我主人"转变为自律管理的"客体"，因而，尽管立法层面上规定交易所的会员大会为其最高权力机构，其实会员大会并无多少权力。以上海证券交易所为例，自1999年以来，上海证券交易所会员大会一次未开❶，最应该通过会员大会形成各会员共同利益意愿的最高权力机构名存实亡，会员制的意义也名存实亡。"皮之不存，毛将焉附？"由此，所谓交易所会员行使自律管理权也属"空中楼阁"。

相反，由于交易所受到政府的严格监管和控制，作为证券交易所决策机构理事会的主要责任人员和交易所的法定代表人，以及担当日常管理职责的总经理均是由国家证券监督管理机构官方任免，而非由证券交易所会员大会选任。由官方任免的交易所主要人员也与其他任何行政机构一样，其本身也分属一定的行政级别。不仅如此，证券交易所的规则及其权限须经证券监督管理机

---

❶ 卢文道：《证券交易所自律管理论》，北京大学出版社2008年版，第167页。

构许可、授权或立法规定，而非来自于证券交易所会员大会的许可，如交易所章程的制定、修改，以及交易所制定上市规则、交易规则、会员管理规则和其他有关规则均应报国务院证券监督管理机构批准❶，交易所从人员的任免到规则的制定都带有强烈的行政机构的色彩，其在实际运行中已演变异化成为国家政府证券监管机构的一个附属机构，成为政府监管证券市场的另一个"工具"。立法层面上的会员大会、理事会所被赋予的自律管理的职权基本处于"虚无"状态，更多地具有象征性和程序性意义。这一状态下的交易所既不能体现会员的自律管理，也不能很好地代表和维护会员的利益。实务中，作为交易所会员的上市公司、证券经营机构本身也基本未体验、享受过会员"自我"的意识和权利，而更明显处于被监管、被管理的境地。

（二）交易所以"自律管理"之名行"行政管理权"之实

1. 证券交易所自律管理的权力属性主张

从法学理论上看，权利（right）或权力（power）两者所涵盖的内容、方式及其属性有着根本的差别。权利在法学领域中经常被用在实际上并不相同的关系中，正如英国学者沃克在《牛津法律大辞典》中所表达的无可奈何的慨叹："权利（Right）——这是一个受到相当不友好对待和被使用过度的词。"❷ 就法学领域看，由于权利本身的复杂性和多解性，何为权利就有资格说、主张说、自由说、利益说、可能说、规范说、选择说等多种学说❸，每一学说中权利的构成要素也不尽相同❹，但每一学说中

---

❶ 2006年《证券法》第103条、第118条。

❷ [英]戴维·M.沃克：《牛津法律大辞典》，光明日报出版社1988年版，第773页。

❸ 张文显：《法学基本范畴研究》，中国政法大学出版社1993年版，第74页。

❹ 北岳："法律权利的定义"，载《法学研究》1995年第3期；舒国滢："权力的法哲学思考"，载《政法论坛》1995年第3期；吕世伦、文正邦主编：《法哲学论》，中国人民大学出版社1999年版，第544页；北岳："关于义务与权力的额随想"，载《法学》1994年第8期。

的共同认可的权利要素均包括利益要素,即权利的核心要素在于利益,其动机在于利益驱动,其要义在于利益平衡。❶ 当然,利益分类的多样化使得利益关系本身也呈现出一种复杂的社会关系,如国家利益、个体利益,正当利益、非正当利益等。

以利益为核心内容的权利具有社会性,这是由权利的主体所具有的社会性决定的。法国现代著名法学家狄骥认为,人只有在他成为社会的一员之后,并且因为他是社会成员才有权利。❷ 权利不仅是作为社会的产物,而且是自我意识的社会的产物。❸

无论是以国家利益为核心的权利,还是以个体利益为核心的权利,通常认为,权利本身的私权特性是其本质,权利也通常被认为具有授权性、弹性、任意性以及以利益保护为目的的特征。与权利认定相似的是关于权力的内在含义,也存在多种的界定和假设,《不列颠百科全书》把"权力"定义为"一个人或许多人的行为使另一个人或其他许多人的行为发生改变的一种关系"。❹ 顿纳斯·H. 隆在《权力、它的形式、基础和作用》一书中认为:"权力是一些人对另一些人造成他所希望和预定影响的能力。"❺ 克特·W. 巴克认为,权力可定义为"在个体或集团的双方或多方之间发生利益冲突或价值冲突的形势下执行强制性的控制"。❻ 无论从何种角度解释权力的含义,都不难看出权力本身体现着一定的支配力量,具有强制性和刚性特征。权力总是与管理、控制、强制、惩罚密切联系在一起,其存在于管理过程主体

---

❶ 莫纪宏:《现代宪法的逻辑基础》,法律出版社2001年版,第487页。

❷ [法]狄骥:《宪法论》,钱克新译,商务印书馆1959年版,第154~155页。

❸ [美]贝思·J. 辛格:《实用主义、权利和民主》,王守昌等译,上海译文出版社2001年版,第61页。

❹ 《大不列颠百科全书》第15版,第14卷,第697、698页。

❺ [英]顿纳斯·H. 隆:《权力,它的形成、基础和作用》,牛津大学出版社1974年版,第2页。

❻ [美]克特·W. 巴克主编:《社会心理学》,南开大学社会学系译,南开大学出版社1984年版,第420页。

的相互关系中，实际上，管理本身就是一个含义十分广泛而丰富的词。❶ 这也是证券交易所自律管理中被认为包含"权力"特征的原因所在。

2. 证券交易所自律管理权的权力属性认识

从法律性质上看，就英美早期会员制证券交易所享有的自律管理权最早法律渊源即来自会员间契约的约定。❷ 依照交易所章程、上市协议、交易规则等"契约"，交易所即取得了对其会员、上市公司及交易商进行管理的权限。❸ 但是，随着政府证券市场监管力度的加强和监管范围的不断渗透，证券交易所自律管理权的私权特性受到了严峻的挑战和变化。虽然传统会员制证券交易所自律管理权来源于会员间的契约约定，并使交易所自律管理权具有私权的本质特征，但是，随着证券市场的发展，证券交易所自律管理权的来源也在不断地扩充和变化。

一般而言，除了本源于契约约定外，交易所自律管理权还来源于法律授权和行政授权，而且在市场的不断演变中，源于立法和行政授权而获得的自律管理权成为更突出的表现。尤其是当证券市场非内生而发，而是由政府外界力量催生的国家中，立法和行政授权成为证券交易所自律管理权更重要的权利来源。基于契约约定产生的自律管理权属于私权性质并未有太大争议，但是基于法律规定和行政授权获得的自律管理权其法律属性如何却有着不同的认识：一种观点认为，法律授权和行政授权所产生的管理权均属于行政性权利，属公权力的范畴，具有公权力的强制的特

---

❶ 刘云柏：《论权力》，载 http://blog.sina.co.cn/liunet88，2012 年 6 月 12 日访问。

❷ Giovanna De Minieo, "A Hand Look at Self-Regulation in the UK". D. B. L. Rev. 193(2006).

❸ Paul G. Mahoney, "The Exchange as Regulation", 83 Virginia Law Review(No. 7), 1453(1998).

质。❶ 另一种观点认为，法律授权仅是对交易所固有权利的确认，不能直接界定为行政权力，是否属于行政权力要看交易所自律管理权固有权利本身来源而定。❷

从法律层面上说，任何自律组织必须得到法律的认可才为合法的组织，而其中自律组织的某些权利得到法律的承认和授权即能产生更强的法律约束力，因而，即便是自律组织固有的权利，是由自律组织成员自行约定产生，还是经由立法认可产生，其法律属性和强制力、约束力需区别对待。若属于交易所自律组织成员经契约约定而内生的自律管理权属私权属性不容置疑，若本应然属于交易所自律组织固有的自律管理权虽经由立法承认或授权，也不得因为立法的授权而被认定为行政权力。但是，若经由立法规定将原属于国家享有、由政府机构具体行使的权力转移给政府以外的组织或团体承担，则该以自律管理权的名义表现出来的权利具有了行政权力的特性。而哪些是由政府机构具体行使的权力？在证券市场发展程度不同的国家中实为不同。因而，不能一概而论当立法授权将自律管理权从其内生性权利演变成带有强制性的自律管理权时，该自律管理权即具有行政权力的性质。

3. 证券交易所实为行"行政管理权"之实

中国证券交易所的自律管理权多为法律授权和行政授权。首先，中国证券交易所非由会员自发而成，且交易所会员大会也非真正意义上的权力机构，无实际经会员间契约自主制定交易所章程及各种规则的自治权。源自英美交易所会员经契约约定产生的固有自律管理权在中国并不存在。交易所章程及其交易规则等都需经过证监会批准或核准，之后获得自律管理权。此立法的授权相当于"行政权的设定"，那么该自律管理权即具有行政权力的

---

❶ 陈野华等：《证券业自律管理理论与中国的实践》，中国金融出版社2006年版，第54页。

❷ 卢文道：《证券交易所自律管理论》，北京大学出版社2008年版，第52页。

属性，属于公权力范畴应毋庸置疑。另外，即便是2006年《证券法》将原属行政授权于交易所行使的上市许可权改由立法规定授权于交易所行使，也不足以说明立法授权不具有行政权力的性质，因为上市规则本身也必须由证监会事先核准。上市公司退市的决定权也由立法直接授权归交易所行使，看似交易所获得了更大的自律管理权，但实际上，能否退市也是须先经由政府机构的审核许可后，交易所才能最终作出决定。由此一来，交易所的自律管理权本无实际自律管理的效果。这种依据政府机构核准的规则或许可后行使的权利本身即说明其自律管理权带有明显的行政管理色彩，或者说是行政管理权的另一种延伸。

与立法授权不同的是经由行政授权获得的自律管理权，其行政管理权属性更为明显。行政授权是指行政机构依照法定程序和方式，将由行政机构行使职权的全部或部分转让给有关组织，后者据此以自己的名义行使该职权，并承受该职权行为效果的法律制度。❶ 中国证券市场从一开始就是由政府行政力量主导建立并受其左右，行政监管力量渗透到证券市场的每一个环节，政府监管处于绝对的强势地位，从证券发行的规模、发行价格到证券上市审核、交易行为等无不充分体现着政府行政主导、许可和监管的力量。二十年证券市场不断改进的过程也贯穿了国家行政权力"放权""收权"及其与证券交易所自律管理组织"夺权"的争斗，这一过程实际上就是国家行政监管权力与行业自律管理权利博弈的过程，而在该过程中，由于行政管理的天生强势，以及证券交易所或者证券业本身天生自律管理土壤的缺失，"夺权"的成果微乎其微，或者可以说，每一次自律管理"夺权"的收获

---

❶ 胡建淼："有关中国行政法理上的行政授权问题"，载《中国法学》1994年第2期。

只是政府行政力量主动"放权"的结果。❶ 同时，由于行政管理能力的局限性，行政监管机构也须通过行政授权方式，将部分行政监管职权交由交易所承担。实际上，中国交易所自始本身就负担了贯彻、履行国家政策的任务。❷

当行政授权成为证券交易所自律管理权限的主要来源时，自律管理权已远离自律管理权私权的本义，演变为行政权力，或行政监管权力的执行权，具有公权力的特征，交易所实则是以"自律管理"之名，行"行政管理权"之实。

另外，所谓证券交易所的自律管理，从交易所会员的角度来讲才是"自律"的"管理"，而由于中国会员制证券交易所会员的被动性、被管理性，当证券交易所的自律管理权行使的对象是其会员、上市公司时，更多体现的不是"自律"，而是"管理"，从这一角度看，所谓交易所的自律管理并不体现自律管理固有的私权特性，而带有公权力监管的强制性特性，也即交易所自律管理私权异化为公权力，私权予以公权化。同样，当交易所自律管理针对的对象是市场交易行为、市场秩序时，其主要是以政府监管机构附属机构的面貌出现，从法律效力看，交易所的一线监管体现的更是带有强烈行政执行力的公权力的色彩。

（三）交易所职能的"公权化"——政府职能延伸与实现的"工具"

由于证券市场本身处于一种不断发展的状态，所以监管的内

---

❶ 如2004年上海证券交易所发布一份《证券自律监管与放松管制》的研究报告，主张由证交所而不是证监会进行新股发行的审核，但证监会并未将此项权力授权于证交所行使，而仅仅将公司债券上市的批准权赋予证交所所享有。相同的是，2006年修订的《证券法》将原有证监会行使的证券上市核准权"下放"授权给证交所行使，从原"行政管理权"变为"自律管理权"，并引发了理论界关于证交所自律管理权扩大的大讨论。

❷ 如国有股减持政策的履行、上市公司股权分置改革工作的履行等国家政策的贯彻与执行。

容必须改变以更好地监管变化中的市场。从政府监管介入证券市场开始，政府证券监管的目标和职能与行业自律管理组织自律管理的目标和职能二者之间的界限问题就成为证券监管予以关注的重点。

就政府证券市场监管而言，政府监管主要侧重于对整个证券市场的宏观监管，其监管的首要目标是：维护整个证券市场的合法、公正秩序，保障其合法运行。具体而言，政府监管通过立法、司法与执法等手段维持证券市场的安全、秩序、公平与效率，以保障整个证券市场的透明性、公平、公正性，进而达到保护投资者合法权益的目的。正如美国 SEC 前主席查理德·C. 布里登所说的："证监会不是全能的，保护投资者免受欺诈和市场操纵的损失是我们的职责。要保证市场信息的质量，维持一个证监会称为'充分、公正的信息披露'的环境，政府的政策与监管的作用是不可低估的。"❶ 政府监管的目标就是要保障和维护证券市场公共利益秩序的公开、公平、公正原则的实现，保障证券市场更有效率，保障投资者信心和资本市场的公众诚信。❷ 政府监管主要扮演"看门狗（watching dog）"的角色，而不是对市场每一具体环节的行为进行监督、监察。

由于政府监管能力的局限性，无论是发达国家还是新兴市场经济国家，也无论证券市场监管模式是以政府监管为主还是以行业自律管理为主，因为证券交易所在证券市场中处于市场组织者和信息集散地的核心地位，证券交易所都被赋予证券市场一线监管的重要职责，承担着特殊的市场功能和目标。而在证券市场的发展历史中，证券交易所作为证券市场的主要主体，尤其是在与政府证券监督行政职权介入后，不同市场化程度的证券交易所自

---

❶ Roberta Romano："Empowering Investors: A Marker Approach to Securities Regulation"，Yale Law Journal Vol. 107. No. 8（1998）．

❷ E, Richie Reyes："Can America Escape the Cloud of Corporate Corruption With the Swrbanes-Oxley Act of 2002?"．Hamline J. Pub. L. & poly 147（2002）．

律管理的目标和职能都有所不同。而在证券市场化程度不高的国家,证券交易所的自律管理多处于补充、辅助的地位。证券交易所的管理定位于行业自律管理,其自律管理的目标应主要限定在交易所设定的目的范围,证券交易所也主要是通过上市规则、交易规定、会员规则等自律规则的实施,实现其保障证券交易公平的主要目标。或者可以说,证券交易所自律管理更多地体现在证券交易微观或具体行为的管理,而非整体证券市场秩序的维护,尽管通过交易所各项规则的实施客观上维护了证券交易所秩序的公平、有序,但其与政府监管的侧重点有所不同。交易所自律管理的职责主要表现在对其会员、上市公司、交易活动的管理,这也是会员制交易所本身的性质所决定的。

但是,由于中国证券交易所是自上而下建立起来的,政府掌控着证券市场发展的规模和资源的分配。从监管环节上看,国务院证券监督管理机构不仅从整体上、宏观上规划和调节金融监管的改革方针与政策,推行制度的改革,而且运用行政权力,使得市场资格的准入、风险防范的措施、交易活动的完成以及违法行为的处罚等都在政府的监管范围之内。从监管的手段上看,国务院证券监管机构将其改革的方针、政策、意图,通过各个证券市场主体层层强制性地予以贯彻和实施。证监会作出的任何关于资本市场、金融市场的重大改革方案和政策,都是通过各地证监局、深沪证券交易所、各证券经营机构层层予以执行贯彻。在这种统一的行政监管框架下,中国证券交易所一个更重要的任务就是贯彻执行证监会下达的证券市场发展、改革的各项政策与方针。例如,上海、深圳证券交易所成立的一个重要理由就是出于国企改制融资的需要。而且在很长一段时期内,中国资本市场只是鼓励国企上市筹资,压抑民营企业上市筹资,将证交所乃至资本市场视为国企的专利。❶ 目前,国家基于对证券市场发展规模平衡的需要,将上海证券交易所主要作为证券的主板市场,而深圳证券交易所主要作为创业板和中小板块市场,运用行政力量将两大交易所市场进行了划分。两大交易所之间市场的分隔也是落实国家资本市场发展规划的需要,同时也使得两大交易所之间各自独立,缺乏竞争。

2012年6月7日,上海证券交易建立了新闻发言人制度,在该发布会上,上交所负责人朱玟玖表示:"交易所作为证券市场的组织者之一,从国有资产管理的安排上,交易所与存管机构被赋予了一定管理国有资产的监管职能。而在交易所的未来发展中,应将对行政性权力作一定的剥离,以使其更专注于发挥市场的服务功能。"其从一个侧面很好地阐释了我国交易所中基于行政授权贯彻行使政府行政管理职能的严重现象。

实际上,无论是国企融资需求、国有股减持政策、股权分置改革政策,还是目前证监会正在大刀阔斧进行的金融改革的各项规划,每一次资本市场某项改革措施的实现,证券交易所都分担了重要的政府职能,异化成为证监会行政职能延伸的得力"助手"或者"雇员",而且这一非正常现象将会在未来不短的日子里继续存在。正如上海证券交易所在确立其2011~2020年的战略目标和主要任务时所强调的:"根据中国证监会的总体工作部署,结合上交所的实际,未来将上交所努力建成亚洲规模最大的资本市场。"

(四)证券交易所的诉讼地位——"公权化"的另一种折射

在成熟证券市场,无论证券交易所采会员制抑或公司制形式,其自律性管理的主要法律基础是契约关系,会员制证券交易所在对其会员、上市公司的管理过程中,交易所章程、会员规

---

❶ 龚浩成等主编:《上海证券市场十年》,上海财经大学出版社2001年版,第119页。

则、交易规则、上市规则等以契约形式表现出来的民事法律关系是其本质的法律关系，因而交易所作为自律性组织，当属于司法上的民事主体。交易所的自律管理意味着证券行业内的相关事务，包括证券纠纷事务的处理，应尽可能地自律。事实上，提供一定范围内的证券纠纷解决渠道，也是自律管理职能的有机组成部分。并且，在证券市场成熟的国家中，证券交易所暂停或终止证券上市以及对会员进行必要的纪律处分，均属自律组织内部的管理行为，因该自律管理行为发生的交易所与其成员或相关主体间的纠纷诉讼也应属于司法上的民事诉讼类型而非行政诉讼。

交易所自律管理权主要来源于交易所内部契约约定或法律直接规定，还是来源于行政授权，是保障交易所自律管理组织独立性、非行政性的关键，也是交易所民事或行政主体法律属性判别的关键因素。我国会员制证券交易所制定的交易所章程、会员规则、上市规则及其交易规则不仅体现了契约约定的性质，由于这些规则都经过了证监会核准或批准，所以该规则又体现了一定的国家意志，不再是简单的契约当事人之间的利益约定，交易所作出的上市、退市的决定实际上也非完全能凭自身的意愿来处理。由此交易所实施的管理行为被披上了行政行为的外衣，加之中国交易所组织机构本身已异化成为证监会行政监管的附属机构，且交易所自律管理权更多地来源于行政授权，其结果是证券交易所自律管理行为被行政化了，自律管理应有的独立性被模糊。司法实务中，证券交易所自律管理行为面临更多的行政诉讼的危险。

证券交易所原本作为与政府行政机构相对应的民间自律管理组织，承担了与政府证券监管相补充的自律管理职能，不存在被行政诉讼的风险。但是，由于中国证券交易所自律管理来源的复杂性，导致证券交易所的一项自律管理活动到底是行政行为还是自律管理行为，以及由此引发的诉讼是民事诉讼还是行政诉讼，却在司法实务中产生了混乱现象。

证券交易所实施自律管理行为导致的相对人的诉讼大致分为

两种：一是交易所对其会员、上市公司等实施自律管理权带来的诉讼；二是交易所实施其自律管理时影响投资者利益而带来的诉讼。前者诉讼本质而言是基于契约关系产生的，故该诉讼应为民事诉讼；后者因交易所与投资者之间并无直接契约关系，由此引起的诉讼属民事诉讼还是行政诉讼，立法并无直接规定，实务中投资者较难提起民事诉讼，而提起行政诉讼却一直可行。如2003年5月22日，某公司股票被交易所终止上市后，其股东于6月13日向证监会提出的有关行政复议请求即是以交易所为被申请人的。❶ 虽然证监会以申请人应当是公司为由未受理该复议请求，但证监会并未对行政复议请求本身提出异议，使得以证券交易所为行政诉讼或行政复议中的被告或被申请人的诉讼地位的认定成为现实。2009年，投资者贺初开即将上海证券交易所诉上法庭，主张上海证券交易所制定《上海证券交易所权证交易管理暂行办法》的行为违法以及上海证券交易所批准26家证券公司对南航认沽权证进行创设的行为无效。❷

2005年1月25日，最高人民法院发布《关于对于证券交易所监管职能相关的诉讼案件管辖与受理问题的规定》（以下简称《规定》），该《规定》第1条即明确说明了以证券交易所为被告的诉讼包含了民事诉讼和行政诉讼两类。❸《规定》第2条确定与证券交易所监管职能相关的诉讼案件包括以下四类：（1）交易所根据证券相关法律、法规作出的对其会员、上市公司、证券交易所活动作出的处理决定引发的诉讼；（2）交易所根据证监

---

❶ 高西庆、陈大刚：《证券发行案例教程》，知识产权出版社2005年版，第166页。

❷ 中国律师网络联盟论坛——法律桥，最后访问时间：2012年3月23日。

❸ 2005年最高人民法院发布的《关于对于证券交易所监管职能相关的诉讼案件管辖与受理问题的规定》第1条之规定：根据《中华人民共和国民事诉讼法》第37条和《中华人民共和国行政诉讼法》第22条的有关规定，指定上海证券交易所和深圳证券交易所所在地的中级人民法院分别管辖以上海证券交易所和深圳证券交易所为被告或第三人的与证券交易所监管职能相关的第一审民事案件和行政案件。

会的行政授权，对其会员、上市公司、证券交易相关活动作出的处理决定引发的诉讼；（3）交易所根据其章程、业务规则等内部自律规则对其会员、上市公司、证券交易活动作出的处理决定引发的诉讼；（4）交易所在履行监管职能过程中引发的其他诉讼。《规定》表明，由交易所的监管职能引发的诉讼，既可能是民事诉讼，也可能是行政诉讼的方式，而区分的标准，应该是引发争议的监管职能的性质。❶ 尽管《规定》中对上述四类诉讼中哪类诉讼为民事诉讼、哪类诉讼为行政诉讼未作出明确界定，但是，交易所可为行政诉讼被告或第三人则是明确的。所谓证券行政诉讼，是指在证券行政管理过程中，如果证券监管机构或其他对证券市场进行管理的行政机关实施具体的行政管理行为侵犯了证券投资者的合法权益，作为行政相对人或利害关系人的投资者有权依照行政诉讼法的规定，向人民法院提起行政诉讼。如果证券监管机构或其他有关机关不履行管理职责，证券投资者也可以提起行政诉讼，要求其履行职责，对证券行政违法行为予以追究。

依照中国《行政诉讼法》关于行政诉讼的一方当事人须为行政机构之规定，相对人以证券交易所为被告或被申请人的诉讼若为行政诉讼，或者交易所本身为国家行政机构，或者交易所依行政授权行使了具体行政行为，如不符合上述两种请求，其将不能作为行政诉讼中的当事人。由此也可以推导出中国相关立法实际上承认深、沪证券交易所已化身为行政机构或行政机构的附属机关，且实施的管理行为属于《行政诉讼法》中具体的行政行为，而能够将其管理行为划分为具体行政行为，是因为其享有的自律管理权具有行政公权力属性。也即交易所行政诉讼当事人的地位，从一个侧面也折射出其自律管理权"公权化"异化的

---

❶ 谬因知："我国证交所监管职能的诉讼前景与非诉机制之建立——法释（2005）1号文颁布后的时代"，载《金融法苑》2005年第7期。

现象。

三、中国证券业协会自律管理"公权化"的表象

(一) 中国证券业协会自律管理权的来源——行政授权

鉴于证券交易所在证券市场中具有证券交易平台、证券交易心脏、证券交易所枢纽的重要地位，无论一国的证券市场发达与否，证券交易所作为一线监管者被视为重要的自律管理机构。除此之外，证券业协会作为与政府监管相对应的另一个行业自律管理组织，在证券市场监管系统中成为必不可少的组成部分。与会员制交易所自律管理组织的成立相同，证券业协会也是由证券业的竞争者所组成的非营利性组织，肩负着对证券行业进行规范、实现行业内部协调发展的职能，同时，由于其行业代表者的地位，可作为证券业与政府他律监管部门进行对话的代表。❶ 证券业协会是非政府性、非营利性的民间社团组织，经证券经营者自愿组成的证券业协会可通过内部民主程序的运作取得约束、限制，甚至强制成员行为的自律管理权，从而达到维护行业内部成员的共同利益，这种自发形成的合约性产物，其自律管理权的本源也是源自协会内部成员的让与或认可，而非外部政府机构的授予，就这一点而言，证券业协会与证券交易所本质上相同，这也是为什么二者均作为证券业自律管理组织的原因所在。

中国证券业协会的产生及其发展轨迹与证券交易所的成立和发展极具相似性，均是政府自上而下主导完成的，证券业协会自律管理的发展道路与中国整个金融体制改革和经济改革的发展轨迹有相似之处，二者都具有很强的政府行政主导管理色彩。证券业协会自律管理组织与其他一些社会组织的产生方式相同，都是从政府组织体系中派生出来的，这就决定了其在承担自身主体职

---

❶ 鲁篱、黄亮、程乐明：《金融公会法律制度研究》，中国金融出版社2005年版，第212页。

能的同时具有官方的性质。❶ 虽然《证券法》、《证券业协会章程》等法律、法规规定：协会的最高权力机构是由全体会员组成的会员大会，负责制定和修改协会章程以及讨论决定协会重大事宜。但是实务中，协会会员大会实际上既不能决定协会自律管理权的行使范围、方式，也不能决定协会主要负责人的任免，这些象征着协会自律管理权的重要事项均来自政府的授权和任免。现实中，自1991年中国证券业协会成立至2002年，证券业协会会长均是由证监会、或其他政府机构领导兼任，尽管其后协会会长不再由其他政府机构领导兼任，也基本是由证监会或其他国有银行主要领导转任，与政府监管机构有着密切联系。不仅如此，协会的章程、从业人员资格认证、会员管理等自律规则也均是经由证监会认可、核准或同意的。协会会员大会并无自主决定自律规则有效性的权利。而且，目前作为证券业协会会员的绝大多数证券公司或者是国有公司，或者是国有控股公司，其国有企业的特征决定了其意志必然是与政府一致的，其权力来源也是依靠政府的委托式授权。因而，在所有权国有的条件下，政府的委托授权不过是将一部分权力从政府的一个口袋转移到另一个口袋。❷ 权力来源的行政授权使得证券业协会自律管理权发生了严重的异化。

（二）证券业协会自律监管职能——"政府的桥梁和纽带"

通常，一国在交易所之外均建立和认可除交易所之外的证券业协会，作为其证券市场的一个重要的行业自律管理组织。作为自律管理组织的证券业协在法律上具有行业协会的本质特征，即协会作为行业的自律管理组织，其首要目标是对行业内证券经营机构、证券商等行业成员的利益予以保护，对他们的行为予以规

---

❶ 梁赞："我国证券业自律性监管组织及其运行机制的实证分析"，载《甘肃行政学院学报》2004年第2期。

❷ 陈野华等：《证券业自律管理理论与中国的实践》，中国金融出版社2006年版，第92页。

范，主要职责是维护和代表业内会员的共同利益，集中反映会员的愿望和要求，在其自律管理范围内及时解决会员之间存在问题和争议等。

中国自1991年成立证券业协会以来，虽在其章程及《证券法》相关立法中也表明其有该项职责，但维护会员合法共同利益、解决会员间纠纷、服务会员需求却并非证券业协会的主要职责，相反，接受证监会监督领导，执行国家方针、政策、法律，发挥政府监管桥梁和纽带作用才是证券业协会的首要任务。例如，1991年证券业协会成立后颁布的《中国证券业协会章程》第2条明确规定，协会的宗旨是："根据发展社会主义有计划商品经济与市场调节相结合的要求，贯彻执行国家有关方针、政策和法规，发挥政府与证券经营机构之间的桥梁和纽带作用，促进证券业的开拓发展，加强证券业的自律管理，维护会员的合法权益，建立和完善具有中国特色的证券市场体系。"

为此，该《章程》规定的协会的主要职能限于协助、传导、合作、交流、培养人才等"政府桥梁和纽带"性质的服务性职能，[1] 与其作为行业自律管理组织维护行业利益、保护会员权益的自律管理职能相去甚远。2007年修改后的《证券业协会章程》仍然将"协会在国家对证券也实行集中统一监督管理的前提下，发挥政府与证券行业间的桥梁和纽带作用"的职责放在协会"为会员服务，维护会员合法权益"的职责之前，为政府监管工作服务，与政府进行合作成为协会最重要的职责。虽然2002年在中国证券业协会第三次会员大会上将协会的职能首次明确表述为"自律、服务、传导"，并将自律排在了首位，但是，分析第三次会员大会通过的《章程》中规定的协会的十项职责，也不

---

[1] 1991年《证券业协会章程》规定：证券业协会的职责是："协助证券主管部门开展有关证券市场理论、业务的研究和开发工作"，"协调会员之间、本行业与国家有关管理部门之间的关系"，"负责本行业的对外联络，及国际间的交往与合作"，"接受国家有关部门以及其他有关机关、单位委托事宜"等。

难得出协会在履行职责时传导为主、自律不足的缺陷。结合中国证券业的实际，可以看到，协会实际履行的职能几乎都是证监会行政授权赋予的。2002年10月31日，中国证监会为减少行政性审批事项，进一步发挥行业自律管理的作用，发布了《中国证券监督管理委员会关于赋予中国证券业协会部分职责的决定》，该《决定》将原由证监会行使的审批职能授权"下放"给证券业协会行使，至此证券业从业人员市场准入资格的审批、职业道德操守准则和行为规范以及后来的证券公司的分类规范认证等成为协会的职责范围。

不仅如此，证监会为证券市场多层次化发展，将代办股份转让系统的交易行为交由证券业协会监管，至此形成了证券交易所为场内交易市场自律管理、证券业协会为场外交易市场自律管理，且证券交易所又区分为上海证券交易所为主板市场、深圳证券交易所为创业板市场的格局。协会的这些职责均来自政府的授权，不仅证券业协会的自律管理权被行政化、公权化了，而且自律管理职能也被政府行政化了，证券业协会演变为除证监会之外的另一个政府监管的附属机构，成为名副其实的"政府的桥梁和纽带"。

（三）证券业协会会员保持的"理性冷漠"

行业协会是行业内经营者共同经济利益的维护者。行业协会由竞争者组成，是在一个广泛而急速扩张的领域，通过相互利益支持所构成的一个合作性组织；行业协会是一种非盈利性组织，它由商业中的竞争者构成，其目的在于促进和提高该行业中的一个或多项经济利益或者是该领域所覆盖成员的经济利益。❶ 黑格尔在其《法哲学原理》中对行业协会的特征也指出："行业协会的普遍目的是完全具体的，其所具有的范围不超过产业和他独特

---

❶ George, P, Lamb, Summters. Kittelle: Trade Association Law and Practice, Little Brown and Company, 1965, p. 3.

的业务和利益所含有的目的。"❶ 在实践中，绝大多数的行业公会都会明确在自己的章程中宣示其宗旨在于促进、维护本行业协会成员的共同利益。❷ 金融业尤其是证券业是高风险行业，也是典型的信用产业，一方面，证券业协会的成立对于维护、促进证券业经营机构的共同利益意义重大；另一方面，证券业自律管理组织自律管理功能的实现也必须依赖于自律组织有效的内部机制和内部成员的自行制约。❸

证券经营机构通过组建行业自律管理组织保障其共同利益是一个重要的途径，正因为此，所组建的行业自律管理组织反过来同样应受到行业内成员的支持，行业成员的意愿在协会中得到充分的体现，成员与协会保持良好的沟通和合作关系才能使证券经营机构本身具有积极维护和遵守行业自律规则的愿望与动力。但事实上，证券行业的证券经营机构内部自律的效果并不具有逻辑上的延续性。这是因为：其一，证券业自律管理成员之间的经济、商业利益的相互竞争性，在成员个体考虑集体共同利益时，在多次重复博弈过程中则会产生"囚徒困境"现象，导致其并非如期地自觉遵守行业的自律规则，结果是行业会员对自律管理规则的"理性漠视"。其二，证券业自律管理的规则并非总是与每一证券经营机构的利益相符。因为证券业自理管理规则的制定是着眼于对证券业行业整体利益的维护，着眼于对证券业长远目标利益的维护，当证券经营机构认为这些规则与其个体利益目标一致时，就会自觉遵守。然而，显然自律规则的大多数内容在会员看来并不符合其个体利益目标，尤其是与其短期目标相悖。比

---

❶ [德] 黑格尔：《法哲学原理》，范扬、张企泰译，商务印书馆2009年版，第248页。

❷ Joseph, F. Bradley: "The Role of Trade Association and Professional Business Society in America", 1965, p. 21.

❸ 陈野华等：《证券业自律管理理论与中国的实践》，中国金融出版社2006年版，第41页。

如,证券行业内禁止挪用客户保证金、禁止在资产委托管理业务中向客户承诺收益等规定,与证券经营机构的短期利益目标不一致,证券经营机构则不会主动加以限制。其结果是只有当其考虑到预期声誉、长远利益、违规处罚等因素时才可能加以自律遵守。其三,也是最重要的,在不成熟的资本市场国家中,当资本市场及其行业自律组织的建立都是依赖于政府的主导完成的境况下,会员成员从主动的自律者成为被动的被管理者,证券商自律成员成为被动的制约者,当行业自律管理规则的制定均非其参与制定,行业成员的意愿从未在自律规则中表达或体现时,所谓的自律遵守也都演变成他律特征的强制性遵守,会员成员在行业自律组织中则会保持"理性的漠视"。

四、证券业自律管理目标"公权化"的表象

(一)证券业自律管理的直接目标与间接目标

行业自律管理的目标与政府监管的目标既有同一性,也呈现出其特性。同一性的方面表现在无论是政府的证券监管还是证券业行业的自律管理,其目标都是维护证券市场的有序秩序和稳定发展,以及保护证券市场投资者的合法利益。但是,二者监管和管理的目标与侧重点却有所不同,并各自呈现出自身固有的特征,否则也无必要在加强和完善证券监管制度的不断改革中强调两者或某一方的监管制度及措施。而证券业自律管理因其自身组织的非政府性、独立性和市场一线监管的特质,决定了证券业行业自律管理目标的特有性。

证券业自律管理的目标可以分为直接管理的目标和终极管理的目标两类,而其直接管理的目标是由证券业自律管理组织的性质和自律管理的范围、对象所决定的。证券业自律管理主要体现的是证券业行业自律管理组织对其会员、上市公司、协议对象进行的自我约束、自我管理、自我制裁的一种管理方式,因而,从这个角度理解,证券业自律管理的直接目标体现为对其会员、上

市公司、交易合约方合法权利的保护、纠纷的解决和违规行为的制裁，并且要求其会员、上市公司、交易合约方对自律规则予以遵守和维护。换言之，证券业行业自律管理的直接目标就是通过对其自律管理对象的管理、自律和服务，实现行业成员共同利益维护的目标。而对自律管理的终极管理目标而言，就是通过其自律管理直接目标的完成，最终客观地实现了对证券业行业整体秩序的维护。这一终极目标的内容表面看来与国家政府证券监管的目标即实现证券市场整体秩序的公平、公正、有序、稳定相似，但是其是通过直接管理的目标实现的，而非通过对证券业行业整体秩序的规制、维护实现的，如同维护促进社会市场经济的发展成为所有独立的法律部门都要实现的终极目标一样，也都是通过每一个独立的法律部门所要调整和实现的各自直接的目标才能完成。

证券业自律管理的直接目标和终极目标也正是其与政府证券监管目标相区别之所在。证券业自律管理的终极目标应是证券市场整体利益的维护，此亦应是政府证券监管的直接目标。虽同为表现为对证券市场整体利益的维护，但是二者的内涵则有所不同。当证券业自律管理目标体现为证券市场整体利益的维护时，如上所述，是通过维护其自律管理组织行业内部成员或会员、协议主体的利益及约束其行为完成的。而在证券市场发展历史中，政府介入证券市场的监管也恰恰是因为证券自律管理组织对证券市场整体利益和整体秩序的维护及把握方面有所缺失或存在局限性。故而，政府对宏观市场的调整、规制和维护等功能决定了政府证券监管的直接目标就是确保证券市场整体秩序的公平、有序、透明，以实现对证券市场投资者合法利益的保护。该目标实现的手段更加多样化，包括制定法律、法规，对证券市场宏观调控、对证券违法、犯罪行为进行制裁等各种措施、手段，以实现对证券市场整体秩序的维护和对投资者权益的保护。而这些也恰恰是证券业自律管理中所不具备的。

(二) 国际证监会组织（IOSCO）确定的自律管理目标

国际证监会组织 IOSCO 在其 2003 年制定的《国际证监会组织证券监管目标和原则》中确定了国际证监会组织证券监管的八大类原则和三项目标，该八大类原则基本是依据不同的证券市场主体类型进行划分的，同时在每一类基本原则中进行了细化，共形成了具体的 30 条证券监管原则。该八大类基本原则分别为：(1) 与监管机构有关的原则；(2) 与自律有关的原则；(3) 执行证券监管的原则；(4) 监管合作原则；(5) 发行人原则；(6) 集合投资计划原则；(7) 市场中介机构原则；(8) 二级市场原则。在国际证监会组织确定的这八项原则中第二项即为"与自律有关的原则"。在"与自律有关的原则"中规定：应"适当发挥自律组织对各自领域进行直接监管的职责"。"自律组织可以要求其管理对象除遵循政府法规之外，遵守一定的道德规范。"并且，"作为授权给自律组织行使某些监管职能的前提，法律或监管机构应该有权要求自律组织做到：具备维护有关法律、法规和自律组织条例的能力，并依法对其成员及相关的人员进行稽核；公正、一贯地对待自律组织的全体成员和申请加入组织的对象；制定有利于规范成员单位行为、保护投资者利益的条例；执行其自身的条例，处罚违规行为等。"❶ 由上述规定可以看出，自律原则实施的对象主要限定在自律管理组织的成员及相关人员，其规范的也是成员行为，执行的是自身的条例和规则。不仅如此，2009 年国际证监会组织还制定了《〈国际证监会组织证券监管目标和原则〉实施状况评估办法》，该《办法》除了包含上述八项原则外，还增加了第九项原则，即（九）清算与交收原则。其也将"与自律有关的原则"作为其中的第二项原则，并更加细化了该自律原则具体评估状况实施办法的内容。其中，在

---

❶ 1998 年《国际证监会组织证券监管目标和原则》，载 http：//www.iosco.org，访问时间：2011 年 2 月 25 日。

对自律组织的"适当使用"评估中第 1 条规定：自律组织实施有关适用法律、法规和自律组织目标的能力以及要求其成员、关联人员遵守该等法律、法规和规则的能力。并在该《办法》就"关键事项"授权的第 1 – a) b) c) 中也仅规定自律管理的对象为其成员及其相关人员等相同的规定。而且在其"职业准则"3 中也明确规定：自律组织应实施工作人员保密准则和适用于其成员的程序公平准则。❶ 由此种种规定不难看出，自律组织的管理一般仅限于其内部成员或会员及其具有契约关系的相关人员（如上市公司等），也即自律管理的对象并不涉及所有证券业行业的人员，自律管理对投资者的保护实际上也是通过对其内部成员行为的约束、惩罚或自律规则的遵守实现对证券市场投资者合法权益的保护和市场的维护。而这一点也是自律管理与政府监管最显著的区别。

（三）中国证券业自律管理的现实目标

无论是从证券业行业自律管理的本性、相对性出发所导出的其自律管理的目标应限于其内部成员及其相关人员的行为和权益，还是从国际证监会组织所确定的自律监管原则和目标中关于自律管理的原则内容看，证券业自律管理的直接目标应直接表现为各个证券业自律管理组织对其内部成员或会员及其相关人员行为的约束、裁决及其权利的保护。所谓对证券业行业整体利益的维护也是通过对其内部成员、会员、相关人员的行为约束、违规行为的裁决和权利的保护来实现的。

由于中国证券业自律管理组织及其自律管理体系均是在政府主导下构建的，因而，中国证券业自律管理组织自律管理的目标并非仅限于对其自律管理对象和范围的管理，而是超越了本义的自律管理途径和目标，一定程度上担当本应由政府证券监管完成

---

❶ 1998 年《国际证监会组织证券监管目标和原则》，载 http://www.iosco.org，访问时间：2011 年 2 月 25 日。

的目标。如《深圳证券交易所章程》第1条明确规定:"为了完善证券交易制度,加强证券市场管理,促进中国证券事业发展,维护国家、企业和社会公众的合法权益,特设立本所。"《上海证券交易所章程》第1条也明确规定:"为建立公开、公平、公正和稳定、高效的证券市场,保护投资者的合法权益,促进社会主义市场经济的发展,维护证券市场的正常秩序,制定本章程。"《证券业协会章程》更是明确规定:协会的宗旨是:在国家对证券业实行集中统一监督管理的前提下,进行证券业自律管理;发挥政府与证券行业间的桥梁和纽带作用;为会员服务,维护会员的合法权益;维持证券业的正当竞争秩序,促进证券市场的公开、公平、公正,推动证券市场的健康稳定发展。

从上述规定可以看出,作为中国证券业自律管理组织的深沪证券交易所和证券业协会所要完成和实现的自律管理目标已远远超越了其自律管理的对象和范围,针对的是中国证券市场秩序、证券事业的发展和证券投资者合法权益目标的实现。应该说,上述规定中所确立的自律管理的目标与政府证券监管的目标并无二致,或者说其自律管理的目标中早已涵盖了本应由政府担负的证券监管职责。由于混淆了证券业行业自律管理的目标和政府证券监管的目标,使得证券业自律管理既没有实现其本身的自律管理目标,也无法实现上述规定中所赋予的目标。因为自律管理的局限性和证券经营机构出于自利的考虑,自律管理组织不可能也无法实现对整个市场秩序的维护和对所有投资者利益的保护。但是,现行相关规定使得自律管理组织负担了政府监管的内容,异化了其自律管理的本质。

第二章 证券业自律管理"公权化"国际发展趋势考察

第一节 美国证券业自律管理"公权化"的演变路径

一、1933年前美国证券市场充分的行业自律管理

(一) 18世纪美国证券交易所的自发设立

美国证券市场的产生最早可以追溯到18世纪末独立战争时期美国联邦政府为筹集巨额军费开支而发行的大量政府债券。❶ 1789年独立战争期间,美国首任总统华盛顿为解决军费支出问题发行了近8000万美元的政府债券。然而在战争结束后,政府财政开支所举借的新债使得美国政府无力偿还这些巨额债务,此前发行的所有战争债券也都因缺乏承兑信用而发生严重贬值,由此引起了社会的不稳定。时任美国第一任财政部长亚历山大·汉密尔顿在其1790年1月的报告中建议,新政府应承诺对国会及其下属的13个州发行的战争债券还本付息,在此政府承诺下,战争债券价格回升,很多投机商从中牟取了暴利。❷ 这些债券直接导致了证券市场的活跃,证券市场得到空前发展。与此同时,股票发行也迅速得以发展。早在1754年,美国费城便成立了证券经纪人协会,战争债券投机风潮过后,最初以证券拍卖商姿态

---

❶ Saule T. Omarova:"Wall Street as Community of Fate: Toward Financial Industry Self-Regualtion", 159 U. Pa. L. Rev. 411.

❷ Eva Hupkes:"Regulation, Self-Regulation or Co-Regulation", J. B. L. 2009, 5, 427~446.

第二章 证券业自律管理"公权化"国际发展趋势考察

出现的证券交易商开始从证券经纪人中分化出来,成为职业化的证券交易经纪人,并于1790年成立了美国第一家证券交易所——费城证券交易所。❶

目前,世界上影响最大也最先进的纽约证券交易所的前身,是1792年5月17日由24名股票经纪人在华尔街68号那棵梧桐树下签订的著名的"梧桐树协议"所组建的专门进行股票交易的组织(后被称为交易所),该处梧桐树当时是经纪人经常聚集并进行股票交易的地方。该"梧桐树协议"所确立的交易所是由24名股票经纪人作为会员予以控制并以自律管理组织的身份出现的,该协议主张:第一,取消拍卖制,股票交易只在经纪人之间完成;第二,交易手续费固定为0.25%。❷并且该契约性质很大程度上保留至今。交易所正是依据彼此之间的契约成立的,旨在维护彼此利益,对违反契约所定规则给予一定的处罚,并最终可通过2/3投票表决权开除会员资格的自律管理组织。❸ 1793年,该股票交易从著名的梧桐树下的室外交易搬进了Tontine Coffee House 的室内大厅,并且经纪人在大厅中设有席位,至此,证券交易所开始向正规化发展迈出了重要的一步。美国这一时期的股票发行、交易活动基本是由证券交易所依证券经纪商们所约定的交易规则实施的,体现了充分的自律管理的特点。

由此可以看到,美国证券市场的建立和证券交易所的成立是特定专业化的证券经纪人阶层在证券交易过程中自行发明、发展出来的专门从事证券交易这种典型商事行为的结果,这种"天

---

❶ Robert B. Ahdieh:"Law's Signal: A Cueing Theoy of Law in Market Transition", 77 s. Cal. L. Rev. 215. (2004).

❷ Stuart Banner, The Origin of The New York Stock Exchange 1791~1860, 27 J. Legal Stud. 113 (1998).

❸ Susan L. Merrill, Matthew L. Moore & Allen D. Boyer, "Sharper and Brighter: Focusing on Sanctions at the New York Stock Exchange", 3 N. Y. U. J. L. & Bus. 155, 163 n. 15 (2006).

生"的纯粹民间机构性质的自律组织为证券业自律管理打下了坚实的基础。

(二) 19 世纪美国证券市场充分自由发展的阶段

18 世纪后期美国证券市场建立后,经历了一个狂躁的发展时期,随之在 19 世纪 30 年代前陷入了一个市场持续低迷阶段,而自 1830 年美国发行了最早的铁路股份(Mohawk and Hudson Railroad)起,铁路、银行、运河及公路等股份公司相继在纽约证券交易所上市、交易,出现了铁路股的泡沫,掀起了 19 世纪 30 年代中期的经济投机,到 19 世纪五六十年代大量出现矿业股、黄金股,银行的房贷和透支也在不断地推波助澜,加之此时因美国南北战争又一次掀起了各州政府和银行发行大量的债券,使得投机热潮空前活跃,由此造成严重的股票贬值和通货膨胀,证券市场瞬间崩溃,交易所几近难以生存。❶

而自 19 世纪 70 年代起至 20 世纪 30 年代,随着美国南北战争的结束,美国的工业化开始发展,尤其是美国西部大开发,股份公司铁路、公路、运河、钢铁、煤炭等基础产业率先推行发展起来,同时也广泛运用在运输业、公用事业、制造业和金融部门中,不仅极大地促进了美国经济的发展,也使得证券市场得以恢复和快速发展。

在此长达百年的时间里,美国处于自由经济发展的阶段,尤其是美国商业奉行"最少干预的政府就是最好的政府"这一信条,使得美国经济和金融在没有政府管制的条件下自由发展。这一时期的美国股票市场几乎纯粹是一个投机市场,股票交易就有很强的投机性,其证券市场也在"分散、自由地发展"。❷ 在美国联邦体制下,全美各大中城市和经济繁荣的地区都建立起各自

---

❶ 李俊明:"美国证券市场的历史发展及对中国证券市场的启示",载《河北金融》2002 年第 12 期。

❷ Richard J. Teweles, Edaard S. Bradley: "The Stock Market", 7th Ed, John Wiley & Sons Inc, 1998.

的证券交易所。

这种自由经济主义的发展模式，一方面，极大地促进了美国经济和证券市场的发展，美国企业的管理和竞争力迅速提高，其经济和股市进入了空前繁荣的时代。尤其是在证券业领域，这种长期分散自由发展的模式，极大地培育和构建了美国证券市场完整的结构，各类证券市场主体得以快速发展，其中证券交易所、各类证券中介机构诸如承销商、经纪商、做市商、自营商、证券资信评估机构等不断完善建立起来，并逐渐形成规范其各自行为和关系的规则、制度。证券发行、交易的各种规则、技术、知识被广泛传播和提高，证券投资成为美国公民重要的投资渠道。而由于所奉行的自由经济主义和政府的不干涉理念，这一时期的美国证券市场一直延续其证券市场自主建立和发展的模式，并迅速在全美各州证券交易所、证券行业协会中扩大和发展，美国证券市场主要实行证券业行业的自律管理体制，行业自律管理成为当时美国证券市场最重要的或者唯一的管理模式。

但是，另一方面，这种自由经济发展和行业自律管理分散、自由、自律的体制也给美国证券市场领域带来了严重的投机、虚假、欺诈的问题。证券市场中内幕交易、操纵市场的情形非常严重，股市经常处于剧烈波动之中，证券市场也呈现出一派"混乱"状态，虚假信息充斥其中，证券业自律制度受到了挑战和质疑。特别是在"美国例外论""永久繁荣论"的鼓噪下，❶股价大大偏离了其实际价值，美国证券投资者逐渐失去理智，但同时证券市场变得异常脆弱。至1929年，美国股市连续6次暴跌，市场总值从最高点时的897亿美元跌至156美元，出现了美国证券历史上最著名的股市崩盘事件，多数投资者血本无归，美国股市金融大萧条，由此引发和开启了美国证券历史中划时代的政府证券干预时代。

---

❶ 陈红："美国证券市场发展的历史演进"，载《经济经纬》2006年第1期。

在1934年美国证券交易监管委员会创立之前，纽约证券交易所作为证券业最重要的自律管理机构，主要担负证券业自律管理的职责，并一直拥有对侵犯其规则的会员的惩处权力。但是，受其许可作为交易所会员的各证券经营机构却一直通过向法院诉求寻求解除交易所对会员的制裁和约束。如在1913年，NYSE会员曾向法院主张取消交易所这种对会员的制裁，但是，法院解释道，如果NYSE的行为是合宪的和公平的，那么其裁决就是终审有效的。[1] 纽约上诉法院认为，纽约股票交易所会员以其有能力解除会员资格的挑战是非常受限制的，法院认为如果交易所是按照交易的现状并且基于良好的信用，其处罚决定就是最终的裁决，且由于交易所和其会员之间是一种契约关系，交易所是一种个体之间自愿将其各自的利益、权利、优势和职责交由其管理并受其约束的协会，因此，这种契约同样受到保护。[2] 法院的这种判决也极大地鼓励了美国证券市场这一时期证券业自律管理体制的发展。

二、1934年美国证券交易监管委员会（SEC）的成立与干预

在历经了1929年美国股市的崩盘后，股市的低迷持续了五年之久，许多银行纷纷倒闭，美国经济遭受的严重破坏程度在以往历史上也是空前的。在这种证券市场大风暴的背景下，美国联邦政府意识到，为防止自由、分散的证券市场所存在的潜在风险给国家经济带来的动荡和损害，需要国家一定的干预。1933年，罗斯福作为美国总统立即宣布实行"新政"，确立信息透明度和投资者保护成为美国证券市场监管的主题，开始重构美国证券市

---

[1] Weidenfeld v. Keppler, 84 A. D. 235, 241 (N. Y. App. Div.).

[2] Alan Lawhead: "Useful Limits to The Fifth Amendment: Examining the Benefits That Flow from a Private Regulator's Ability to Demand Answers to it's Questions During an Investigation", Columbia Business Law Review, Inc, 2009. p. 210.

场监管体制，推行国家直接干预的政策，拯救濒临崩溃边缘的美国经济，以及规范美国证券市场。在美国罗斯福总统的授权下，著名的哈佛大学法学院教授带领其学生历时一年制定了引起世界瞩目的美国1933年《证券法》，并受到了广泛赞扬，随后陆续出台了美国1934年《证券交易法》、1938年《马隆尼法》、1940年《投资顾问法》，至此，美国证券市场开启了规范化发展的道路。

在立法规范引导下的证券市场，1934年美国《证券交易法》组建了全美证券市场统一的权威监管机构——美国证券交易委员会（Securities and Exchange Commission，以下简称SEC)，该委员会由五名委员组成，均由总统任命，参议院批准，任期五年，各委员的任期是交错的，以便每年六月只有一个委员任期届满，并且不超过三名委员可以同总统属于同一党派，其中一个委员可由总统任命为委员会主席。按照1934年美国《证券交易法》规定，SEC是一个独立的、非党派的机构。SEC通过四个主要的部门运作，即公司金融部门、交易和市场部门、投资管理部门、执行部门。美国SEC的成立标志着美国证券市场政府证券监管的直接介入和干预，美国证券市场的监管体制发生了重大变化，以美国政府为代表的公权力与以纽约证券交易所所代表的私权利之间作出了历史性的妥协，它对证券交易所创设了一种前所未有的政府治理结构，它将这个一度完全私人性质的交易所转变为受政府监管的自律管理实体。[1] 1934年《证券交易法》所创设的SEC对证券市场的干预，宣告了美国证券市场证券业完全自律管理的时代终结，并开启了证券业自律管理与政府监管相结合的监管体制。

---

[1] William I. Friedman: "The Foueteenth Amendment's Public/Private Distinetion Among Securities Regulation in the U. S. Marketplace Revisited", 23 Ann. Rev. Banking & Fin. L. 727, 739 (2004).

三、1975年《证券交易法修订案》中SEC监管权的扩大

美国纽约证券交易所（New York Stock Exchange，以下简称NYSE）和美国证券商协会（The National Assoiation of Securities Dealers，以下简称NASD）最初是作为交易商、经纪商自愿组成的私人实体面貌出现的。成立于1792年的NYSE是为了防止美国早期债券市场管理中的丑闻和虚假行为而由交易商、经纪商自行组建的具有私有性质的机构。而NASD最初也是作为美国投资银行家协会所构建的一个交易组织，随后，NASD在美国1934年《证券交易法》中被授权作为证券商协会，并赋予其法定的职权。1939年，NASD进行了公司化改制，并被要求在SEC处进行注册。自1934年美国《证券交易法》出台时起，美国国会和SEC即一直致力于将证券业自律管理组织（SRO）从一个私人俱乐部变成一个公众实体，而在证券市场中经常暴露出的丑闻亦迫使政府对交易所和NASD不断进行改革，其中改革最显著的标志是通过立法的修订，不断扩大SEC对证券市场以及对证券业自律管理组织SROs（包括美国各证券交易所和证券商协会）的监管范围和力度。

1975年，国会对美国1934年《证券交易法》进行修订，并赋予SEC获得更大的授权去管理、监督NYSE及其他交易所和NASD。如1975年的修订案规定，SEC有权干预和批准SRO规则的制定，除非有豁免，未经SEC的同意，自律规则不能生效。而且，SEC还有权修正自律管理组织制定的规则。同时，还扩大了SEC在SRO执行和处罚中的角色，并且允许SEC在构架公共证券市场结构时承担积极的角色。另外，修订后的《证券交易法》要求交易所和协会的规则在其选择董事和执行事务中必须确保其会员受到公平的对待，并要求每一个证券商都需在SEC处

注册并按照立法要求成为 NASD 的会员。❶

2002 年《证券交易法》再次修订,并授权给 SEC 更多的对 SRO 的监管权,同年还颁布了《塞班斯法案》,该法案要求:SEC 对股票交易所规则从审计、补偿到委员提名方面以及对上市公司独立董事的要求都有权统一管理,但应不影响 SRO 的管理。然而,SEC 在最近几年已经对 SRO 董事会组成表现出了更大的干涉权力,如 SEC 有权要求证券业自律管理组织中独立董事占董事会成员的大部分比例。❷

交易所和 NASD 长期承担两项重要的管理功能,它们既是证券交易的场所,也同时担负对该市场及其会员的管理。作为市场,其一直参与稳固的佣金和收益差,直至这些反竞争活动被 SEC 所禁止。❸ 这些反竞争活动,长期作为一种许可的行为给了 SRO 会员一个诱因去保留其在交易所和 NASD 的会员资格,并维持公平和公正的交易原则。而作为管理者,交易所和协会采取的规则必须符合并遵守联邦法律的强制效力,并要求会员公司和其协会会员遵守,另外,他们还有仲裁、裁决的能力,以解决会员公司与其雇员、会员公司与其客户之间的争议。❹

然而,在美国纽约证券交易所(NYSE)、纳斯达克等各交易所公司化改制后,证券交易所、证券商协会、纳斯达克交易所等出现的自身经济利益与所担负的行业自律管理功能的冲突成为美国政府证券市场监管的主要目标,为防止利益冲突导致的自律管理的松懈给市场带来的风险和投资者利益的保护,政府赋予 SEC

---

❶ Exchange Act § 11A, 15U. S. C. §78K – 1 (2000); Exchange Act § 19 (c), 15U. S. C. 78s (c) (2000).

❷ Roberta S. Karmel:"Realizing the Dream of William O. Douglas-The Securities and Exchange Commission Takes Charge of Corporate Governance", 30 Del. J. Corp. L. 79. 92 ~ 94, 108 ~ 113, 121 ~ 23 (2005). p. 5.

❸ Credi Suisse Secs. (usa) v. Billing, 127S. Ct. 2383 (2007).

❹ Credit Suisse First Boston Corp. v. Grunwald, 400F. 3d1119 (9 Cir 2005).

更大的职权,加强对证券市场及对证券业自律管理组织的监管。

四、2007年美国金融业监管局(FINRA)的成立及其"公权化"质疑

在纽约证券交易所及其他证券交易所公司化改制后,交易所自身的经济利益和其负担的对证券证券业自律管理功能势必产生一定的冲突,为解决这一问题,美国对其证券市场监管体制进行改革,尤其是针对美国证券业自律管理体制进行了巨大的整合,最著名的是于2007年成立了全美统一的金融业管理局(Financial Industry Regulatory Agency,简称FINRA)。依照美国立法规定,FINRA是一个非政府的、非营利性的组织,该组织是在美国证券交易委员会SEC的监管下对全美交易商进行管理的自律组织。同时,FINRA是一个融合了全美证券商协会NASD和纽约交易所会员管理功能的统一的实体组织,也即将NYSE和NASD中的市场和管理两个不同的功能区分到不同的实体中,其中NYSE和NASD原本承担的对其会员和相关人员的管理功能融合到统一的法定的FINRA中,而各自仅保留其原来的市场功能,以加强其作为交易商一线管理者的角色。与此相关联的发展是,SEC被赋予了更充分的对SRO管理结构的监管权力。而近些年,NYSE和NASD通过公司化改制后,基于公司商业运作和营利的目的,被作为一个私有性质的商业组织,而仍然保留其作为政府或准政府的管理实体的地位。

自美国新型的统一的、唯一的金融业自律管理组织FINRA成立时起,该自律组织的属性即引起广泛争议,即FINRA是否被组建和确认并仅仅作为在SEC政府监管下的一个自律管理者发挥其功能?这一疑问在一定程度上与另一相似的问题需要被检验,即关于这个新的金融业行业的自律管理者,是否就像美国公众公司审计监察委员会(PCAOB)那样,其不是一个真正的行业自律管理组织SROs。因为立法明确规定,FINRA是在SEC的

严格监管下履行其职责，包括 FINRA 制定的规则须经 SEC 的事先许可，同时，SEC 还对 FINRA 享有很大的监管和授权权力。

由此，对 FINRA 功能和法律地位引发的问题有：第一，FINRA 豁免被诉；第二，在 FINRA 调查主张其特别的反对自我控告的私有个体权利；第三，FINRA 作为交易商管理者裁决能力的角色；第四，由 FINRA 检举的个人正当程序的权利；第五，FINRA 关于反欺诈和先占诉讼的角色；第六，FINRA 内在的、固有的作为 SRO 法律地位的合宪性问题。❶ 尤其是当政府功能不断使私有化扩张时，这种私有化扩张引发的宪法责任问题则成为备受质疑的焦点，也即在 FINRA 变成一个准政府机构时产生的以下质疑问题：即其是否应对其会员承担责任的问题？当其会员被迫由法律规定参加成为会员，或者成为普通公众时，是否FINRA实际上已成为一个公共组织，如果是的话，那其与政府机构的区别是什么？这些质疑在美国证券业和理论界中受到广受关注，对此有学者认为新成立的统一的全美金融业管理局仍保留原本证券业自律管理组织独立的、私有性质的性质，但是，更多的质疑认为 FINRA 已演变成为一个准政府的机构，已丧失了行业自律管理组织固有的独立、非政府、私有的特性。

对于 FINRA 承担的功能和法律地位属性的质疑在美国一些法院的判例中也有所体现。例如，2010 年美国最高法院关于 Free Enterprise Fund v. PCAOB 案件的判决表明，质疑那些超出总统控制的私有管理者的合宪的有效性问题，特别是像那些诸如 FINRA 组织，其主要功能是强制的、变化了的行政权力。PCAOB（即美国公众会计监察委员会）即是一个在 SEC 监管下运行的行业管理者，其董事会成员也可由 SEC 在基于正当理由

---

❶ Roberta S. Karmel: "Realizing the Dream of William O. Douglas-The Securities and Exchange Commission Takes Charge of Corporate Governance", 30 Del. J. Corp. L. 79. 92~94, 108~113, 121~23 (2005). p. 7.

情形下予以免除。❶ 这种在 SEC 严格监管下运行的行业自律管理组织即在一定程度上背离了其自律组织的私有、独立的特性，而带有准政府机构的特性。❷ 而 FINRA 恰恰与 PCAOB 表现出来的状况相同，其也是在 SEC 的监管之下运行，如 FINRA 制定的规则需先得到 SEC 的许可，且 FINRA 作为一个新型的行业自律管理者还管理着超出其行业会员范畴的原来由 SEC 监管的投资顾问，这些都引起了对 FINRA 行业自律管理者属性的质疑。❸ 因此，当像 FINRA 这样的自律管理组织作为私有管理者超出私主体合宪要求规定的范围时，就预示着自律管理组织已经分离和异化了。

第二节　英国证券业自律管理体制的确立及变化

一、18 世纪至 1986 年前英国证券市场充分的行业自律管理

相比于美国证券市场的历史而言，英国证券市场是世界证券市场发展的鼻祖或最早的市场，这与英国是实行资本主义市场经济最早的国家的历史紧密关联。英国是世界历史中最早的建立股份公司、发行股份的国家，伦敦证券交易所也是世界历史上最悠久的证券交易所之一，其历史可以追溯到 300 年前。虽然早在 1602 年荷兰就成立了世界上第一家股份有限公司——荷兰东印度公司，并发行了世界上第一支股票，但是在荷兰并没有形成完

---

❶ Nick Petts: "FINRA and The Expansion of Nongovernmental Regulation", 2012, 5.11.

❷ Alan Lawhead: "Useful Linits to the Fifth Amendment: Examining the Benefits That Flow form a Private Regulatior's Ability to Demand Answers to It's Questions During an Investigation", Colum. Bus. L. Rev. 210 (2009).

❸ Janes T. Korbel: "Trust and the Investment Asviser Industry: Congress Failure to Realize FINRA's Potential to Restore Incestor Confidence", 35 Seton Hal Legis. J. 61.

备的股票流通市场,更没有成立独立的股票交易所。到了17世纪后期,随着经济中心转移到英国,荷兰创建的东印度股份有限公司在英国伦敦得到了快速发展。当时所进行的股票交易是与其他商品交易及政府债券交易混合在一起,并在伦敦交易街的露天市场进行,该交易场所为当时伦敦最古老的交易所——"皇家交易所",随后,伴随着其他股份公司股票的发行和交易,证券交易日渐活跃,专门从事股票买卖的交易商独立出来,并在伦敦一个柴思胡同的约那森咖啡馆中形成了固定的股票交易场所。1761年,伦敦150名股票交易商自发组成一个俱乐部以买卖股票。1773年,露天市场交易迁入司威丁街的室内进行,并正式更名为"伦敦证券交易所"。❶ 截至第一次世界大战之前,伦敦交易所一直是世界上第一大证券交易市场。与美国纽约证券交易所成立背景相同,伦敦证券交易所也是由证券交易商自发组成的民间性质的私有实体,这就为其证券业的自律管理确定了私有的、独立的、非政府组织属性的基础。

18世纪初,由于英国战争的爆发,政府发行了大量的政府债券,为偿还债券,当时的南海公司与政府协议债券重组计划,并由此获得经营特权。随着政府债券与南海公司的股票进行转换,加之政府的承诺,在南海公司股价扶摇直上的示范效应下,刺激了当时股票的发行,股票成为人们热衷投资的工具和投机对象。但是,随着这些公司的真实业绩与人们所期望的投资回报的巨大落差,南海公司的股价也一落千丈,并最终引发了股市的崩盘。由此"南海事件"导致了1720年英国国会为制止各类"泡沫公司"的膨胀出台了"泡沫法案"(The Bubble Act),即"取缔投机行为和诈骗团体法案"。但是,此阶段中英国证券市场仍然由证券交易所承担主要的管理职责。

---

❶ James J. Fishman: "Enforcement of Securities Laws Violations in the United Kingdom", 9 Int'l Tax & Bus. Law. 131.

第二章　证券业自律管理"公权化"国际发展趋势考察

1890年，各地方证券交易所开始合并，并成立了证券交易所联合委员会。之后在长期的发展过程中，英国的证券交易所进行了多次重组合并，但该证券交易联合委员会作为证券业行业自律管理组织，仍然属非政府、非营利性的民间行业协会组织的性质，连同各地证券交易所对英国证券市场实行以行业自律管理为主的监管模式。

产生于自由资本主义时期的英国证券市场，深受亚当·斯密的"干预最少的政府就是最好的政府"的理念影响，自其产生之时起即实行较为充分的行业自律管理体制，长期以来政府对经济活动实行放任政策，干预较少，从而在世界范围内形成了一套独树一帜的行业自律管理的证券管理体制。

20世纪70年代以前，英国对金融业的监管一直采取金融机构自律管理为主，英格兰银行监管为辅的体制。但是，在1973~1975年，英国银行业发生危机，导致了《1979年银行法》的出台，标志着英国金融监管开始向法制化与规范化迈进。而1984年10月英国发生了"约翰逊·马休银行"倒闭事件，被认为是英国松散的金融自律管理体制失败的标志，并迫使英国政府改变证券市场完全由行业组织自律管理的现状，开始引入政府监管的制度。[1] 1985年，英国成立证券投资委员会（Securities and Investments Board, SIB），该委员会作为证券市场的监管机构，与证券交易所共同承担对证券业的监管。但是，该SIB组织并非政府性质的监管机构，而是非政府组织，依法行使法定的证券市场监管职责。尽管如此，英国典型的金融业自律管理体制开始动摇了。

---

[1] 李扬、王国刚、何德旭：《中国金融理论前沿Ⅱ》，社会科学文献出版社2001年版，第475页。

103

二、1986年《金融服务法》后FSA监管的逐渐干预

英国证券业的监管体制向来以自律管理著称于世。但是，自进入20世纪80年代以来，随着英国国内和世界经济形势的变化，尤其是在金融自由化浪潮的冲击下，长期的证券行业自律管理体制也逐渐暴露了其固有的一些弊端，伦敦证券交易所实行的严格"单一资格"制度、固定佣金制度等使其资本市场的竞争力逐渐下降。在这一形势下，强烈要求彻底审查和改革证券交易所的呼声日益高涨，伦敦证券交易所于1986年进行了重大改革。1986年10月27日，GOWER教授受命起草并出台了英国《1986年金融服务法》，此举被称为英国证券发展史上的"大爆炸"（Big Bang）。1986年英国证券市场的改革并没有简单地选择像美国那样的法定的监管模式或行业自律管理模式，而是选择采用了二者混合的监管模式——法定体系下的自律管理模式。改革的主要内容包括：（1）废除"单一资格制度"，实行"双重资格制度"，放宽对会员的资格审查，允许中间商与经纪人兼营；（2）取消固定佣金制实行浮动佣金制，经纪人可就佣金展开竞争；（3）证券交易全部实现自动报价系统，完全电子化，并实现与纽约、东京交易所联机，实现24小时全球交易等；（4）允许大公司直接进入交易所进行交易；（5）伦敦证券交易所与国际证券管理组织（ISRO）合并，187家ISRO会员成为伦敦证券交易所的会员，极大地增强了交易所的国际化程度。[1] 1987年，英国证券交易所经过调整，正式成立了英国国际证券交易所，使其一跃成为欧洲最大且国际化程度最高的证券交易所。这些改革措施大大地巩固了其在国际证券市场中的地位。

此次改革除出台了英国《1986年金融服务法》外，随后还

---

[1] David Gowland: "The Regulation of Financial Markets in the 1990s", Edward Elgar, 1990, p.3.

出台了《1987年银行法》,这些立法使英国的金融业开始由早期的分业经营、分业管理向混业经营、混业管理过渡和发展。其中伦敦证券交易所与国家证券管理组织合并,产生了两个新的机构:一个是新的证券交易所,全称为"联合王国与爱尔兰共和国国际证券交易所(ISE)";另一个是自律组织,即"证券协会"(The Securities Association,TSA)。❶

20世纪90年代,英国又爆发了一系列具有重大影响的金融事件,如巴林银行破产等,致使英国于1997年5月再次进行金融监管体制的改革,赋予英格兰银行独立监管地位,并成立了全能的金融监管机构,即英国金融服务局(Financial Service Authoriy,简称FSA),将银行业监管与证券投资服务业监管一并纳入其监管范围,彻底实现了金融业混业管理体制。2000年6月,英国修订出台了《2000年金融市场与服务法》,进一步以立法的方式明确了FSA的监管职权、责任与义务,统一了金融业监管标准,成为英国规范其金融业的"基本法"。至此,英国金融业实行伦敦证券交易所等自律管理组织的自律管理与代表国家的金融监管局共同监管金融市场的监管体制。

同时,2000年,伦敦证券交易所经股东投票决定将原来会员制的证券交易所改组转变为一个公众公司,并于2001年7月在自己的主板上市交易。改制后的伦敦金融市场成为世界上最国际化的金融中心之一,不仅是欧洲债券及外汇交易领域的全球领先者,还受理超过2/3的国际股票承销业务。伦敦证券交易所也以其国际化著称。

英国金融、证券市场监管是一个立体的、交叉的、多层次的监管体系,不可否认的是,尽管立法加强金融服务局及其他金融监管机构的职权,但英国证券业自律管理模式的特色并没有被完

---

❶ William M. Clarke:"How the City of London Works",3rd edition,Sweet and Maxwell,1993,pp. 35~42。

全改变，其自律组织仍是证券业管理的最主要力量。除金融服务局（FSA）、会计师事务所等外部监管以外，证券期货委员会（SFA）、伦敦证券交易所等自律组织的管理起着十分重要的作用。伦敦证券交易所不仅监控其会员公司的交易行为、清算账户上的资金余额，还对其会员公司及其母公司的经营状况进行监管。而其证券期货委员会不仅对其会员资格的取得和丧失进行严格管理，而且还直接监管其证券经营行为，以保护证券市场和金融市场的有序。

但是，在新的监管体制下，立法赋予了FSA更大的监管权力，由此还成立了专门的金融监管制约机构——金融服务和市场特别法庭（FSMT），该法庭主要审理发生在FSA与被监管机构之间且经双方协商难以解决的问题。❶ FSMT的成立使得FSA具有了更大的监管权力，而在英国金融服务局不断扩大其金融监管职权的状况下，极具特色的金融业、证券业行业自律管理的范围、职权受到了进一步的限制并逐步缩小。

三、21世纪英国金融监管局权力的不断扩张

历经300多年发展不断改革、演变的英国证券市场监管体制，在面临21世纪金融国际化挑战的环境下，尤其是在全球金融危机的冲击下，不仅令英国金融业遭受重创，也使其引以为豪的金融监管陷入信任危机，饱受质疑和批评，促使其对金融监管体制进行再次改革。2009年7月，英国财政部发布了《改革金融市场》白皮书，提出了金融监管改革的计划和方案。内容包括改革监管机构、培育竞争市场、控制系统风险、增强消费者保护、加强国际和欧洲层面监管合作、扩大金融服务局的职权等。2010年4月，英国议会通过了《2010年金融服务法》，对《2000年金融服务和市场法》（Financial Services and Markets Act 2000,

---

❶ 张扬："英国金融监管体制改革及启示"，载《金融经济》2010年第8期。

FSMA 2000）进行了修改和补充，其中 FSA 的规则制定权得到显著扩展，从只能制定有利于"保护消费者利益"的规则，扩展为可以制定有利于"实现其任何监管目标"的规则，增加了 FSA 的纪律处分权，包括暂停或限制违规金融机构的经营许可、罚款，以及暂停或限制犯有不当行为之个人的从业资格等。❶

2011 年 6 月 16 日，英国政府正式发布了包括《2012 年金融服务法草案》在内的题为《金融监管新方法：改革蓝图》的白皮书（以下简称《白皮书》），全面阐述了政府的监管改革设想。该《白皮书》对英国金融监管体制进行了大幅修订。❷ 具体来说，英格兰银行下新设金融政策委员会（Financial Policy Committee，FPC），作为宏观审慎监管机构，负责监控和应对系统风险；新设审慎监管局（Prudential Regulation Authority，PRA），作为英格兰银行的子公司，负责对各类金融机构进行审慎监管；新设金融行为监管局（Financial Conduct Authority，FCA），负责监管各类金融机构的业务行为，促进金融市场竞争，并保护消费者。❸ 其中，《白皮书》为 FCA 规定了一些新的干预权力，以应对金融市场可能发生的风险。

确立和强化宏观审慎监管是金融危机以来各国金融监管改革的目标和共识，这在英国金融监管改革方案中也得到了充分体现。原本典型的、充分的、松散的、自由的英国证券业行业自律管理体制在金融危机的冲击下逐渐丧失其固有的"领土"，政府的监管比重越来越大。在 FSA 成立并发展成为单一的金融监管机构时，英国无论是理论界还是金融界均认为这代表了先进监管

---

❶ 廖凡："英国金融监管体制改革的最新发展及其启示"，载《金融监管研究》2012 年第 2 期。

❷ Bank of England & FSA, Bank of England, Prudential Regulatory Authority, Our approach to banking supervision, 载 http://www.fsa.gov.uk/pubs/speeches/boe_pra.pdf, p. 8, 访问日期：2012 年 10 月 16 日。

❸ 参见《白皮书》第 84 页。

体制的发展方向,此后关于成立统一的"金融监管委员会"的呼声也时有所闻。而事实上,1997年新上台的工党政府决定成立FSA并非深思熟虑的结果,而是为推动金融体制改革所作出的一个颇为仓促的决定,被评论者认为更多的是出于应对政治压力的实用主义考虑,而不是基于金融市场的发展特质。❶而目前英国正在进行的监管改革也是金融危机和选民压力的产物,有着浓厚的政治色彩。❷

第三节 日本证券业自律管理"公权化"的演变路径

一、1943年前日本证券市场的行业自律管理阶段

与美国证券市场的建立相似,日本证券市场始于日本明治初年政府发行政府债券而形成的证券市场雏形。早期日本的证券市场由于缺乏相应的立法规范,证券市场投机行为较为盛行,为此1878年日本效仿英国伦敦证券交易所的自律管理模式制定了股票交易条例,并于1879年5月成立了东京证券交易株式会社,此为东京证券交易所的前身。❸由于当时日本经济发展缓慢,即使企业发行股票,往往也被同一财阀内部的企业所消化。因此,证券业务难以发展,证券交易并不兴旺。1943年,东京证券交易所与日本其他主要城市的10个股票交易所合并,成立了半官方性质的部门——日本证券交易所,对日本证券市场行使主要的

---

❶ Eilis Ferran, Do Financial Supermarkets Need Super Regulators: The United Kingdom's Experience in Adopting the Single Financial Regulator Model, 28 Brooklyn J. Int'l L. 257, 271~273 (2003).

❷ [美]约瑟夫·诺顿:"全球金融改革视角下的单一监管者模式:对英国FSA经验的评判性重估",廖凡译,载《北大法律评论》2006年第2辑。

❸ 尚福林:《证券市场监管体制比较研究》,中国金融出版社2006年版,第185~201页。

自律管理职权。

自 1868 年至 1943 年，日本的证券市场基本依赖各证券交易所制定的自治规则进行自律管理，政府没有设置专门的证券监管机构以应对证券市场监管。

二、"二战"后日本政府的统一金融监管体制

"二战"期间，日本政府发行政府债券筹集军费资金，证券市场开始由日本大藏省（财政部）接管，政府开始介入证券市场的监管。"二战"后直到 1949 年东京证券交易所重新开业。随着日本战后经济的恢复和发展，东京证券交易所也逐步繁荣起来。但是，除日本证券交易所承担证券业自律管理外，其政府对证券市场的监管也在不断加强，尤其是在"二战"后，控制证券市场是政府实现其政策意图的主要手段，这种监管体制一方面促进了相关产业的发展，但是另一方面却限制了自由竞争，从而一定程度上导致了当时日本证券市场的低效率，也损害了日本经济的发展。自那时起，日本大藏省处于金融核心管理的地位，垄断了对证券市场的监管权力。在大藏省下还分别设立了银行局、保险局、证券局，实行政府一体化金融监管机构下的金融领域的分业管理体制，其中证券局专司对证券市场的监管，1962 年大藏省又成立了证券交易审议委员会，专门对证券的发行、交易实行管理。在此期间，日本仿效美国于 1950 年成立日本式的 SEC，其也属于独立于政府行政机构的非政府组织，行使对证券市场的监管、规划等权力，但两年后即被取消，其监管职能并入大藏省下属的证券局。❶

进入 20 世纪 80 年代后，在日本经济完成向发达国家的转型后，银行业与证券业开始混业经营。随着美英证券市场"金融自

---

❶ ［日］鹿野嘉昭：《日本的金融制度》，余熳宁译，中国金融出版社 2003 年版，第 45~46 页。

由化"对其他国家的扩展和影响,日本在其资本市场中实行的政府严格监管体制与金融自由化的理念严重失衡,证券监管难度增大,监管成本亦越来越高,尤其是在泡沫经济破灭后,日本大藏省在处理金融问题上的决策接连失误,并且应变能力较差,导致业界对金融监管体制强烈不满,金融监管体制的改革势在必行,并提出了"金融大改革"的构想。90年代进行"金融大改革"以来,日本监管机构把证券市场的信息披露制度作为证券市场的基础,把保护投资者作为监管的首要目标。❶ 1992年7月,日本对其1948年制定的《证券交易法》进行修订,在大藏省之下又设立了证券和交易监察委员会(Securities and Exchange Surveillance Commission,以下简称 SESC),主要对证券市场违法行为以及市场参与者的活动进行检查和监督,以监督市场的合规性。

20世纪90年代以前,日本证券及其他金融衍生品市场没有单独的监管机构,与银行等金融机构一同归大藏省监管。日本传统的金融监管制度中,大藏省拥有至高无上的权力,集金融计划立案与监督检查职能于一身,大藏省既是"教练员",又是"裁判员",无论是短期的日本式 SEC,还是设立的专门的证券交易监察委员会,都不能改变日本政府大藏省对其金融、证券市场的核心监管地位。❷

三、20世纪90年代后的日本金融监管体制改革

20世纪90年代,东京证券交易所吸引了全世界60%的股票市场资本,成为当时世界上最大的证券交易所。2001年,东京证券交易结束了以前的会员制,将自己改造成了一家公司。不过,东京证券交易所并没有像伦敦证券交易所及纽约证券交易所

---

❶ 朱海洋、高远:"日本证券市场监管体制的变革——对发展我国证券市场的启示",载《世界经济情况》2007年第5期。

❷ [日]鹿野嘉昭:《日本的金融制度》,余熳宁译,中国金融出版社2003年版,第78页。

那样上市。

自 20 世纪 90 年代初日本即开始进行"金融大改革",1998 年 6 月,日本政府从大藏省中把银行局与证券局的监管部门、金融检查部、证券交易监督委员会分离出来,组建了作为政府的专门金融监管机构——金融监督局(Financial Supervision Agency,FSA),接管了大藏省的大部分监管权力,专司对银行业与证券业等证券现货及衍生证券产品市场的监管,而大藏省仅保留了对金融制度的宏观决策等权力。[1] 该金融监管局又经过 3 年的整合,于 2001 年成为日本金融市场的政府统一监管机构。此外,还有 3 个独立性很高的合议制组织——证券交易监视委员会、正式会计师、监察审查会和审判官设置,这些机构共同对银行、证券、保险等行业行使管理和监督职能。[2]

在该阶段中,由于日本政府对其金融监管体制改革的目标导向是将日本金融体系建成可与纽约、伦敦证券市场相竞争的世界金融中心,在放松证券监管的理念下,日本政府也不断加强对其金融机构的审慎性监管。1998 年首次设立了政府统一的监管机构后,又设立了金融再生委员会,原金融监管局被并入委员会内,随后两年期间又不断进行改革,将原金融监管局再次独立出来,成为一个独立于其他部门的直接由首相任命的全新的金融监管局。至此,日本金融监管局(FSA)作为一个非独立性的行政性机构,最终确定了日本政府对其金融市场、证券市场的统一监管体制。在不断改革的过程中,日本证券交易所自律管理的权限受到极大的约束和限制,政府统一监管成为其金融监管体制中的主要角色。

---

[1] 戴晓芙:"大兼并与日本银行业的竞争新格局",载《现代日本经济》2008 年第 1 期。

[2] 杜宁、陈秋云:"日本证券监管机构的历史演变和特点",载《现代日本经济》2010 年第 2 期。

四、2006 年日本《金融商品交易法》后的证券业自律管理

深受"金融自由化"、英国《2000 年金融服务与市场法》对投资商品种类的扩大和美国证券监管体制改革的影响,日本自20 世纪 90 年代后半期即开始进行"金融体系改革",着手制定日本的金融服务法,确立了金融商品的概念和范围。2000 年 5 月即制定了《金融商品贩卖法》,扩大了金融商品的种类和投资者保护的范围。2005 年 12 月制定了《投资服务法》,并将其适用于有关金融商品的销售和资产运用中。2006 年 2 月,日本金融厅通过了《证交法改正法》和《证交法整备法》两部法律,又废止了四部法律,并对相关的立法进行了整合和修订,其中将原 1948 年制定的《证券交易法》更名为《金融商品交易法》,将作为规制对象的"证券公司"更名为"金融商品交易业者";将原证券业协会更名为"金融商品交易业协会";将原证券交易所更名为"金融商品交易所"。[1] 修订后的《金融商品交易法》在扩大规制对象交易的同时,也扩充了金融业务范围,加强了统一监管机构金融厅的监管职权。作为政府的证券监管机构,日本金融监察厅主要承担着金融立法的主要任务,并于金融监察厅下设金融审议会,以保证对提交金融审议会审议的报告及建议既具有理论深度和前瞻性,又具有实际可行性。

同时,新修订的日本《金融商品交易法》确定其金融商品交易所仍须承担自主规制(自律管理)业务(诸如上市、退市业务、交易参加者遵守法令的情况调查等)的管理职能,且为保障该自主规制的正常进行,还赋予金融商品交易所在经过当局认可的情形下,可将其有关自主规制的某些业务委托给自主规制的

---

[1] 日本金融厅既然审议会金融分科会第一部第 42 此会议资料,载 http://www.fsa.go.jp/singi/sing_kinyu/siryou/kinyu/dail/f-20051222_dlsir/01,访问日期:2012 年 10 月 28 日。

法人。随后,东京金融交易所、JASDAQ证券交易所、大阪证券交易所也都纷纷设立了自己的自主规制委员会。❶ 为保障公司化改制后的证券交易所履行自主规制的客观性、公正性,该法还规定交易所内设立的自主规制委员会半数以上须为外部董事,且金融交易所在市场上市时,必须经过日本政府内阁总理大臣的同意。

日本《金融商品交易法》规定,为扩大金融商品交易所本身的业务范围,金融商品交易所股份公司经过日本内阁大臣的"认可"后方可在商品市场开设业务,而会员制的金融商品交易所为确保健全适当的市场运作,金融商品交易的专业会员通过自治进行相互监督,而这种自律功能在商品市场的运营中没有。❷ 随后,日本又于2009年对《金融商品交易法》进行了修改,完成了交易所相互融合的法律整合,其监管机构是金融厅,接着又出台了《日本商品交易所法》,后将其更名为《日本商品期货交易法》。为使证券与商品期货规制一元化管理的体制得以落实并顺应金融市场国际化的发展趋势,设立了综合交易所,其与其他金融商品交易所一起均需在《日本金融商品交易法》的规制下进行,并且须经过金融监管局或相关政府机构的认可。

在修改后的《日本金融商品交易法》中规定,同一交易所或其集团按照现行法律规定,要接受多个行政当局的重复监督,增加了交易所的沉重负担,并受到严重的质疑,以致有学者主张应废止商品交易所上市大臣认可制度。❸

---

❶ 庄玉友:"日本金融商品交易法述评",载《证券市场导报》2008年2月28日。

❷ 齐藤将彦、高桥洋明、西史香:"交易所的相互融合",载《现代日本经济》2010年第1期。

❸ [日]小川宏幸:《证券交易所、商品期货交易所的融合和ETF的扩大——以〈日本金融商品交易法〉的修改和〈日本商品期货交易所〉的制定为契机》,刘洋译,载《商事法论集》第18、19合卷。

第二章 证券业自律管理"公权化"国际发展趋势考察

正如日本某学者对日本金融监管体制改革历程的评价:"在官僚多元主义框架下大藏省与金融机构之间的力量对比中,天平是向后者倾斜的。这也就不难理解日本证券市场监管为什么在很长一段时间内被称为护航式监管——在大藏省的护卫下,以航速最慢的船只即效率最差的金融机构为标准,制定各种市场监管措施,以维持不破产的神话。但是,在金融自由化浪潮下,政府在证券监管中的角色逐渐受到质疑,并最终爆发金融监管的改革。"❶ 其实,这种现象与中国最初设立政府证券监管机构并一直处于主导监管地位,由此导致证券市场监管效率低下具有惊人的相似之处。

从上述世界证券市场最发达的美、英、日三国证券业行业自律管理的演变路径可以看出,政府干预监管金融、证券市场的程度越来越强,原本证券市场完全的证券业自律管理已逐渐成为证券市场辅助监管的角色。不仅如此,随着每一次金融危机事件的爆发,政府所采取的更加强硬的监管政策使得证券交易所、证券业协会的监管权限不断缩小、弱化,尤其是国家将证券业自律管理组织本身及其所行使的自律管理职权也置于政府的监管之下,证券业自律管理组织及其行使的自律管理被深深的质疑或认定已经异化成为"准政府机构"所实施的政府监管行为。自律管理权的民间私权已朝着"公权化"方向演变。而日本金融监管体制本身的政府的主导性也显现出其证券业行业自律管理的"公权化"特征。

---

❶ [日]青木昌彦:《比较制度分析》,周黎安译,上海远东出版社2001年版,第168页。

第三章 证券业自律管理"公权化"演变的原因

第一节 行业自律管理的限度和利益冲突

一、证券业自律管理的限度

(一) 证券业自律管理的优势变化

在经济发展的历史长河中,证券业自律管理的产生及其优势已得到充分的认识和肯定,这一点毋庸置疑。但该优越性主要是在以自由主义为主要特征的西方资本主义市场经济语境下进行的,换言之,证券业自律管理的生成和发展主要与以自由、自主、自治为主的自由资本主义时代相关联,这种时代背景下才能孕育出充满自治精神的行业自律管理体制。因此,正如以萨维尼为代表的历史法学派所认为的,任何制度都存在一个历史严谨的过程,而这个历史过程离不开一定的民族共同体。❶ 市场自律管理的起源和发展都离不开特定的政治、经济、法律以及文化背景。在以计划经济、集权主义、国家主义为本的体制下,行业自律管理则缺乏其生存的土壤,故而,这里所谓证券业自律管理的优势也主要是在西方自由资本主义环境下论及的。行业自律规则这种自发的、自下而上的产生过程是以行业协会的权威和独立为前提的,由此,产生了其独特的、无以取代的价值。

对于行业自律管理的优势和功能自始即得到业界的共识,但

---

❶ 张乃根:《西方法哲学史纲》,中国政法大学出版社1998年版,第209页。

对其优势和功能的归纳，则诸多学者有不同的观点。Brain R, Cheffins 将其归纳为灵活性、专业知识、低费用。❶ Peter Cane 认为该优势为减少政府管理、分摊政府管理成本、自主制定规则、自主执行规则、专业性、快捷性、灵活性。❷ Robert B. Thompson 将之归纳为有动力的自我管理、灵活性、专业性、分担政府监管成本。❸ Douglas C. Michael 则认为该优势为专业性、灵活性、自我管理的动机、节约政府成本、促进政府改革。❹ 而欧洲信息社会组织（EURIM）则认为行业自律的优势包括：动态性——其能根据实际需要及时调整和完善；适应性——即其适应面相较强制性而言更广泛；执行更迅速，行业的介入使自律更具实质性；能抑制市场中某些强势主体对市场的不适当影响；规范成本由商业利益群体承担，节约了政府资金等优势。❺

尽管众多学者因其立场和研究视角所强调的因素不同，对行业自律管理的优势及功能各自有不同的认识，但不难看出，众多学者公认并赞同自主性、专业性、灵活性、分担成本、道德要求及政治需求六个方面为行业自律管理的共有特点和优势。

但是，随着证券市场的不断发展、证券市场结构的日益复杂和证券交易品种的不断衍生，行业自律管理的优势也逐渐显现出其固有的缺陷。

---

❶ [美]布莱尔·R. 柴芬斯：《公司法：理论、结构和运作》，林华伟、魏旻译，法律出版社2001年版，第398页。

❷ Peter Cane："Self-Regulation and Judicial Review", C. J. Q. 324, 328 ~ 333 (1987).

❸ Robert B. Thompson："Collaborative Corporate Governance: Listing Standards, State Law, and Federal Regulation", 38 Wake Forest L, Rev, 961, 972 ~ 974 (2003).

❹ Douglas C. Michael："Federal Agency Use of Audited Self-Regulation as a Regulatory Technique", 47 Adimin. . L. Rev. 171, 181 ~ 186 (1995).

❺ EURIM, The Role of Self-Regulation in Electronic Commerce, 1999. http://www.eurim.org/briefings/BR25FINX.html. 访问日期：2012年10月21日。

第三章 证券业自律管理"公权化"演变的原因

1. 专业性优势及其逐渐淡化

专业性的优势在证券业自律管理中总体上得到广泛的共识，这是因为证券业自律管理组织均是由专司从事证券业务的人员构成的，无论是证券交易所还是证券业协会，都是由具有证券专业知识、专门进行证券活动的证券从业经验的主体构成，这些因素决定了证券业自律管理组织及其工作人员的专业性已经达到了一定的标准要求。

但是，随着证券政府监管的不断加强，也有学者主张专业性作为证券业自律管理的优势已逐渐开始淡化。如美国著名学者 Brain R. Cheffins 认为，虽然从理论上来说自律可在专业知识方面提供优势，但实际效果如何不无疑问。伦敦等证券交易所的经验即表明，一方面，自律机构很可能不像自我标榜的那样与商界保持着密切的联系；另一方面，自律机构的职员并不来自于市场，即便是，也是来自金融服务业的边缘，并不直接从事交易业务，随着时间的推移，其原先掌握的实践知识很快变得与市场不相干。❶

在证券交易所公司化后，证券业自律管理组织人员来源的专业性与证券市场的联系逐渐丧失，使其专业性受到极大的质疑。如证券交易所的董事会及其专业委员会的委员，基本上绝大部分或者全部为独立董事，证券商和上市公司这两大主要利益主体基本被排除在董事会成员之外，不能直接参与到交易所的自律管理中，使得担任自律管理职责的人员基本上与市场相脱离，专业性大打折扣。

中国证券相关立法中对证券监管机构的工作人员资格也作了规定，如明确规定证券监管机构工作人员必须"忠于职守、依法办事、公正廉洁。不得利用职务便利牟取不正当利益"等要求。证券交易所、证券业协会的工作人员也"应当正直诚实、品行良

---

❶ [美] 布莱尔·R. 柴芬斯：《公司法：理论、结构和运作》，林华伟、魏旻、魏旻译，法律出版社2001年版，第420~421页。

好、熟悉证券法律法规规定,具有履行职责所需的经营管理能力"等资格上的要求。上述要求实为其职业道德守则方面的要求,并不能理解为其专业素养的要求,尤其是作为证券业自律管理组织的工作人员对证券市场业务专业知识的要求。

实际上,就中国证券交易所及证券业协会两大证券业行业自律管理机构的管理人员构成来看,其来源的专业性与证券市场的联系逐渐割裂,而成为单纯的管理人员,这种自律管理的专业化优势自其生成开始就未充分具备。

2. 自主性优势及其逐步丧失

行业自律管理的本质特性就是行业管理的自治。自主性是证券业自律管理最本质、最核心的优势和功能。自主性表现为三个方面:首先,自主性是行业自律管理产生的缘由。其次,自主性是行业自律管理组织独立性的深刻表现。行业自律管理组织的独立性不仅是其自主性确立的前提,也是其自主性最深刻的表现。没有自律管理组织的独立性,根本无从谈及其自律管理的自主性。再次,自主性表现为自律管理组织有权自主制定其会员规则、交易规则等自律管理规则,并得到自律管理组织会员或成员的自觉遵守和执行。而且,为维持市场声誉,保持市场竞争力,交易所会自愿、主动地实施自律管理,以营造公平、有序、富有竞争力的市场。❶

自主性所体现的自治管理是自律管理的力量所在,自主管理的优势就是可以在法律、法规之外,施加道德标准,而这一点恰恰是政府监管所不能及的。❷

从自律管理组织的生成过程看,由于自律管理组织的会员享有参与自律管理所有过程的机会,理解市场与规则,使得自律管

---

❶ See IOSCO: Model for Effective Regulation, May, 2000.

❷ See Part 7.2 of the Objectives and Principles fo Securities Regulation of IOSCO, Sept, 1998.

理规则更容易获得接受,从而促使自律制度的运行符合高效的原则。❶ 但是,随着证券市场的发展,证券业行业自律管理的自主性优势却不断受到挑战,并出现逐渐丧失的现象。

美国证券业自律管理制度的自主性仍然受到强烈的质疑,这是因为,首先,美国证券交易所、FINRA、NASD 等自律管理组织的独立性受到质疑,被认为过多地受到美国 SEC 对其的影响。其次,正因为受到 SEC 的影响过多,使其原本自主制定的自律管理规则需经过 SEC 的许可或认可才具有实施的效力,证券业自律管理的自主性大打折扣。

就中国证券业自律管理制度而言,因为中国证券交易所、证券业协会自律管理组织法律地位的独立性并不充分享有,故中国证券交易所、证券业协会这些自律管理的自主性也无从享有,导致对会员的约束力和惩处力不足。这种必须在政府授权、监督之下享有的有限自治管理,自主性的优势自然无法体现。

3. 灵活性优势及逐渐僵化的演变

灵活性历来被认为是行业自律管理组织自律管理的优势。因为证券交易所身处一线市场,其人员熟悉市场环境,能够及时了解市场交易行情的变化,故而能够根据市场实时行情的变化,迅速行动,具有相当的弹性和灵活性,并可以依靠警告或非正式的制裁来处理违规行为。故其可以比政府管理者更好地根据法律精神而不是文字来执行规则,并且可以直接处理灰色领域的事项。❷ 交易所在市场的快速变化面前,能够灵活地主动调整、修改规则,以适应市场变化的需求,通常无须向制定法律或行政规章那样,经历严格而漫长的立法程序。❸

---

❶ Arthur Levitt:"Dynamic Market, Timeless Principles", Sept, 23, 1999.

❷ [美] 布莱恩·R. 柴芬斯:《公司法:理论、结构和运作》,林华伟、魏旻译,法律出版社 2001 年版,第 413 页。

❸ Margot Priest:"The Privatization of Regulation:Five Models of Self-Regulation", 29 Ottawa L, Rev, 233, 270 (1997~1998).

第三章 证券业自律管理"公权化"演变的原因

证券业行业自律管理的灵活性优势是相比于政府监管的机械化、官僚化、滞后性等弊端而言显现的,尤其是证券交易所作为证券业自律管理组织使该灵活性成为自律管理最显著的特点。随着证券市场交易方式、违法行为的变化,技术发展所带来的证券衍生品种的增多和金融的混业等更需要证券业自律管理的灵活管理。

但是,在政府监管成为证券市场主要的监管主体,以及交易所公司化改制之后,行业自律管理的灵活性也受到一定的制约。因为,事实上,在证券业自律管理被纳入法定的政府行政监管框架后,交易所制定、修改自律管理规则需要经过行政监管当局的审批、认可,并多需经过事先公开征求行业及公众的意见后方可有效通过实施,规则的制定需要一段较长的时间,其应有的应变性、灵活性优势大为缩小,且深深打上行政制约的烙印。另一方面,在行政监管的框架下,行业自律管理的独立性受到冲击,行业自律管理组织也同样染上了与政府机构类似的官僚体制和作风。而处于垄断地位的交易所更易沾染官僚气息,如严格的等级制度、扩张权力,从而导致其自律组织的运行、管理和决策机制僵化。[1]

在中国,证券交易所、证券业协会虽然采取会员制的体制,但是会员的权利并没有在交易所、协会中得以充分体现,自律管理组织的行政授权、行政任命等做法使得交易所自律管理的官僚性时时体现,会员参与交易所自律管理的这一基本准则并不能得到执行,交易所越来越演化为由专职"雇员"组成的官僚性机构。自律管理的灵活性进而逐渐丧失其原有的特征。

4. 道德要求的优势及法律规范的遵守

通常在论及行业自律管理的优势时,都将道德要求列入其

---

[1] Margot Priest:"The Privatization of Regulation:Five Models of Self-Regulation",29 Ottawa L, Rev, 233, 273 (1997~1998).

中，认为行业自律管理主要是其会员、成员及其参与者自觉遵守行业的道德标准。道德标准是高于法律的最符合成员内在需求的发自内心的行为规范，而交易所在自律管理中可以在法律之外施加高于法律要求的道德标准，交易所的自律管理规则可以深入法律法规和行政监管无法覆盖的领域。❶ 道德与法律是两种性质截然不同的行为规范的要求，道德是先于法律规范之前出生的行为标准，而法律则是一定历史阶段阶级社会特有的产物，具有普遍的强制约束力，两者既有联系也有区别。古今中外的法律体系和法律制度无不是以特定民族和国家的伦理道德为基石，道德要求被认为是高于法律规定的行为守则，而法律规范则力求与道德相适应、相协调。

然而，行业自律管理并非依照道德标准，而是通过成员之间的合意达成的正式合约性质的规范要求，该合约目的所有签约人之间期望达成合意并追求共同利益最大化，合约的成立表明在缔约人之间达成了某种共同遵守的行为规范。诺斯更是把道德作为制度中非正式约束的重要组成部分，认为相对于正式的契约约束而言，道德能减少强制性执行法律和法院的费用及实施其他制度的费用，同时使人产生自我约束、自我完善的自觉性的行为。❷ 道德标准和合约规范分属两种不同层次内涵的要求，合约中可以提出一些道德标准，但是却非典型的道德标准，或者可以说合约是自律管理的基础，而道德标准则是非正式的可以遵守的行为规范。实务中，按照私法自治原理，交易所可以在其章程、上市协议等私有性质的契约中，以及通常作为私人契约组成部分的业务规则中提出一些道德标准。因此，与其说道德标准是行业自律管理的优势，毋庸说私人性质的契约是行业自律管理的

---

❶ 参见深圳证券交易所法律部编：《证券交易所法律问题研究》，第11页。
❷ 张五常：《经济解释——张五常经济论文选》，商务印书馆2002年版，第68页。

第三章 证券业自律管理"公权化"演变的原因

优势。

即便如此,随着证券监管的不断加强,行业自律管理中的契约或者道德标准逐渐丧失其主导地位和作用。事实上,从交易所自律管理的历史变迁中可以看出,所谓行业自律管理中所主张的诚实、信用之类的道德要求,已基本法律化而非纯粹意义上的道德标准,尤其是在信用制度不完备的阶段中,用高于法律的道德标准要求人们发自内心地自觉遵守并不现实,更不用说在以风险投机为主要特征的证券市场中,要求行业自律管理会员、成员高标准、严要求用高于法律的道德准则自觉约束其行为更是一种奢谈。另外,从证券市场行为的经济性特征以及证券市场投资者均属追求利润最大化的经济人角度出发,期望证券业自律管理组织对其会员、成员及其他参与者施以法律之外的道德要求,也只能是一种美好的愿望。

哈耶克强调自私、自利作为经济人的特性与道德标准不相一致,❶经济行为和道德行为之间协调性的实现一般是在一个假定的理性的经济人和理性的高尚人境遇下论及的,放眼到现实生活中,二者的矛盾也远远大于其协调。尤其是在一个信用制度不完善的制度中,在一个充满了风险、投机的证券市场中,道德标准作为行业自律管理的优势更是一种不易实现的愿望。

事实上,法律作为最低要求的道德标准,能在证券市场中制约那些市场违法交易行为已成为证券法律不断完善追求的目标。且证券业自律管理组织以合约方式制定的各种会员规则、交易规则等也均是以具有约束力的行为规范方式表现的,尤其是当政府监管成为主导,自律管理规则须经政府监管机构的认可才具有实施执行的效力时,自律管理规则本身已超出了合约的范围,或者说这些自律管理规则本身已变身为具有普遍约束力的行为规范。

---

❶ 陈野华等:《证券业自律管理理论与中的实践》,中国金融出版社2006年版,第36页。

即便是这些自律管理规则中蕴含了某些道德标准，其也已经以行为规范的方式表现出来，不再是原来意义上的道德标准。

(二) 证券业自律管理的缺陷

证券业自律管理体制得益于其内在自由生成的路径及其固有的优势。从历史起源上看，产生于英国，并从英国分离出来且发展、成就于美国的证券业自律管理组织及其形成的自律管理体制，属于典型的诱致性自律。这种生成于内在的非外部的自我约束、自我管理规则虽然经过各证券商之间的多次博弈，但终究均属自发形成而非政府主导产生，也是其自律管理固有本性得以长期保持的基础。

尽管行业自律管理有诸多优势，并在证券市场发展初期充分发挥了其巨大的效用，但是，随着金融市场、证券市场结构的多层次及交易行为的日益复杂化，证券业自律管理体制也显现出其无法自行弥补和调和的缺陷与不足。尤其是在证券市场这一风险系数巨大的特定环境中，证券业自律管理体制中隐含的风险和缺陷日益膨胀并充分地表现出来。

1. 证券业行业自律管理缺乏自律管理的民主基础

在早期行业自律管理组织为私人俱乐部时期，会员享有很高的自治权，自律组织的规章及各种规则基本由会员制定。自律组织也较好地代表和实现会员成员的整体利益，并得到会员广泛的自觉遵守，从而使得自律管理的目标得到有效的实现。但是，当自律组织逐渐与其成员关系疏远，自律组织原本的民主基础慢慢丧失，会员并未体会到其为自律组织权利主体的感受，因而使得自律组织在制定约束其成员行动的规则时会导致权利的滥用。同时，自律组织在涉及其规则制定、裁决行为等方面也违背权利分立的原则。

2. 自律组织的意愿和公信力不足

一个有效地自律管理体系要求清晰的、在团体范围内被广泛

第三章 证券业自律管理"公权化"演变的原因

接受的、具有社会经济利益风险的内部防范制度。❶然而,在行业自律管理体系中,集体中的个体总是在不断追求各自利益最大化的同时往往导致集体的非理性,"囚徒困境""逆向选择"等都充分说明了个体理性、利益和集体理性、利益相背离的情形。这种背离、冲突使得行业协会自律组织治理动力的程度有所不同,从而影响自律管理的状态。同时,由于行业自律管理权力的权威性和代表性不足,致使其自律管理对成员及相关主体的公信力不足。

3. 证券业行业自律管理的功能减退并出现相互包庇的问题

无论是会员制互助性的证券交易所,还是公司制非互助性的证券交易所,作为最重要的证券业自律管理组织,由于其中所存在的各种利益冲突,自律功能开始逐渐减退,同时,更为明显的是,为了利益的获得会出现自律组织对某些重要会员进行一定的包庇,从而在某一会员的行为违背自律规则时并不能给予该会员相应的惩处。

4. 证券业行业自律会导致反竞争和寻租问题

1792 年 5 月 17 日,美国纽约 24 名证券经纪商所签订的著名的"梧桐树协议"明确声明:我们签约者——买卖公众股票的经纪商——特此相互郑重承诺与保证:自今日起,我们不再以低于成交金融 0.25 个百分点的佣金比率为任何人买卖公众股票,在磋商的过程中,我们要相互给予对方优先权。❷也即,股票的交易只能通过证券经纪商第三方行为来完成,这就增加了交易成本,并且经纪商为确保彼此收益,相互约定限制条款,使得交易所成为既得利益者维护自身利益的组织,而这一约定奠定了交易所最基本的特征,同时也反映出这种约定的反竞争性特征。

---

❶ Harvey J. Levin:"The Limits of Self-Regulation", Columbia Law Review, 1967, 67 (4), 603~644.

❷ Richard J. Teweles, Edward S. Bradley, and Ted M. Tewele:"The Stock Exchange", 6th edition, 1992, at 97.

事实上，所有证券交易所都无一例外地在会员间制定《共谋合约》，按照约定比例收取佣金，形成佣金"卡特尔"，经纪商佣金"卡特尔"在全球十分普遍。❶ 尤其是中国，因为人为地分离了两大证券交易所的服务范围，行业自律使得垄断的社会成本降低，并增强了垄断权利的安全性。❷ 而且，有特权的自律机构通过对职业人员发行执照来限制行业准入，使得从业者赚取"超额利润"。由此，导致消费者福利的成本更低，使得行业自律组织能够通过运用其垄断的权力榨取更大的消费者的剩余价值。❸

行业自律组织的这些缺陷在当前中国证券业自律管理中显得尤为明显。中国证券业行业协会组织主要发挥服务与协调职能，自律管理功能发挥的积极作用非常有限，除了对会员的交易行为进行有限的约束外，对市场交易的载体几乎没有监管。不仅如此，还经常出现行业协会与成员相互共谋限制竞争并形成垄断的局面。

(三) 证券业自律管理的"市场失灵"

在证券业自律管理为证券市场主要管理模式的时期，经济市场也相对应的奉行市场自由的原则，主张市场经济由"看不见的手"自动调节经济的运行和资本的流动，同时反对国家对市场经济的主动干预和直接调整，认为市场经济是一个可以自然周转、充分竞争、自动调节资本流转的过程，故而无须外界的介入。在这种市场自由发展原则的潮流中，证券市场也奉行由证券市场自主管理、自主发展的原则。这种理念和管理模式在证券市场结构相对简单时期确实显现了其成本低廉、运行良好的优势。但是，

---

❶ Craig Pirrong: "A Theory of Financial Exchange Organization", J. Law & Econ, Oct, 2000.

❷ Michael P. Leidy: "Rent Dissipation through Self-Regulation: The Social Cost of Monopoly under Threat of Reform", Public Choice, 1994, 80 (1/2) 105~128.

❸ Shaked Sutton: "Self-Regulation, Monopolization and Social Welfare", Nonprofit and Voluntary Sector Quarterly, 1996, 32 (3, 323~325).

第三章 证券业自律管理"公权化"演变的原因

随着证券市场的发展,经济人逐利、自利的本质决定了其在规则中寻找空隙甚至不惜破坏规则来获取最大的利润,由此引发了证券市场中发行人、券商及其相互之间的虚假、欺诈行为不断丛生,最后导致1929年自由主义主导的世界经济危机爆发,不仅给资本主义市场经济带来前所未有的打击,而且彻底动摇了人们对自由市场的信心,并由此引发了人们对市场并非完美无缺,也会失灵的质疑。

在亚当·斯密"看不见的手"的理论中,其所设想的市场是一个完全竞争的市场,在这种完全竞争的市场中,市场会自发运行,因而无论谁以任何理由、任何方式对市场竞争的任何干预都势必有害。一个完全竞争的市场须有共通的买者和卖者,且任何一方的交易都不足以影响市场价格;须有提供给主体完备、准确、真实的信息;市场上的生产要素具有充分的流动性。❶ 然而,上述条件在现实市场经济中是无法实现的,完全竞争的市场体制是不存在的,故而市场必定是一个有缺陷的市场。

首先,市场缺陷的一个重要表现就是其信息的不对称和不完全,二者通称为信息的偏差,而这在证券市场中表现得最为突出和明显。在证券市场中,证券的发行人、经纪商、管理者等相关内幕人员较之一般投资者对有关证券信息的获得占有绝对优势,内幕交易、虚假信息披露等信息不对称问题自证券市场产生起即已存在。

其次,市场无法解决负外部性问题。负外部性是市场之外的其他人所强加的成本或收益,不仅使得市场交易行为之外的第三方要无故支付外部成本,而且还会使得整个社会无故支付外部成本,而这种负外部性所附带的不良后果却无法依靠市场自身去消

---

❶ [美]埃冈·纽伯格、威廉·达费:《比较经济体制》,商务印书馆1985年版,第82页。

除和解决。❶ 罗伯特·考特在其著名的著作《法与经济学》中认为，市场内部的交换是自愿的和互利的，相反，外在于市场交换的经济效应可能是非自愿的和有害的。❷ 证券业作为高风险的行业本身具有内在的不稳定性，交易系统更是一个牵一而发全身的系统，在证券市场中，诸如操纵市场、欺诈客户、虚假信息等证券违法行为均表现为这种负外部效应，这种行为使得证券市场交易行为以外的第三人投资者承受其非意愿之外的损失，而这种损害自证券市场生成以来无法由市场自行克服和解决。

再次，市场无法保障社会的公平。萨缪尔森指出，"市场并不必然能够带来公平的收入分配。市场经济可能会产生令人难以接受的收入水平和消费水平的巨大差异。即便是最有效率的市场体系，也可能产生极大的不公平。"❸ 其实，一方面，市场经济确实在一定程度上通过优胜劣汰实现了资本的合理配置和流通；但另一方面，市场的自由运行也在一定程度上削弱了社会的内聚力，滋生了不公正。自发运行的市场并不像人们预期的那样可以实现自愿的合理配置和收入的公平分配，恰恰相反可能会造就不公平的现象并引起极具破坏性的社会影响。1929 年美国爆发的股市崩盘事件就极大地证明了市场自由发展所带来的欺诈、不公及其造成的巨大的经济萧条和震荡。

最后，市场无法保障宏观经济的稳定、有序。不可否认，市场的自由运行具有自动恢复的机制，但其也必然会产生生产过剩、供需不平衡等问题，从而无法有效保障宏观经济的稳定。证券市场的自动调节功能以及自律管理机制也同样存在无法调节的

---

❶ [美] 保罗·萨缪尔森、威廉·诺德豪斯：《经济学》，萧琛译，人民邮电出版社 2009 年版，第 29 页。

❷ [美] 罗伯特·考特、托马斯·尤伦：《法与经济学》，张军等译，上海三联书店、上海人民出版社 1994 年版，第 59 页。

❸ [美] 保罗·萨缪尔森、威廉·诺德豪斯：《经济学》，萧琛译，人民邮电出版社 2009 年版，第 30~31 页。

问题。

二、证券业自律管理中的利益冲突

(一) 证券业自律管理职能与经济利益间的冲突

1. 会员制交易所逐利的本性及其会员权益间的不公平性冲突

自证券交易所这一主要形式的证券业自律管理组织生成时起至以后的近两百年的历史发展长河中,证券交易所基本是以会员制的交易所形式存在的。对于会员制的证券交易所通常认为其是一个非营利性的行业自律管理组织,也即会员制交易所是单纯的提供证券集中竞价交易场所的具有公益性质的机构,不是从事营利活动的企业或经济组织。早期的伦敦证券交易所、纽约证券交易所也属于非营利性的互助式会员交易所,带有浓厚的私人俱乐部的特征,但是这一私人俱乐部的产生,恰恰是因为在俱乐部外部从事证券交易、获取服务的成本高于在俱乐部内部进行交易所对应的成本,所以会员经纪商才自发组建了交易所,并以之取代了早期分散的市场交易。[1] 对此,美国 Clayton 教授认为:"在证券交易所发展过程中,证券交易所在很大程度上是为了降低交易成本而进行的制度创新。"[2]

从历史上看,最早生成的伦敦、纽约证券交易所这种会员互助式的自律组织模式,之所以能够在证券市场发展的几个世纪里以行业自律管理机构的面貌成为证券业管理主要机构并占据绝对的统领地位,除了社会传统、习惯因素之外,显然,基于交易成本考量的经济动因也是一个不容忽视的、深刻的,甚至可能是决

---

[1] Stuzrt Banner: "The Origin of the New York Stock Exchange", 1791~1860, 27, J. Legal Stud, 120~126 (1998).

[2] J. Clayton: "On the Formation and Struction of International Exchange", Discussion Paper, New York University (1999).

定性的因素。❶

事实上，无论是美国梧桐树下形成的纽约交易所还是咖啡馆里形成的伦敦证券交易所都是最初的股份投资者、交易商和经纪商集中在一定场所进行集中的证券交易，这种集中进行股份交易的场所不仅容易促成交易形成，更重要的一点也是这种将零星的、分散的、一对一的股份交易集中在一固定的股份交易场所能够最大限度地降低股份交易的成本，从而更加便捷、有效地实现股份的流动和投资的变现。因而可以说，这种从事集中交易的证券交易所最初就是证券投资者、交易商为追求其投资利益最大化的一个场所和机构，是商人们追逐利益的本性所在。尽管最初的证券交易所是由会员组建的非实质意义上的企业性组织，本身亦非经营性的企业组织，但是，不应否认其一直被认定为非营利的、公益性的证券业会员制证券交易所自律管理组织，其本身就是证券投资者及其他相关机构逐利的场所，具有逐利的本性。

正因为如此，非营利性会员制交易所最简单的特征是其为"商业互助性（Commercial Mutual）"的非营利性组织，❷其所谓的非营利性是指该类交易所不得从事经营性活动，且其所获得的来自会员等相关人员的费用或收入不得向会员或其出资者分配盈余，也不得向其管理层分配盈余，即限制交易所分配利润或盈余。但会员制交易所同时还有其商业性和互助性的特征，即交易所主要通过向消费者提供产品与服务而收取费用，而其互助性则指提供交易所主要收入来源的机构或会员共同控制着交易所。❸

而人们在论及会员制交易所时通常仅仅谈论其非营利性和互助性的特征，却回避或者忽视其商业性的特征，尤其是交易所生

---

❶ 吴卓：《证券交易所组织形态和法人治理》，东方出版中心2006年版，第34页。

❷ Ruben Lee："What is An Exchange? The Automation, Management and Regulation of Financial Markets"，Oxford University Press, 1998, at 10.

❸ Ibid., at 11.

成的成本动因，实际上其商业性和成本降低动因同样是会员制交易所不容否认和忽视的因素。正是对上述特征的忽视，从而造成对会员制交易所是纯粹的公益性社团法人之误解。实务中，尽管非盈利性交易所不可向会员或出资者直接分配盈余，但其仍然可以采取类似的措施，以达到相同的效果，如交易所可以降低收取会员使用费的标准或者向会员提供折扣等方式减少成员的经济支出。❶ 交易所分配收益有益于交易所大的出资者，同样，交易所降低收费也有益于交易所大的出资者。❷ 在此种情形下，会员制交易所存在其自律管理功能与其本身逐利之间的冲突。

另外，会员制交易所也易在会员之间产生不公平的现象。在会员制交易所的自律管理运行中，采取的是会员一员一票制。但不同会员之间资本规模、市场份额、会员费用等的不均衡性必然决定了不同会员在交易所中存在不均衡的利益需求。而一员一票的表决机制则无法真实地反映这种不均衡的利益需求，从而形成不同会员在交易所内权益的不公平性，而这种不公平性导致了其彼此之间及其与交易所之间的利益冲突。在传统的会员制交易所中，无论是个人会员还是机构会员，也无论是一般的证券交易商还是超级国际金融机构，在交易所自律管理的事务中均享有一票的决策权，这显然阻碍了不同会员在交易所自律管理事务中各自不同利益的实现，背离了基本的公平原则。

2. 公司制交易所自律监管职能与其利益最大化的冲突

自1993年瑞典斯德哥尔摩证券交易所实行非互助化公司制改制以来，在全球交易所中展开了公司化改制的潮流。目前，除斯德哥尔摩交易所以外，伦敦、纽约、东京、中国香港、澳大利亚、新加坡、巴黎、加拿大、意大利、冰岛、雅典等世界上主要

---

❶ Ruben Lee："What is An Exchange? The Automation, Management and Regulation of Financial Markets," Oxford University Press, 1998, at 12.

❷ 于绪刚：《交易所非互助化及其对自律的影响》，北京大学出版社2001年版，第21页。

的证券交易所均已完成了非互助化公司制改制工作。公司制证券交易所已成为世界范围主要的交易所形式,交易所公司化改制已经真正成为一个全球化的现象。非互助化公司制证券交易所随之带来的最主要的问题即是此种模式下的证券业自律管理体制的改革,其中如何应对和解决公司化的交易所营利需求预期与其所肩负的自律管理职责之间的利益冲突问题较为凸显。

而美国前证监会主席阿瑟·莱维特（Arther Levitt）于1999年9月23日在美国哥伦比亚大学法学院所进行的《动态市场、永恒原则》的演说引发了全球对非互助化公司制交易所及其对自律管理影响的大讨论。❶ 莱维特先生认为,如果交易所通过公司化改制转变为营利性公司,而自律管理仍在该营利性公司的框架内运作,则必然会产生利益冲突,这是必须要解决的问题。

证券交易所的非互助化公司制改制的直接结果就是将原来互助性会员制的交易所改制为以营利为目的的公司组织形式。从已经公司制改制的交易所看,改制后的交易所本身不仅是股份制的公司,且基本上为上市公司。就纽约、伦敦等证券交易所而言,均是作为一个上市公司在自己的交易所中上市。作为以营利为目的的公司必须考虑其自身股东利益的最大化,这是公司运行的本质,故而公司制交易所运作的一个主要目标就是使交易所利润最大化和股东利益最大化。在此种情形下,交易所首先要负责的不再是证券市场的使用者,而是自己的股东,其运行中决策的重心将受其股东利益驱动和左右,从而势必出现在追求其自身和股东利益最大化时以牺牲市场参与者利益为代价,或者牺牲交易所自律管理组织的自律管理职能为代价。这一利益驱动带来的利益冲突随着交易所成为自身市场的上市公司而加剧。❷

---

❶ Arther Levitt: "Dynamic Market, Timeless Principles", Sept, 23. 1999. http://www.sec.gov/news/speeches/spch295.htm.（2000/10/25）.

❷ Laura S. Unger：" Remarks to the Federal Reserve Bank of New York", New York, Oct, 7, 1999.

交易所作为证券业自律管理组织在自己成为公司尤其是上市公司后，既可能加剧原有的利益冲突，也可能会增加新的利益冲突。这些冲突表现为：（1）公司制交易所为达到其营利目的收取更多的费用增加自己的收入，以吸引更多的上市公司在自己的交易所上市，可能降低上市标准，从而降低其自律管理的力度。（2）在一国证券市场为较为充分的竞争机制下，交易所为吸引更多的投资者在自己的交易所上市，以增加利润，可能产生与其他交易所之间的不当竞争。同时，作为公司制的交易所所吸引的其他投资者与本公司的交易所的投资者之间也势必会发生利益冲突。（3）当公司制交易所成为自己的上市公司后，还可能出现交易所自己与自己洽谈上市条件、监督自己作为上市公司履行信息披露等情形。（4）在市场参与者同时又是交易所公司的股东情形下，当该参与者行为违反交易所规则时，交易所进行制裁或处罚时也会产生利益冲突。（5）会员制交易所在其制定规则或行使职权时所实行的一员一票的决策制，虽然也显示出一定的不公平性，但个别会员尤其是规模、资金占优势的会员也很难干预交易所的自律管理职权。但是，在其成为公司制的交易所后，交易所实行的资本多数决表决原则在一定情形下受制于大股东的意志，从而很难让交易所作出对自己不利的决定或处罚。

非互助化公司制交易所本身的营利性追求与其自律管理职能的履行之间所产生的上述种种利益冲突十分突出，为避免这些冲突多带来更大的风险，必须设定新的自律管理规则。

3. 证券业协会的"私益性"与"公益性"职能的冲突

一般而言，行业协会多为经济领域中由不同经济组织组成的具有联合体性质的组织。如学者 Joseph. F. Bradley 认为，行业协会是由参加相同或类似经济活动的公司所构成的旨在解决其共同

第三章 证券业自律管理"公权化"演变的原因

或普遍性问题的组织。❶ 还有学者认为行业协会是由竞争者组成的,是在一个广泛而急速扩张的领域通过相互利益所构成的一个合作性组织,其是一种非营利性组织,由商业中的竞争者组成,其目的在于促进和提高该行业中的一个或多个经济利益或者是该领域所覆盖成员的经济利益。❷ 因而,就行业协会的属性而言,尽管其作为同一行业内的企业组成的非营利性机构,是行业利益的代言人,但是因其为经济人组合体的特征使其"私益性"成为行业协会的主要特征。正因为如此,国外理论界甚至把行业协会等社团组织称为"私益政府"(Private Interest Government or Private Government),即把传统政府看做关注公共福利水平的"公益政府",而把专门为成员提供服务的,由民间组织形成的互益性社团组织看做是"私益政府","私益政府"有两种形式:一种是居民社区协会;另一种是由企业组成的商贸促进会、行业协会、产业协会等。❸

行业协会的"私益性"主要表现为其受益对象一般限于成员,具有封闭性。这种特性决定了行业协会这种俱乐部属性的组织所提供的产品和服务应该只针对其受益的特殊群体会员,一般而言不针对除其会员以外的社会公众。这也是行业协会能够实行自律管理的基础。这些逐利的经济人或商人之所以加入该协会,目的是通过获得协会的某种身份,从而能够享有该行业中的某些服务或某些资源,以实现彼此最大的经济利益和保障。尽管行业协会本身多被描述为非营利的组织,但是因其成员的私益性及其成员为商人所从事的营利性事业,某种意义上说行业协会首要的

---

❶ Joseph. F. Bradley: "The Role of Trade Association and Professional Business Society", University Pork Pennsy Bvania, 1965, p. 4.

❷ George. P. lamb: "Trade Association Law and Practice", Little. Brown and Company, 1965, p. 3.

❸ Robert. W. Helsley: "William C. Strange, Private Government", Journal of Public Economics, 1998 (69), 281~304.

特征是其私益性。这种私益性与其为非营利性组织并不矛盾。

然而，行业协会同样被赋予或认定其具有"公共性"或"公益性"的特征和职能。例如，亨利·杰克认为行业组织是个体利益的转化媒介（Ttansforming Agents of Individual Interests），是能够产生有公共责任的协会管理，成为管理的自律管理组织。这种组织的集合性自我利益（Collective Self-Interest）常被用于维护稳定的社会、经济、政治秩序，实现协会自利的集合性活动为公共政策服务的目标，从而达到特殊利益服从普遍利益的目的，这无疑进一步指明了行业协会服务于普遍利益的实现途径。[1] 通常，行业协会的"公共性"被分为普遍的公共性和特殊的公共性。普遍的公共性主旨为全社会利益服务，而不局限于特定的利益主体。特殊的公共性则仅指某一特定范围的主体和其特殊的集合性的利益。本质上，行业协会的"私益性"决定其即便具有"公共性"或"公益性"的特征，也只能服务于协会成员这个特定的集合性的利益需求，属于特殊的公共性范畴。但是，当行业协会与其成员的关系松散或没有密切联系，当行业协会成员并未成为协会真正的权利主体时，行业协会的宗旨将脱离其本质特征，可能更多地表现出其普遍"公共性"的特征。

当行业协会的"私益性"和"公共性"发生冲突时，不同环境下产生的结果可能有所不同。在一个市场自行调节相对充分的环境下，行业协会的本质决定了其应更倾向于维护成员集合性的利益，已达到其"私益性"和特殊的"公共性"的协调。而当会员成为协会虚无的权利主体，在以政府为主导型的监管体制下，行业协会的普遍"公共性"则成为其主要的职能，行业协会客观上成为配合政府进行市场监管的主要工具。而在中国，由

---

[1] Henry J. Jacek: "Business Interest Associations an Private Interest Governments, An International Comaratice Study of the Food Processing Industry", Berlin Water de Gruyter & Co, 1987, 34~35.

于证券业协会会员主体地位的虚无、权利的弱化以设立其的政府主导性监督地位,与其说协会的服务宗旨是以自律为主,毋庸说其是以传导、桥梁的功能为主更准确。

(二)证券业自律管理机构自身利益与相关主体间的利益冲突

现行证券业自律管理模式因其主体身份的多样化和复杂性与市场其他主体之间因为彼此利益的不同也会产生冲突,其中最主要地表现为与会员、上市公司、交易所股东及市场投资者之间的冲突,这些冲突在一定程度上削弱和阻碍了证券业自律管理的职能,由此引发对行业自律管理的强烈质疑。

1. 与会员的利益诉求冲突——对立

传统理论认为,会员制交易所是会员利益的集合体,故而,会员利益与交易所的利益应该是一致的。[1]这种观点在交易所成立初期还是典型的私人俱乐部时是成立的。但是,随着证券市场的发展,交易所在逐步脱离原来单纯的私人俱乐部属性时,交易所会员与交易所之间的关系逐渐分化,变得愈加复杂。目前,在会员制证券交易所和证券业协会中,会员具有多重身份,而不同的身份具有不同的利益诉求。

首先,在会员制交易所和会员制的证券业协会中,会员是该自律管理组织成立的创始者,也是该组织的权力主体——管理者。会员大会是会员制的自律管理组织的最高权力机构,行使该自律管理组织中重要事项的决策职权。故而,交易所和协会的自律管理职能及其自身利益与其会员的自身利益不会发生严重的冲突。为维持会员的这种主导地位和决策权力,会员通常会抵制会员主导下的治理结构模式的变化,以维持会员的私人俱乐部特性。但是,当交易所和证券业协会的公共职能或政府职能特殊性

---

[1] Jonathan R, Macey: "Maureen O; Hara, From Markets to Venues: Securities Regulation in an Evolving World", 58 Stan. L. Rev. 526, 570 (2005).

愈加明显或成为其主要职能后，会员利益与交易所和协会的利益发生冲突，而冲突的结果则是会员权力的逐渐弱化或丧失。

其次，作为会员制交易所的会员，因其权力主体的身份决定了其还是交易所的所有者。从产权关系看，交易所的所有资产大多来源于会员，其积累的资产归会员所有，权益由会员共同享有。但该权益在交易所存续期间不得分配的情形下，会员所有者权益的体现主要表现在其交易席位的享有方面。而为维护会员在交易所中的交易席位的数量和价值，会员尤其是一些经济实力雄厚的金融机构会员则会通过其实力优势采取一些手段限制交易席位的总量或交易模式，或者反对交易所所有权结构的变革，❶ 从而导致会员与交易所本身的利益冲突。

另外，交易所会员通常是证券商或证券经营机构，而证券经营机构无论是自营商还是经纪商都是典型的以营利为目的的商人，为获取更多的经济利益，这些证券经营机构的会员也会对限制、阻止或影响其利益的交易规则等进行反对或抵制，从而削弱证券自律管理组织的管理。

同时，这些证券业自律管理组织的会员还是证券市场的投资者，有些甚至是市场的主要机构投资者，直接从事证券自营投资业务。这些投资者由于又是交易所的会员身份，与市场的一般投资者并不相同的是其更有机会和实力阻止或妨碍自律管理组织的管理。而当会员的行为违反了行业自律管理规则时，会员还可能利用其在交易所中的实力影响自律管理组织的处罚。特别是当一些经纪商联合在一起时，即使一些规模和经济实力的会员也会对自律管理组织在行使自律管理职权时给予强烈的影响。❷

上述会员身份的多重性、复杂性使得会员一定程度上可能以

---

❶ 卢文道：《证券交易所自律管理论》，北京大学出版社2008年版，第73页。
❷ Concept Release Concerning Self-Regulation, Exchange Act Release No. 34 - 50700, 69 Fed Reg, 71, 256, 71, 257. http://www.sec.gov/rules/concept/34 - 50700.pdf. 2010 - 7 - 21.

其自身的实力，包括以其理事或董事的职务之势，仍然期望交易所履行"会员利益至上原则"，但是现行交易所已逐步演化为要集合满足会员、证券发行人、交易商、投资者等相关利益主体的整体利益需求，而非单纯的会员利益诉求。故而，当会员的个体利益、短期利益和交易所的整体利益不相一致时，必然发生利益冲突。

2. 与发行人及上市公司的利益诉求冲突——挟持

证券发行人与行业自律管理之间也存在一定的冲突。行业自律管理组织通常对发行人上市确定最低的上市标准和经营管理要求。同时，自律管理组织在日益增加的市场层次和结构中，必须保障吸引、维持和增强发行人间的竞争力。另外，发行人也因为其良好的管理声誉，积极主动地申请其发行的证券在交易所挂牌交易，只有这样，投资者才会对其经营营业产生更大的信心。因此，发行人像交易所的会员那样会积极探寻自律管理组织放松其规则。

而无论是会员制交易所还是公司制交易所，交易所中必然存在的一个重要的主体就是上市公司，其发行的股票是交易所上市、交易的最基本的、最重要的、最广泛的证券品种，也是投资者最重要的证券投资工具。上市公司在交易所挂牌的证券的数量、质量，及其对挂牌的证券价格波动影响所须披露的信息直接关系到投资者投资的利益和市场秩序的合法、有序。不仅如此，在二级市场上市交易本身在一定程度上即向社会公众表明其公司的经营、营业利润、管理水平、产品质量达到了一定的标准，这种良好的声誉即提高了公司的知名度，随着其上市证券的高流动性进而也提高了其上市证券的市场价，继而体现公司雄厚的实力带给其更多的盈利空间。而如果公司能在证券交易所上市，还可

第三章 证券业自律管理"公权化"演变的原因

以提高企业的国际声誉和国际地位,更有利于其步入国际市场。❶ 上市公司的这些诉求利益必须通过交易所的上市交易行为才能实现,为达到上述的目标,一方面希望交易所降低上市条件,另一方面为满足交易所指定的相应的规则和条件,可能会出现虚假的信息披露等行为,从而表现出交易所要求与上市公司需求之间的冲突。

对于会员制交易所而言,上市公司所交的各种费用也是交易所收入的一个重要来源。而对于公司制交易所,公司证券在哪个交易所上市交易更是交易所经营营利的重要来源,这种经济利益的追逐所产生的冲突导致的结果是:或者交易所为追求利益放松上市的标准等管理,或者出现上市公司对交易所的挟持或绑架,以使其违规行为被网开一面或减轻处罚。

3. 与交易所股东的利益冲突——偏袒

当证券交易所公司化后,交易所本身作为公司必须遵循公司通行的运行方式和治理结构,也即交易所经营或运作的终极目标是为其股东利益最大化。交易所股东大会通过选举产生的董事会成为交易所主要日常经营的决策机构和管理人员。交易所股东作为交易所的所有者和管理者参与经营,对交易所及交易所的行为享有很大的决定权力。因为"交易所的股东总是期望管理层最大限度地实现股东而非其他利害关系人的利益"。❷ 就公司本质而言,实现股东利益最大化也应该是管理者的法定义务。如果交易所不以其股东利益最大化为出发点,则其发行的股票会对投资者失去投资的吸引力和兴趣;如果其股东认为交易所运行未关注其经济利益,可能会卖出股票导致股票价格下跌,从而影响交易所

---

❶ 屠光绍主编:《上市制度:比较与演变》,上海人民出版社2000年版,第13页。

❷ A ndress M. Fleckner:"The Stock Exchange if on the Cross Road",74 Fordham L. Rev. 2541, 2591 (2006).

的利益和声誉，也可能危及交易所管理者的位置。❶

交易所股东利益最大化的诉求将影响甚至决定了交易所市场运营的目标和其自律管理的职能。在交易所公司化后，其原本的行业自律管理职能并未完全消失而成为纯粹的营利性企业，如美国纽约证券交易所公司改制后，虽然其原本证券业自律管理的职能的一部分交由统一成立的 FINRA（美国全国金融业管理协会）行使，但交易商自身仍然承担一部分自律管理的职能。如此，交易所一方面要吸引更多的公司在其交易所上市，以获取更大的经济效益，但又必须以自律管理职权对其进行监管和约束，这就必然产生交易所本身利益及其股东收益与其自律管理之间的冲突。冲突的结果要么交易所依然严格恪守其管理职能从而可能出现利益的损失，要么放松对上市公司的自律管理以获取更大的收益。而公司制交易所自身经济利益的追求势必使其更易放松管理，或偏袒违规行为。这种利益冲突最终的结果除可能损害投资者利益以外，还将降低交易所的声誉，破坏行业自律管理的作用。

另外，自律管理组织进行严格自律管理所必须支出的管理费用也可能会影响股东的收益，那么，自律管理组织被迫要在管理项目的预算和满足逐利的股东之间进行选择，很明显，股东期望投资通过股息予以回报，但是在管理义务的费用增加时股息的支出就成为股东关注的问题。❷ 对此，交易所对股东利益维护的选择也会降低其自律管理的功能。

4. 与投资者之间的利益冲突——漠视

行业自律管理组织的私益性决定了其本质是为行业某一特殊群体的特殊利益而进行服务、管理的。通过对会员、上市公司、

---

❶ Caroline Bradley: "Demutualization of Financial Exchange: Business as Usual?", 21 Nw. J. Int'l L. & Bus 657, 682~683 (2001).

❷ Jarad D. Hunter: "No Crying in Baseball—and No More Crying on the Stock Markets: An Alternate-Hybred Approach to Self-Regulation", University of Cincinnati Law Review Winter 2005, 74 U. Cin. L. Rev. 639.

第三章　证券业自律管理"公权化"演变的原因

证券经营机构等行业主体行为的约束和权利的维护，行业自律管理也实现了对证券市场投资者的利益进行保护的目标。因而，行业自律管理具有了一定的"公益性"。交易所市场就是一个利益共同体，每一个主体的利益不能脱离其他主体而存在，从这种意义上说，不同主体之间的利益表现出某种一致性，因而，"有利于交易所会员的利益，一定意义上也被视为有利于整体市场的发展，而有利于市场的发展，则意味着有利于投资者和上市企业。"❶

不仅如此，一些相关立法、法规中还明确规定行业自律管理的宗旨就是维护证券市场投资者的利益，以及证券市场的秩序。如中国《上海证券交易所章程》第1条即明确规定制定章程的目的是：为建立公开、公平、公正和稳定、高效的证券市场、保护投资者的合法权益，促进社会主义市场经济的发展，维护证券市场的正常秩序。《交易所管理办法》也作了同样的规定。由此可以看出，交易所的功能不仅仅是维护其会员的利益，还肩负着维护证券市场投资者利益和市场秩序的职责。

但是，投资者的利益与交易所会员、上市公司等主体利益之间有时处于对立的局面，并产生严重的冲突。保护投资者利益势必严重约束会员、上市公司的行为，从而减少其利益获得，而放松对会员、上市公司的管理也易扩大投资者的投资风险，增加其损害。尤其是对于公司制交易所而言，这种利益的冲突更为明显。当前，证券监管体制改革的重心不断强调加强对市场投资者的利益保护，而在行业自律管理方面，当一国的证券、金融监管体制以政府监管为主时，行业自律管理中成员的利益保护多受到漠视。但是，自律管理成员企业天生的追逐自我利益最大化的本性又决定了其自然以成员利益、自身利益为首要关注目标，从而

---

❶ Jonathan R. Macey, Maureen O'Hara: "From Markets to Venuea: Securities Regulation in an Evulving World", 58 Stan. L. Rev. 563, 570 (2005).

淡化了对投资者利益的保护。

第二节 金融监管与公共利益的国家干预

一、政府金融监管政策的主张

（一）政府证券监管的干预

政府证券监管的介入和发展与上述证券业自律管理的风险和市场的缺陷有着必然的联系。从证券市场的发展历史看，政府并非自证券市场建立之时即开始进行监管。从英、美金融业发展史看，早期美国、英国的证券市场在相当长的一段时间里严格遵循着证券市场自由发展和证券业自律管理的模式，并一直反对国家对金融业采取集中化控制和监管。这种行业自律管理的体制，在具有私人俱乐部属性的证券市场发展阶段充分发挥了其行业自律管理的优势和作用。就美国而言，自1792年5月24名纽约证券经纪商在华尔街的一棵梧桐树下签署著名的"梧桐树协议"时起至1929年之前，美国证券市场几乎没有政府监管，交易所自律管理在很大程度上管理着整个证券市场。

在早期证券业自律管理时期，交易所制定了大量的行为规则约束交易行为，如1817年美国纽约交易所规则中就包含了禁止会员虚假交易，并对违反者施以逐出交易所的惩罚，明确规定禁止囤积居奇、禁止虚假交易和其他欺诈行为。❶1900年以前，纽约证券交易所指定了上市要求，对在其市场的公司财务质量要求非常高，旨在确保市场投资者能准确了解有关上市公司的资本信息，股票上市委员会也经常调查上市公司注册和财产状况，以及

---

❶ Paul G. Mahoney："NYSE Const. of 1817, The Exchange as Regulator"，83 Va. L. Rev. 1460. 828－839.

公司产品和服务的声誉。❶ 而且，1879~1914年，纽约证券交易所实行封闭式的会员管理，这种封闭的会员结构使会员更有动力进行自我管理以维持其席位的价值，投资者选择投资的股票更注重股票承销商的信誉，而不是仅仅依赖于股票发行的一系列信息的披露。最初以债券为主要交易品种的纽约交易所之所以在证券市场中能够在全部交易所中后来者居上并脱颖而出，确实应该归功于其合理的组织结构和具有竞争性的运作方式。❷

但是，随着证券市场的发展，证券业自律管理中的缺陷和市场失灵的原因，尤其是当美国和英国的银行业、证券业、保险业可以混业经营，商业银行既可办理信贷业务，又能进行证券投资，从事保险、信托业务时，依照市场交易的风险杠杆原理，证券交易给整个金融业所带来的风险成倍地扩张，至1929年10月，美国华尔街股市发生震惊历史的大崩盘，引发银行挤兑存款风潮，全美1/3的银行倒闭，信用体系遭到毁灭性破坏，从而引发了证券历史上著名的金融危机，进而威胁到大量企业的经营和生存。一系统的连锁反应导致了美国历史上最为严重的经济衰退和近30年的经济大萧条。

1929年美国股市的崩毁及其随后的经济大萧条如同一场噩梦，抹杀了人们对股市快速增值及长期交易所良好形象和声誉的美好回忆。19世纪末，当自由竞争的市场经济发展到一定阶段以后，人们逐渐发现市场并非是万能的，"看不见的手"仍有其自身难以克服的局限——市场失灵，有很多因素阻碍着市场按照理想化方式运行，如存在不完全竞争、经济活动的外部效应、公

---

❶ S. Banner: "Ebery Branch of Business Has Its Peculiar Law, Self-Regulation by the New York Brokers", 1790~1860, 26 J. Legal Strd. (1997).

❷ J. C. Coffee: "The Rise of Dispersed Ownership: The Role of Law in the Separation of Ownership and Control", Arailable at papers.ssrn.com. 38. (2001).

共品、自然垄断、信息不对称、次优问题等。❶ 事后的调查揭示出单纯依靠证券业自律管理，其内在的利益冲突无法克服所引发的问题。在著名的 Peara 案件调查听证会中，来自美国最大银行和投资公司的管理者一个接一个的承认了他们的不良行为，从疏忽到暴行，从大力宣传到扰乱股市，从缺乏对质量的关注到信息的不完全披露，从明显欺诈到内幕交易、利益冲突等一系列丑闻的揭露，公众对美国金融界彻底失去了信心。这一切深深震撼了"社会良知"，❷ 转而人们开始思索行业自律管理体制的不足。鉴于当时证券市场虚假信息的严重充斥，要求彻底审查证券发行和交易的呼声日益高涨，市场进而开始求助于国家这只"有形之手"对证券市场的干预和调控，加强对证券业的政府监管成为顺理成章的选择。于是，美国1933年《证券法》和1934年《证券交易法》相继出台，由此开启了国家政府对证券市场监管的新篇章。

（二）政府金融监管的主导

美国1934年出台的《证券交易法》确立了美国政府证券监管的模式，之后，各国证券市场开始纷纷效仿该证券监管体制，证券市场监管由最初的证券业自律管理模式逐步过渡到政府证券监管和行业自律管理相结合的金融监管体制。各国均确立了代表国家政府的专门监管机构——国家证券监督管理委员会，专司对证券发行、交易等活动以及参与证券市场活动的主体的监督、检查和管理，以保障证券市场有序运行。

美国政府金融监管的确立和加强都伴随着其金融业、证券业几次大的风暴发生，并不断地改革和演变着。美国依照1934年《证券交易法》的规定成立了全美证券监管机构（SEC），赋予其

---

❶ 胡代光、周安军：《当代国外学者论市场经济》，商务印书馆1996年版，第22页。

❷ [美] 艾伦·加特：《管制、放松与重新管制》，蔡玲译，经济科学出版社1999年版，第19页。

对全美证券市场的监管职权,此时的政府证券监管还与证券业自律管理处于相对平衡的阶段,或者说此时证券业自律管理依然是证券市场重要的监管机构,政府监管还仅处于干预的地位。

但是,美国国会1975年通过的《证券交易法》修订案赋予了SEC更大的监管职权,并将证券业自律管理也开始纳入SEC的监管之中,国会通过的决议更是要求所有新的自律机构的条例和规则都必须事先通过SEC的许可才能颁布实施。更突出的是,国会决议允许SEC在认为其需要或适当的时候可以对自律规则进行修改、甚至废除,由此实现了证券市场的监管由最初的证券业自律管理为主过渡到由政府监管为主的体制,证券业市场最终的决定权从交易所自律管理组织手中转移到了代表国家的证券监管机构手中。证券市场的监管体制踏上了新的历程。证券监管体制的这种变革使得证券业自律管理最终被纳入政府的监管之下,证券业自律管理组织的自律管理权开始逐渐丧失了其独立裁决的权力。

1990年美国国会再次通过了对证券案件执行的修正案,赋予了SEC部分的司法权,SEC可以根据需要实施经济制裁,甚至赋予SEC有权决定任一市场主体参与者是否可以不遵从1934年法案的规定,SEC的权力得到进一步加强和扩大。1998年,SEC据此裁决美国电子交易系统(ECNs or ATSs)无须遵守其他交易所的监管条例,并给予其两种监管方式的选择。❶ 由此,证券业自律管理的空间越来越缩小。

2008年美国金融风暴所产生的巨大震动,一些观点认为正是政府金融管理的放松导致了行业的虚假行为盛行。由此美国又一次进行了金融监管体制的大改革,成立了以美联储为首的联合对证券、银行、保险等行业实行统一的金融监管体制。虽然也有

---

❶ [美]艾伦·加特:《管制、放松与重新管制》,蔡玲译,经济科学出版社1999年版,第19页。

认为SEC的权力因此受到金融统一监管机构调整的影响，但是却并非SEC监管权限的缩小、证券业自律管理机构权限的扩大，其仍然是政府金融监管的加强。虽然美国对NYSE和NASD自律管理组织的自律管理权限和范围进行了调整，也成立了全美统一的金融业管理局（FINRA），但是都无法改变政府对金融市场、证券市场的监管不断加强的局面。时至今日，可以说证券业自律管理自治模式越走越远，自律管理色彩也越来越淡。

二、金融市场公共利益的维护

（一）证券市场的公共物品问题

由于市场的正外效应的特殊情形，当一个物品如果供给一个人而其他人能够不花费用就能加以利用，这种物品就是公共物品（Public Goods）。❶

公共物品最重要的特征是非排他性和非竞争性，容易出现经济学中的"搭便车"的现象。公共物品的非排他性决定了人们在消费这类产品时，往往都会有不付费的动机，而倾向于成为免费的"搭乘"者。由于公共物品的非竞争性特点，通常这种情形不会影响他人消费该公共产品，也不会受到他人的反对。❷ 在一个经济社会中，只要有公共物品存在，"免费搭车者"就不可避免。为防止一方"搭便车"，另一方想办法阻止其"搭便车"，或者甚至提供虚假情形诱使其向相反的方向行为，从而给后者造成损失的情形出现，必须有外部监管者的介入，因为市场本身无法解决该问题。❸

证券市场作为现代市场经济中最重要的一个金融市场，也有公共物品的问题。这主要表现为证券市场中最重要的信息披露问

---

❶ 李东方：《证券监管法律制度研究》，北京大学出版社2002年版，第29页。

❷ [美]保罗·萨缪尔森、威廉·诺德豪斯：《经济学》，萧琛译，人民邮电出版社2009年版，第29页。

❸ 郭薇：《政府监管与行业自律》，中国社会科学出版社2011年版，第72页。

第三章 证券业自律管理"公权化"演变的原因

题。无论是证券的发行还是证券交易,为保障投资者的正确决策,获取有关投资证券的相关信息是必要的,也是最基本的。然而,获取信息通常都需要支付成本,并且有时所获得的信息因为技术上的原因而具有消费的"非排他性"和"非竞争性",出现经济学中的公共物品特征。如某股东为确保上市公司的董事没有滥用资产,花费一定的成本进行监控,但由此而带来的效益却并非由他独享,此即成为一种公共物品。这种情形在证券市场投资中的机构投资者或大股东与中小股东之间较为常见。市场中的小股东容易出现"跟庄"免费享用"庄家"通过努力获得投资信息这种"搭便车"的行为。而"庄家"为获取更大利润,将采取措施防止其获取的那些不可独占的信息泄露,不仅如此,有时甚至会故意做反向的操作或散布迷惑信息,人为抬高或打压证券价格,以吸引那些"散户",进而"洗盘"以后再做相反的交易,获取高额或不当利益,从而使"散户"惨败。

由此可以看到,在证券市场中虽然也存在公共物品的问题,但是市场本身无法有效提供公共物品,不仅如此,在证券市场中,尤其是在证券交易的流转之间,由于"搭便车"的问题,资本的配置本身并没有得到改善,此种情形下,市场机制失灵的现象再次显现出来。为避免这种情形,证券市场中的公共物品——信息披露问题,就只能借助外部力量由政府负责监管并承担相应的成本,而由此带来的收益则由市场的投资者享有。

(二)证券市场公共利益的保障

在证券市场早期的发展阶段,证券发行和交易规模更多地限定在特定的投资者和经纪商之间,其对一国经济和金融的影响并不非常突出。但是,随着证券市场的发展和证券交易的扩大,证券投资成为公民一种重要的利益获得渠道,证券市场对金融和经济的影响越来越重要,涉及的公众范围越来越普遍,尤其是当周期性地发生股市崩盘、证券市场风暴和证券经营主体丑闻等事件后,公共利益的保障就成为一个无法回避的问题。

第三章 证券业自律管理"公权化"演变的原因

虽然公共利益（Public Interest）作为法学领域广泛使用的概念，也是现代法治的重要价值取向，而普遍认为公共利益乃是不确定多数人的利益❶这一概念由于其内涵的模糊性和不确定性，仍然在学界存有争议并至今无法给出明确的解释，但不可置否的是，在证券市场中存在公共利益问题。

证券市场中的投资者、证券商、上市公司等都是典型的商人，作为理性的经济人，追逐其自我利益的最大化是其天性，每个人都在极力维护自己的利益，但同时利益的相关性使得利他作为一种约束也不得不被接受，由此市场经济中利己与利他都是理性的选择，❷ 由此使得证券商、上市公司、投资者以及交易所之间存在利益统一的可能，并使证券市场成为一个利益的共同体，每一个利益主体相互之间竞争、妥协、对立、统一，由此形成通说的公共利益，这种利益主体之间表现出来的一致性，客观上使其"有利于交易所会员的利益，一定意义上也被视为有利于整个证券市场的发展"。❸ 但是这种理性的状态常常是人们的愿望。

证券市场的公共利益所指整体利益中包含了私人利益，却并非私人利益的简单叠加，而是包含并整合了证券市场各个利益主体的具体利益和个体利益，成为证券市场全体主体或多数主体的共同利益。然而，经济人逐利的本性同时又决定了其无法常常顾及他人利益忽视自己利益，相反有时会损害他人利益而谋取个体利益，故而公共利益常常被打破。这也是证券市场公共利益的相对性的主要表现。尤其是证券市场是一个高风险市场，其内在的特定决定了市场主体特别容易引发过度的投机行为，非理性色彩更加浓厚，在纷繁复杂的巨量信息面前更易丧失判断力，证券市

---

❶ 刘丹："公共利益的法律解读与界定"，载《行政法学研究》2005年第2期。
❷ 王玉珍："理性只是对自利的最大化的追求吗"，载《经济学家》2004年第4期。
❸ Jonathan R. Macey, Maureen O'Hara: "From Market to Venues: Securities Regulation in an Evolving World", 58 Stan. L. Rev. 563, 570 (2005).

场上的"同向预期性"更易使人们迷失方向，从众、赌博行为比比皆是。更严重的是，为获取巨额利益，某些利益主体还会通过散布虚假信息、捏造事实诱发道德风险，从而破坏证券市场的公众利益。而这种行为的纠正却无法通过市场本身完成，也无法由行业自律管理实现。

其实，证券市场中所爆发的各种金融危机，无论是 1719 年发生在英国的南海泡沫事件、1929 年 10 月发生在美国的股市崩溃事件，还是发生在法国的密西西比泡沫事件，这些不断爆发的金融风暴事件所引发的公众投资者利益的巨大损失和国家经济的衰退，使得公共利益的保护成为须由国家强制监管力量予以维护的重要理由。

第三节 证券市场结构的变化及其经济环境

一、传统证券市场向另类证券市场的发展

（一）传统的证券市场结构及其经济环境

证券市场结构的繁简一定程度上影响或决定着证券监管体制的选择。不同证券市场的构成及其各结构之间的量比关系在不同的国家形成了不同的证券监管体制。

就英、美的证券市场而言，自 18 世纪其证券市场萌生时，最初是以政府债券为主要发行和交易品种，交易市场的形成和交易所的成立也是为满足当时因为战争而由政府发行的各种战争债券筹集资本以支付战争带来的巨额费用。证券市场萌生初期交易的品种主要是政府债券以及公司发行的股票等典型的、传统的证券。19 世纪，美国证券市场也依然保持着较为传统的、简单的市场结构特征，证券市场中交易的证券品种也多是以股票、债券为主的传统的证券。且这一阶段的经济环境也是以自由经济主义为主的自由资本主义发展阶段。尽管此时美国还存在一些区域性

的证券交易所和全国性的证券交易所,但是这些交易所还保持着最初成立的交易所性质,即交易所还是非营利性的互助性的社团法人组织,交易所也依然保持着典型的私人俱乐部的特征。无论是交易的证券品种、还是交易所的性质都相对单一,至1929年美国证券市场股市崩盘前的一百多年,交易所保持着重要的行业自律管理组织的性质和职能。

(二)多层次的、混业的证券市场结构及其经济环境

20世纪中期以后,美国证券市场开始走向多层次结构的道路。除了纽约证券交易所之外,1968年美国证券商协会(NASD)为解决场外交易市场(OTC市场)的分割问题,创建全美证券交易商协会自动报价系统(National Association of Securities Dealers Automated Quotations, NASDAQ),即纳斯达克证券市场,该市场是一个基于电子网络的无形市场,目前有约3200家上市公司,是美国上市公司最多、股份交易量最大的证券市场。1971年,该交易系统正式启动。NASD把500多个做市商的交易终端和数据中心连接起来,形成一个数据交换网络,并从OTC市场挑选出2500多家规模、业绩和成长性都名列前茅的股票,规定做市商把这些股票报价列示于该系统,供投资者参考。1975年,NASD提出了上市标准,彻底割断了与其他OTC股票的联系,成为一个完全独立的上市场所。

目前,就世界各国证券市场结构来看,其证券市场结构基本均已经形成全国性的证券市场和区域性的证券市场相结合的多层次的证券市场结构。在美国,除了著名的美国纽约证券交易所、美国证券交易所、纳斯达克交易所外,一些州还存在一些区域性的证券市场,如著名的费城证券交易所(PHSE)、芝加哥期货交易所(CHICAGO BOARD OPTIONS EXCHANGE)、中西部证券交易所(NWSE)、波士顿证券交易所(BOSSE)等。

此外,除了有符合典型上市公司的称为主板的证券交易市场外,也有针对中小企业及创业企业的创业板交易市场。如美国设

立的电子柜台市场 OTCBB，其是由纳斯达克管理的股票交易系统，众多公司的股票先在此系统上市，获得最初的发展资金，通过一段时间的扩张积累，达到纳斯达克或纽约证券交易所的挂牌要求后升级到这些市场。

另外，根据证券交易场所的不同，还区分了场内交易市场和场外交易市场。20 世纪后期，一些证券市场发达的国家开始实行金融业的混业经营，证券市场与其他金融市场开始相互交叉，形成金融业混业交叉的市场格局。

(三) 另类的证券交易市场结构

进入 20 世纪中期以后，随着经济的全球化和金融的自由化浪潮的推动，证券市场的结构和运行机制有了新的发展趋势和重大变化，尤其是随着计算机技术的迅猛发展和全球普及，证券电子化已成为世界各国普遍采取的主要形式，并以势不可当的面貌成为证券市场发展不可逆转的趋势。在这一趋势中，最引人注目的就是另类证券市场、另类证券交易系统的崛起和广泛运用。

另类证券市场主要是由另类交易系统组成的。另类交易系统 (Alternative Trading Systems，ATSs) 主要是针对传统交易、传统交易系统而言的，是指在传统交易所之外，为在传统交易所上市交易的证券提供另外一种交易方式，由此形成了另类交易市场。❶ 它既是一种金融市场的创新，也是一种金融服务方式的创新。另类交易市场属于第三层次的网上证券交易市场，是形形色色的网络场外交易系统的一种。❷ 另类交易市场是证券市场电子化、虚拟化的产物，是高速发展的计算机网络技术在金融领域中应用的结果，这种诞生于证券市场电子化背景下的新型的证券交易系统，自其诞生之日起不仅具有与传统交易所相似的功能，同

---

❶ Hal McIntyre: "ECN and ATS: The Electronic Future, Whitr Paper for Wall Street Technology Aaaociation", Sep, 1999. http://www.64.33.34.189/library/ecn-ats.shtml, 2011-12-27.

❷ 曾冠:"另类交易系统的法律界定"，载《网络法律评论》2006 年第 1 期。

时又会形成对传统交易所的替代,对传统交易所构成强烈的冲击和挑战,并迅速成为一个全球性的现象。❶

由于另类交易市场的电子化特征,ATSs突破了证券市场时空、国界的限制,增强了证券市场的国际流动性,增加了证券交易的机会,便利证券的跨境交易,极大地提高了证券市场的效率,并具有无中介、低成本的优势。但是,在其快速的发展同时,也对应地增加了证券交易的风险,更易滋生证券市场操纵、欺诈等违法行为。

由于各国证券市场的电子化、自由化程度不尽相同,故而ATS在各国的发展程度也有所不同。1994年国际证监会组织(IOSCO)就在其《关于跨境专属屏幕交易系统监管问题的报告》中提到了这种以网络交易为基础的新型交易市场。❷ 1997年,美国SEC专门针对ATS作出了具体的立法规定(ATS条例),并将其列入SEC的监管之中。根据美国SEC的规定:ATS是指为聚合证券投资者而建立、维持或提供市场或设施,或履行SEC《规则3b－16》中界定的证券交易所一般发挥的与证券有关的功能,且通过制定规则规范系统认购者的行为,或通过将认购者驱逐出系统来惩罚认购者的任何组织、协会、个人或个人团体以及系统交易。❸ 目前,关于另类交易系统的构成还存在一些不同的界定和认识,如2000年9月《欧洲ATS监管报告》中认为ATS是指不作为交易所进行监管,但是通过系统运作者制定规则,并按照

---

❶ Hal McIntyre:"ECN and ATS:The Electronic Future,Whitr Paper for Wall Street Technology Aaaociation",Sep,1999. http://www.64.33.34.189/library/ecnats.shtml,2011/12/27.

❷ 孔翔:"网上证券交易与监管",载http://www.Szse.com,访问日期:2010年10月29日。

❸ See Regulation of Exchange and Alternative Trading System, US Securities Exchange Act Rule 300 (b).

确定的规则聚合投资者、形成或产生不可撤销合同的自动交易系统。❶ 据此,欧盟根据功能分类认为 ATS 包括报价驱动系统、指令驱动系统、价格展示/配对系统、活跃的公告板。❷ 而香港证监会则认为凡为证券与期货合约提供自动交易的系统都属于 ATS。尽管各国有所不同,但一般而言通常认为 ATS 包含如下系统:电子公告板(Electronic Bulletin Boards)、自动交易匹配系统(Automated Trade Matching Systems)、电子通讯网络(Electronic Communication Networks,ECN)、专有交易系统(Proprietary Trading Systems,PTS)、与经纪商客户自动连接系统(Broker-to-client Automated Linkages)。

这种与传统交易所之外设立的、旨在为传统证券交易所或其他有组织市场上市的证券提供电子化、无中介交易设施、无传统交易所大厅、无传统交易所互助性组织特征的电子化自动交易系统,在当今成为传统交易所的一种替代,投资者只要进入特定的 ATS,就可以相互寻找交易对手,并通过相互磋商成交证券,极大地提高了交易的效率,节约了交易成本。尤其是当机构投资者成为证券交易的主要主体后,更加便利了机构投资者的大额交易完成,缩短了交易途径。ATS 在其几乎伴随着 Nasdaq 纳斯达克市场建立同时登上证券市场的历史舞台后,成为继交易所市场、OTC 市场、非交易所会员交易上市证券的第三证券市场以后的又一个市场,并被称为第四市场。❸

ATS 的出现不仅极大地促进了证券市场的国际化,也使得证券市场结构更加复杂化,加剧了证券投资风险。ATS 与传统交易所之间的竞争与合作成为当今各国证券市场发展的一个趋势,同

---

❶ FESCO, The Regulation of Alternative Trading Systems in Europe, A Paper for the EU Commission, 25 Sep. 2000, at 4~5; http://www.europefesco.org/vl/defalt.asp. 2012/9/21.

❷ 同上。

❸ Louis Loss: "Securities Regulation", 3rd edition, at 617.

时，也带来了严重的挑战。❶ 其不仅与传统证券交易所竞争业务，也为场外交易证券提供了更多的交易平台。并且随着 ATS 的大量涌现，ATS 之间的竞争也日趋激烈。如在 ATS 的发展中，电子通讯网络（Electronic Communication Networks，ECN）作为 ATS 的一个子系统，在聚集投资者执行交易方面尤为突出，并大有取代 ATS 之势。这种可以促使广大投资者能够直接进入这些电子交易系统，在方便投资者投资的同时，也给投资者投资带来更大的风险。这些风险主要表现为：（1）市场分割风险。由于另类证券交易系统的价格发现功能仅限于其自身的限价委托，故更容易导致不同的价格形成，从而产生市场的分割。（2）委托指令得不到最佳执行的风险。正是由于另类交易系统中一个委托指令不能在不同的另类交易系统中相互出现，这种相对独立的市场使得系统在对投资者买卖证券的指令在系统内进行配对时，与之相配对的指令也难以形成最佳的执行价格。（3）技术性风险、操作性风险。另类交易系统是建立在信息技术的网络化服务基础上的，但任何技术的发展和应用都不是完美无缺的，网络技术的安全性仍是网络服务中最大的隐患和重要课题。正是这种技术的缺陷和安全漏洞的存在，势必在另类证券交易中面临巨大的技术风险和操作风险。（4）第三人侵权风险。网络信息技术中特有的虚拟性及易篡改、窃取特征，使得网络中第三人侵权的风险无处不在。（5）技术选择风险。❷

另类证券交易系统作为金融创新的产物，需要高科技技术的支撑，而技术设计上的漏洞将使另类证券交易处于竞争劣势地位，面临投资者技术选择的风险。而上述这些风险却又由于另类证券交易系统的电子化特性，使得这种风险的扩散速度更快、破

---

❶ 于旭刚：《交易所非互助化及其对自律的影响》，北京大学出版社 2001 年版，第 92~95 页。

❷ Roger D, Huang: "Division of Market Regulation of SEC, Special Study: ECNs and After-hours Trading", June, 2000. http://mba.vanderbit.edi/fmre, 2012/9/28.

坏力更强、损害更大，同时监管风险也更大。而由于另类证券交易系统并没有像传统证券市场那样存在互助性或非互助性的证券交易所，故而监管的需求难度也更大。

由此可以看出，随着证券市场结构的多层次、复杂化和国际化发展，证券市场的风险也在加大，在这种日益复杂的证券市场结构环境下，政府的监管成为一个无可回避的选择。

二、现代证券市场结构的自由化、全球化和电子化

（一）证券市场的自由化

1. 金融自由化的萌发与发展

金融自由化也称"金融深化"，是"金融抑制"的对称。金融的本质是融通资金，对内通过完善资金融通市场、规范资金融通主体的行为来提升金融效率，促进金融为实体服务。金融功能应体现金融为实体经济服务的原则。❶ 长期以来，经济学家们一直将发展中国家经济发展迟缓的原因归结为"资本匮乏"，而发展中国家的贫困，不仅在于资本的稀缺，更重要的是金融市场的扭曲造成了资本利用效率低下，从而抑制了经济的增长。由于发展中国家的金融市场发展得不充分，缺乏吸引力，尤其是证券市场中出现的需求远远大于供给的情况，迫使政府当局对利率实行更加严厉的管制，从而造成金融体系和经济效率低下的现象，称之为"金融抑制"。

针对发展中国家所普遍存在的金融抑制现象，传统的金融深化理论特别是20世纪70年代以来，西方经济学家罗纳德·I. 麦金农和爱德华·S. 肖等教授的以金融自由化为主要内容的金融深化理论主张改革金融制度，改革政府对金融的过度干预，放松对金

---

❶ 朱琰、肖斐斐、王一峰："美国金融自由化及其对中国的启示"，载《银行家》2012年第10期。

融机构和金融市场的限制，放松对利率和汇率的管制使之市场化。❶ 金融自由化最主要的内容就是市场的自由化，即放松国家对各类金融机构进入金融市场的限制，完善金融市场的融资工具和技术。❷ 在金融自由化的条件下，金融信息更具有公开性，因此，金融自由化改革对增进发展中国家现有金融市场效率，深化金融体制改革以满足现实经济高效运行的需求，起到了积极的促进作用。

金融自由化理论对政府与市场关系有着深远的影响。金融自由化在增强金融市场效率的同时，往往在其他方面又具有降低金融市场效率的作用，❸ 同时金融监管和风险管理的难度加大，成为各国金融监管的一大挑战，尤其是对另类金融机构的监管成为更突出的问题。

2. 证券市场自由化的发展

随着金融自由化的发展，各国陆续废除了银行和证券业分离制、委托买卖股票手续费最低额限制等限制条件，实行证券市场自由化。

20 世纪 70 年代以来，资产证券化成为一种趋势迅速在市场经济中发展和扩散起来。资本证券化对于更好地发挥资本作用具有非常重大的意义。在此基础上，众多的资产也逐渐证券化以提高效率。证券市场的流动性须有足够的资本、投资者及中介机构维持。证券市场自由化带来的低成本为证券市场提供了强有力的竞争，加之证券交易所的非互助化的改革发展，使得证券市场自由化进入更加自由的竞争时代，但也为政府对证券市场的干预提出了新的要求。

---

❶ 刘胜军：“金融自由化理论及发展历程”，载 http://www.baike.baidu.com/view/136556.htm，访问日期：2012 年 9 月 15 日。

❷ 淡儒勇：“金融抑制和金融约束”，载《金融研究》1998 年第 12 期。

❸ 蔡则祥、卞志村：“金融自由化与金融监管趋势”，载《金融与保险》2002 年第 2 期。

第三章　证券业自律管理"公权化"演变的原因

美国作为世界上最大的资本市场，自1933年以后开始实行严格的金融业务分业经营的格局，此后也一直实行严格的银行业、证券业的分业经营、分业管理制度，即被后人所称的著名的"格拉斯·斯蒂格尔墙"❶，到1987年美联储开始授权部分银行有限度地从事证券业务，开启了金融业的混业经营局面。1997年美国更是放松了银行业实行证券业务的比例，将之前的10%提高到25%，从而把证券自由化推向了一个新的高度。而以自由化著称的英国，于1986年发生了震动伦敦证券市场的著名的"大爆炸"事件，之后进行了伦敦证券交易所制度的重大改革，英国金融机构开始走向混业经营，使得英国证券市场的自由化不仅更加深入，同时也促使其证券市场迈向国际化，并引领了证券市场国际化的先锋。❷ 同一时期，欧盟颁布了《第二银行业指令》与《投资服务指令》，将欧洲证券市场引领上全面竞争、金融机构多元化经营之路。在英国及欧洲全能金融机构的日益发展境况下，美国的金融业也开始向海外发展，走向混业经营。1999年11月，美国国会通过了《金融服务现代化法》，废除了"格拉斯·斯蒂格尔墙"。美国1999年《金融服务现代化法》的实施，标志着全球金融市场的混业经营体制已经形成，证券市场自由化迈向了新的台阶。

3. 证券市场自由化与政府监管

金融自由化、证券市场自由化（Liberalization）意指在一个完全自由的市场中，对于资本充足与商业行为不应当有任何的限制。依此，不管是对内还是对外的证券投资均不应该实行交易的限制或管制。故而，在实行证券市场自由化时，就国家监管方面

---

❶ 1933年，美国归回格拉斯与斯蒂格尔两位议员提出，应在美国实行金融业分业经营的机制，且该提法被写入美国《1933年银行法》中。后来人们就将造成金融业分业经营的机制称为"格拉斯·斯蒂格尔墙"。

❷ 于绪刚：《交易所非互助化及其对自律的影响》，北京大学出版社2001年版，第47页。

采取的正确对策应该是监管的放松（Deregulation）❶，而主要由市场自行调节或以自律管理为主，此又被理解为金融的市场化（Marketability）❷。正是在这种证券市场自由化的背景下，证券交易所的非互助化改革蔚然成风，并引发了世界证券交易所公司化改制的潮流，这种交易所公司化改制更是助推了证券市场自由化之风，使得废除政府管制也成为强有力的呼声。

在这种自由化的浪潮中，更有学者认为"政府对交易所的干预是以牺牲市场参与者的利益为代价的"。❸正如美国"二战"后对美元的管制，导致了欧洲美元市场的产生，而英国放松对欧洲美元的管制，使得伦敦成为欧洲美元市场的最大受益者。但是，也有反对者认为，一个自由化的市场更需要监管，自由和规范是相互对应、相互依存的。正如美国证监会第一任主席约瑟夫·肯尼迪曾宣称的：任何有序的社会都需要有计划地经济组织，社会越复杂，就越需要计划，否则，控制社会的方法将杂乱无章和无效，法律之园必将怪树林立。❹

（二）证券市场的电子化、网络化

1. 证券交易电子化系统的确立和发展

在传统的证券交易模式下，实体的、有形的交易所与交易大厅是实现证券交易最重要的场所，这也是证券市场发展最初最直观的交易模式。但是，随着历史进入到20世纪60年代，这种有形的标准化的交易模式由于计算机技术的发展受到了前所未有的挑战和突破。电子计算机率先在发达的证券市场国家中应用并获

---

❶ Meir Kohn: "Financial Institutions and Market", McGraw-Hill, Inc, 1994, at 487.

❷ 王自力：《中国金融市场化与国际化论纲》，中国金融出版社1997年版，第1页。

❸ Ruben Lee: "What is an Exchange? The Automation, Management, and Regulation of Financial Market", Oxford University Press, 1998, at 36.

❹ Joel Seligman: "The Transformation of Wall Street: A History of The Securities and Exchange Commission and Modern Corporate Finance", Revised edition, at 105.

第三章 证券业自律管理"公权化"演变的原因

得了空前的发展。在20世纪60年代以前，美国证券交易的信息主要是通过美国股票交易所和纽约股票交易所的股票行情自动报价体系发布，而地方证券交易所和场外交易市场的实时价格信息和实时成交信息则无从知晓，那时的交易指令通常都是在交易所通过叫价进行的。1964年，计算机首次进入美国纽约证券交易场所。1968年，美国证券商协会（NASD）开发了一种自动报价系统，这就是著名的美国纳斯达克交易系统（National Association of Securities Dealer Automatic Quoting System，NASDAQS），它是一个通过计算机网络进行买卖的电子市场，成为继纽约证券交易所之后的最发达的证券市场，并有后来者居上之势。

  1973年，美国纽约证券交易所市场资料系统实行完全的自动化系统。1977年，英国建成市场间电子交易系统ITS。1997年，英国伦敦证券交易所正式引入电子订单竞价交易方式。1986年，伦敦交易所采用证券交易自动报价系统SEAQ，该电子交易系统融合了竞争性报价和会员指令，专门用于交易流动性较差的股票、备兑权证、另类投资市场股票等。❶ 1977年，加拿大多伦多证券交易所也开始使用自动交易系统CATS。1982年，日本开始引入计算机辅助下的单程自动交易系统CORES。1999年，日本全部证券交易经电子交易系统进行，实现了完全的证券交易电子化改革。而随着证券市场电子交易系统的普及，网上证券经纪业务也迅猛发展起来。这种纯互联网战略形成了较低的成本，使其能够对每笔交易收取低很多的手续费。❷

  中国分别于1990年和1991年成立上海证券交易所和深圳证券交易所后，很快就完成手工作业方式向电子交易形式的转变，并确立了全自动的电子交易系统。经过二十多年的发展，深沪两

---

 ❶ 杨志华：《证券法律制度研究》，中国政法大学出版社1995年版，第3页。
 ❷ 中国证监会网站http://www.csrc.gov.cn/cn/homepage/index.jsp2004.11.28，载《证券时报》2004年6月21日。

地交易所的交易系统不断完善，已实现了从实物交易到电子无纸化交易、从人工竞价到计算机自动撮合、从有形席位到无形席位的巨大转变。目前，中国也已建立了在世界上具有领先水平的高效、安全、快捷的计算机自动交易系统和通信网络。

2. 证券市场的网络化

20 世纪 90 年代初，现代信息技术革命的迅速发展和互联网的日益普及，使得证券的电子化交易方式具有高效、经济的优势，得到世界各国主要证券市场的接纳与认同，并与互联网紧密联系起来，形成了证券市场的网络化，成为当今世界证券市场发展的潮流。如 "NASDAQ 已经将自己的网络与 Internet 连接在一起；芝加哥期货交易所也关闭了其交易大厅，全部采用网络交易方式。未来大部分公司都能在互联网上面向全世界发行它们的股票，进行全天候的交易。电子化证券交易方式对投资者来说，简化了投资过程，因此降低了投资成本；对公司来说，能够在最大的范围内聚集到尽可能多的资金"。❶ 不仅证券交易实现了电子化、网络化，同样网上证券经纪业务也成为一种更普遍的业务方式，网络经纪业务较之传统的证券交易、经纪而言具有更大的优势，增加了证券信息的丰富性和流通效率，提高了资源配置效率。

传统证券表彰着一定的权利，在形式上也总是以一种有形的实物凭证形式存在。而随着电子信息技术的发展，有形的实物证券已向无形化转变。"证明股权关系的股票和债权关系的债券等证券不再是实物凭证，而成了电子符号或数据存在于数据库中。这种没有实物凭证的股权关系和债权关系被储存在电脑中，以电子符号或数据的形式证明发行人和持有人之间的权利义务关系，这样的证券被称为电子证券。"❷

---

❶ 齐爱民、陈文成：《网络金融法》，湖南大学出版社 2002 年版，第 245 页。

❷ 同上书，第 246 页。

证券市场的网络化使得网络化的证券与传统证券最大的区别就在于其存在形式的虚拟化,除此之外,网络化证券的虚拟化还存在有形物理状态下的证券转移交付转变为虚拟化的电子清算和交割方式所代替。投资者对这种网络化证券进行的权利转移等行为,也是通过电脑和互联网络进行的数据交换(EDI),而不再出现将股票等证券由一方手中交付给另一方的手中这样直接明确的转移行为。这种虚拟化的方式虽然不会影响其固有的证券性质,但却存在电子化存储系统中固有的重要的安全性问题。

3. 电子化、网络化对证券市场结构及监管的影响

电子化、网络化证券对证券市场及其结构的影响是深远的。这种影响首先表现为:电子化改变了证券市场的生存基础。拥有宽敞的交易大厅的证券交易所是传统证券市场最显著的特征和标志。宽大、嘈杂的交易大厅是实现纸质证券交易必备的设施和场所。但是,证券电子化后,所有证券交易程序变成各种数据、信息的传输、消化和交换,由此使传统的交易大厅失去了原本重要的意义。在全面实行电子化、网络化证券后,许多交易大厅被关闭。如1990年澳大利亚交易所在全面实行自动交易系统后,关闭了其自己的交易大厅。1998年,德国多伦多交易大厅虽仍存在,但是交易所92%的证券交易转移到了电子交易平台,交易大厅几乎无交易可言。同年,巴黎期货交易所也关闭了自己的交易大厅,电子化交易以不可言喻的优势将喊价交易淘汰出局。❶

而且,电子化、网络化证券直接改变了证券市场的运营方式。在电子化与互联网的模式下,投资者摆脱了对证券经纪商的依赖,投资者无须再通过经纪商的中介行为可以直接进入市场,

---

❶ Henry M. Paulson,"Remarks at the SIA Annual Meeting",Nov. 4,1999. http://www.gs.com/interest/sia99.html. 2012/3/19.

形成了"脱媒现象（disintermediation）",❶ 证券经纪商也失去了其身在交易大厅拥有的信息优势，由此，建立在证券经营中介机构控制体系下的证券市场运作模式受到了极大的挑战，并逐渐削弱。❷

更重要的是，电子化、网络化证券改变了证券市场原本交易相对简单的结构，另类交易市场正是随着证券的电子化应运而生的。另类交易系统既区别于传统的交易所，但又发挥着交易所的功能，形成有别于交易所交易市场的另类交易市场。"另类交易系统"的出现，混淆了传统交易所、场外交易市场（OTC）、经纪商与交易商之间的界限，其既像一个交易所，又包含有传统经纪商和交易商的功能，❸ 由此带来更复杂的监管问题。

除此之外，电子化、网络化的证券形成了新的证券市场的竞争格局。长期以来，传统证券交易所在证券交易服务行业中一直处于垄断的地位，当交易所的建立是在政府主导下生成的，这种垄断地位更是非同一般。而在电子化下的交易市场中，由于其成本的低廉、交易的便捷、电子的无疆界等优势，决定了电子化、网络化下的证券交易系统和市场在与传统证券交易所市场的竞争中更具强大的竞争优势，从而挤占市场份额，容易形成新的垄断局面，带来新的证券监管问题。

（三）证券市场国际化对证券业自律管理的影响

自 20 世纪 80 年代以来，金融业日益成为各主要市场经济国家的重要行业，资本市场在一国经济发展中占据着重要的地位并

---

❶ Domowitz lan: "Liquidity, Transaction Costs and Reintermediation in Electronic Markets", Paper Presented for the Financial E-Commerce Conference of the Federal Bank of New York, 2001.

❷ Craig Pirrong: "Electronic Exchange Are Inevitable and Beneficial", Regulation, Vol. 22, No. 4, 1999.

❸ 于绪纲：《交易所非互助化及其对自律的影响》，北京大学出版社2001年版，第95页。

证券业自律管理"公权化"研究
第三章 证券业自律管理"公权化"演变的原因

发挥着巨大的影响。随着经济一体化的提出和实施,投资国际化的发展,以及信息技术的进步,证券市场的国际化发展成为各国提升其国家竞争力的重要途径。1994年纽约商品交易所对美国商品交易所进行吸收合并,1998年NASD兼并了美国证券交易所,1997年意大利的10家交易所合并重组为"意大利证券交易所",1987年澳大利亚的6家证券交易所合并为现在的"澳大利亚证券交易所",1999年加拿大的4家证券交易所重组合并。❶合并后的交易所减少了国内不必要的竞争,降低了证券交易所的运营成本,形成更强的实力以参与国际证券市场的竞争。

交易所的全球化成为资本市场发展的必然趋势,交易所的跨境结盟与跨境重组给证券市场的国际化发展带来了更深刻的变革。1999年9月,欧共体成员国的伦敦、巴黎、法兰克福、苏黎世、阿姆斯特丹、米兰、马德里与布鲁塞尔等8家证券交易所共同签署了"共同电子互联交易平台"系统的协议。按此协议,欧洲股市操作人员可以在同一台电脑系统平台上,总览8大股市行情,并可以进行8个市场上的股票交易。❷

2000年6月,美国证券交易所与新加坡交易所宣布建立合资企业,上市交易在美国证券交易所上市交易的基金。2006年6月,纽约证券交易所宣布与泛欧证券交易所合并组成纽约—泛欧证券交易所,由来自5个国家的6家货币股权交易所以及6家衍生产品交易所共同组成,上市公司总数约4000家。2007年5月,Nasdaq以37亿美元的价格收购了北欧证券市场OMX公司,联合组建了一个跨大西洋的交易平台,Nasdaq市场延伸到境外,以实现Nasdaq市场全球24小时交易的梦想。在全球电子交易系统的支撑下,实现了证券市场的全球化,为证券市场的国际交易提

---

❶ Ruben Lee:"What is an Exchange? The Automation, Management, and Regulation of Financial Market", Oxford University Press, 1998, at 92~96.

❷ H. M. Paulson:"Remarks at the SIA Annual Meeting", Nov. 4, 1999, Boca Raton, Florida. http://www.gs.com/interest/sia99.html. 2012/3/19.

供了更广阔的空间。

由此可以看出，证券市场的电子化、自由化、全球化的到来，使得投资者可以迅速、低成本地进出任何一个市场，而互联网和电子化的实行打破了会员对传统交易所的有形限制和垄断格局。但是，这种全球化的证券市场在提高一国资本市场的境外竞争力的同时，更带来了超越一国监管的困境，成为各国监管面临的挑战。

第四节 经济监管理念下的自律与他律博弈

如何架构、看待政府监管历来是经济学派关注的焦点问题，不同的经济理念也在很大程度上影响着国家监管体制的不同选择和走向。在金融监管体制中，政府与市场的关系如何、如何确立政府与市场在监管中的地位，历来更是经济学理论重点研究的课题。纵观经济学理论的发展史，以及证券市场监管体制的发展史，可以很清晰地看到每一次经济学理论的革命，都直接影响着金融监管体制的变革。这种看似不谋而合的变化使二者在同一条轨迹上朝着相同的方向运行。

而在资本市场中，证券业自律管理从内生的完全自律管理逐渐演化到政府监管主导下的自律管理的公权化异化状态，除了证券市场本身的因素、自律管理存在的缺陷、世界经济发展的变化等诸多因素外，也与不同时期环境下的经济学监管理念密不可分。

在西方经济学界展开的历时两百多年的激烈争论中，无不围绕着市场是否应被监管、是自由放任抑或是国家干预、是严格规制抑或是放松管制等问题展开，不同思潮迭起、更换所进行的"没有硝烟的战争"也无不彰显着经济学理论对市场经济监管体制发展的重大影响作用。实际上，在整个市场经济的发展历程中，自律或他律的监管体制的演变过程始终体现和贯穿了不同的经济学理念。

一、亚当·斯密的"自由放任监管理念"

(一)"自由放任监管理念"的背景——重商主义的影响

早在 15 世纪西欧资本原始积累时期,商业资本的兴起和发展,促使封建社会自然经济瓦解,资本主义生产方式开始形成和确立,并注重资本的原始积累,此情形下催生了"重商主义"(Mercantilism),"重商主义"主张促进商业发展,开展国际贸易,并实行贸易管制。以英国托马斯·曼为代表的重商主义者在早期的经济学研究中侧重于经济政策的研究,主张政府干预和保护贸易。❶

到了 17 世纪中叶,英国工业革命引发的重大经济变革影响了其他国家乃至世界经济的轨道,由此引发的对市场经济的监管理念也奠定了这一时期的管理体制。❷ 18 世纪中期,英国在取得了资产阶级革命的胜利后,伴随着工业革命的完成,其国内涌现出了大量的产业资本家,面对经济的不断增长,需求更多的资本来源。此时早先重商主义实行的国际贸易、国家干预政策逐渐显现出对资本家在贸易自由、资本投资方面的限制和制约,越来越多的资产阶级不满意这种国家贸易保护主义,开始寻求更自由的发展空间,要求取消一切国家干预政策,实现自由贸易和自由竞争。在此背景下,最具有典型代表意义的亚当·斯密在其著名的论著《国富论》中提出了自由放任监管理念的主张。这一契合时机的理论的提出顺应了当时经济发展的变革要求,并迅速得到了强烈的支持。

(二)"自由放任监管理念"的核心——排除政府干预

自 17 世纪到 19 世纪中叶,亚当·斯密的自由放任监管理念

---

❶ 龙成超:《经济学发展史》,载 http://wenku.baidu.com/view/2712e004a6c30-c2259019e17.html,访问日期:2011 年 10 月 23 日。

❷ 郭徽:《政府监管与行业自律》,中国社会科学出版社 2011 年版,第 6 页。

第三章 证券业自律管理"公权化"演变的原因

占据着主导地位,并深深影响着这一时期各个行业的监管体制。亚当·斯密从市场及市场机制的发展轨迹出发,认为市场是一个自主、自由和自治的市场,没有市场,社会的运转将不可能。❶由于市场的本质或功能是交换,作为社会组织和社会协调的机制,市场成为一个网络而不是一个地点。既然国民财富的增长取决于劳动生产率,劳动生产率取决于分工,分工深度又受市场范围的制约,因此,财富的关键不是领土的大小,而是市场的广狭。也即,一般意义而言,市场的发展、扩大取决于其市场的分工和运行机制,而非国家领土的扩张,领土在市场力量的作用下在经济意义上趋于消失,这就是"经济的非疆域化",❷ 只有当一切交易壁垒消失后,其经济利益才能达到最大。因此,斯密反对一切形式的贸易壁垒。从市场分工与运行机制的角度出发,将社会的组织和协调归结为市场机制的自发作用,将国民福利的增进理解为市场自发扩展的必然结果,"自由放任"自然成为基本的政策取向。

在主张自由放任的市场经济发展理念的同时,亚当·斯密强调国家对市场经济的不干预政策。如亚当·斯密在其经典论著《国富论》中明确指出:"什么种类的国内产业最易于投资?什么种类的国内产业的生产物有最大的价值?关于这个问题,政治家、立法家的判断,绝没有市场主体自身的判断那样准确,因为,个人处在当事人的地位,而政治家知道私人应如何投资营业,其结局不过是加重自身的责任,从而扩大自身的权力。其实,这种权力,绝不能安然委任在任何一人身上,亦不能安全委

---

❶ [英] 亚当·斯密:《国富论》(下卷),郭大力、王亚南译,上海三联书店 2009 年版,第 24 页。

❷ [法] 皮埃尔·罗桑瓦隆:《乌托邦资本主义——市场观念史》,杨祖功、晓宾、杨齐译,社会科学文献出版社 2004 年版,第 108 页。

第三章 证券业自律管理"公权化"演变的原因

于议会或元老院。"❶ 而对于政府监督私人产业、指导私人产业被认为是最不宜于社会利益的。在质疑政府在经济运行中的作用时,斯密认为市场通过其自由的运行即可达到资源的合理配置,因为市场作为一只"看不见的手"可以引导他们对生活必需品作出几乎同土地在平均分配给全体居民的情况下所能作出的一样的分配,从而不知不觉地增进了社会利益,并为不断增多的人口提供生活资源。❷ 斯密认为:市场可以通过其自动调节、自由竞争的运行机制实现社会的整体利益,无须政府的干预。社会的财富来自生产性劳动的使用,政府官员的行为具有非生产性,因而,政府只能保持一个有限的规模。

尽管如此,亚当·斯密仍然认识到了自由市场经济存在的一定弊端。基于人的自利本性可能带来的个人利益和社会利益的某些冲突与失衡,其中,市场自发运动中所产生的最严重的缺陷是"垄断",而垄断的危害不仅在于其阻碍了市场的自发运转,还在于其将导致市场的失败。❸ 但政府决策也可能面临比市场更严重的信息不充分的困境,在市场和政府之间,斯密表现了对政府的更大的不信任。❹ 因此,亚当·斯密极力推崇市场机制这只"看不见的手",反对国家干预经济生活,在经济活动中,国家和政府更应该充当"守夜人"的角色。

(三)"自由放松监管理念"与证券业自律管理

从证券市场的发展历史我们可以看出,由证券经纪商自发生成的纽约、伦敦证券交易所恰恰生成于亚当·斯密提出的"自由

---

❶ [英]亚当·斯密:《国富论》(下卷),郭大力、王亚南译,上海三联书店2009年版,第24页。

❷ [英]亚当·斯密:《道德情操论》,蒋自强、钦北愚、朱钟等译,商务印书馆2003年版,第230页。

❸ 赵峰:"社会何以可能?——再思斯密的市场观念",载《社会学家》2006年第4辑,总第17辑。

❹ [英]亚当·斯密:《国民财富的性质和原因的研究》(下),郭大力、王亚南译,商务印书馆2003年版,第253页。

放任监管理念"时期。从1782年成立纽约证券交易所时起,一直到1929年10月美国发生股市崩盘事件时止,证券市场的萌生和发展初期也一直由证券交易所、证券业协会这些证券业自律管理组织进行自律管理。

就市场分工和运行而言,证券市场作为市场中的重要环节,与市场经济的其他环节构成了斯密经济学中的整体市场经济,因而,斯密的"市场观念"必然也适用、渗透到证券市场的自行运行体制中。

从证券业自律管理的发展成因上看,此一阶段的证券市场之所以基本实行的是证券业自律管理体制,有其证券市场自身发展的规律及证券业自律管理的诸多优势的因素,但也不可否认,证券市场作为市场经济中重要的资本运行市场,其市场运行的机制确实与亚当·斯密所倡导的市场"自由放任的监管理念"有着内在的、必然的联系,或者可以说,此一时期证券市场采取的行业自律管理体制本身就是受了亚当·斯密提出的"自由放任监管理念"的影响所采取的自律管理的结果。

二、凯恩斯的"国家干预监管理念"

(一)"大萧条"下的凯恩斯"国家干预理念"

到了20世纪30年代,大萧条事件的爆发终结了自由放任监管理念的神话。正如亚当·斯密在阐述其市场观念时所提到的那样,市场本身也存在一定的缺陷,并会发生垄断或不正当竞争的问题。而恰恰市场自由运行中这些缺陷被现实中自利的商人主体不断尝试并逐步使这种虚假的、甚至是欺诈行为不断发酵,从而导致了1929年美国资本市场的股市崩盘事件,并进而导致其金融、经济发展的停滞和萧条。1929年这场空前规模的世界经济危机爆发后,资本主义经济陷入长期的萧条状态。

第一次世界大战之前,国家垄断资本主义开始出现。大萧条和国家垄断资本的出现引发了对传统自由的经济理论的质疑。人们开始反思亚当·斯密的自由放任监管理念,并开始进行对其进行批判。面对着迅速发展的国家垄断资本主义,统治阶级和统治集团开始反对自由放任主义,主张国家干预主义,运用"一只看得见的手"维护国家垄断资本主义。其中最主要的代表人物是约翰·梅纳德·凯恩斯。凯恩斯经济学理论正是在这样一种符合统治阶级和统治集团的愿望之下诞生的,它既是大萧条的直接产物,也是国家垄断资本主义的必然产物。

(二)"国家干预理念"的核心思想——政府监管的扩张和加强

凯恩斯于1936年发表了著名经典著作《就业、利息与货币通论》,引发了经济学说史上的第三次革命,构成了现代宏观经济学的基础。凯恩斯认为市场自动调节的机制无法发挥有效作用。政策上,凯恩斯反对"自由放任"和"无为而治"的传统做法,主张国家通过财政政策和货币政策对经济生活进行积极干预和调节。❶

凯恩斯抨击"自由放任主义"的立论基础及其病垢,认为私人利益与社会利益一定相互一致这一点并无根据。❷ 他主张应放弃经济自由主义,实行国家的全面干预原则。而国家的干预即是指扩大政府职能,主张要依靠国家的干预来刺激"有效需求",以保证整个社会充分就业状况的实现,并强调国家在宏观经济政策中的稳定作用。

在20世纪30年代凯恩斯提出以"有效需求"为核心的政府干预市场宏观经济学说之后至20世纪60年代末,"干预主义"受到了经济学界的追捧,其放弃经济自由主义、实行国家干预的理论彻底推翻了国家对市场经济担当"守夜人"监管的角色,

---

❶ [英]约翰·梅纳德·凯恩斯:《就业、利息与货币通论》,高鸿业译,商务印书馆2009年版,第38页。

❷ [英]约翰·梅纳德·凯恩斯:《放任主义的终局》,蔡受白译,商务印书馆2009年版,第236页。

政府开始对市场经济实行全面干预。这一现象被誉为西方国家市场监管历史上的第二次重大变革，即所称的"凯恩斯革命"。至此之后20多年的经济发展史中，凯恩斯的政府干预主义一直占据着绝对的主导地位，并成为国家干预经济的重要理论依据。

（三）"政府干预理论"对行业自律管理体制的重大影响

自1929年10月美国发生证券史上著名的股市崩盘事件后，人们开始对此前一直实行的证券业行业自律管理体制提出质疑，并对证券交易所在自律管理中的放松管理体制提出批评。1932年，美国富兰克林·罗斯福总统开始推行新政，进行了一系列的改革措施，其中一项就是推行对证券市场的政府监管介入。1934年美国制定的《证券交易法》中设立了全美证券监督管理机构SEC，并赋予SEC对证券市场、证券交易所的监管权限，如交易所制定的交易规定等自律管理规则需经过SEC的许可方具有实施、执行的效力，交易所及其会员均需进行SEC的注册、许可，SEC对证券市场的准入制度，尤其是信息披露制度等方面作了强制性的规定和要求。至此，在证券市场的历史发展长河中，开启了国家政府干预监管证券市场的先河，证券市场的监管不再完全实行证券业自律管理体制，而开始实行政府干预监管与行业自律管理相结合的监管模式，随后此一证券监管模式即得到世界各国的效仿。

20世纪30年代美国罗斯福总统推行的新政中对证券市场实行的政府干预政策与此一时期凯恩斯提出的"国家干预主义"正相契合。罗斯福新政中提出的政府对证券市场的干预和监管也正是凯恩斯的"政府干预理论"的核心内容。纵然一个制度的演化和变革有其众多内在、外在的因素，但是一个契合时机的新的理论的提出无疑是其中最重要的因素。而被奉为西方国家监管历史上的第二次变革——"凯恩斯革命"——所主张的政府干预理论，实际上即是当时美国政府实行经济干预的重要理论依据。而正是在此"政府干预主义"理论的主张支撑下，政府干预经济成为一种正当的行为和必然结果。在这种"政府干预"的理念中，政府开始进入到金融、证券市场领域，在金融、证券监管体系中确立其监管者的地位，逐步打破原证券业行业自律管理体制，并逐渐成为日益重要的监管者。

三、弗里德曼的"新自由主义"理论

（一）"新自由主义"理论与"政府干预主义"之间的论战

20世纪60年代末，西方国家经济发展又出现了"膨胀""萧条"的周期性的危机。到了70年代，"滞涨"的危机又一次波及所有发达资本主义国家。凯恩斯的"政府干预主义"在经过了短期的有效监管后，在实践中也开始暴露出政府作为市场监管主体所隐含的各种弊端，如低效率、僵化、腐败、政策短见等问题。对此，人们又开始重新审视凯恩斯的政府干预政策，并对此提出质疑。在这场质疑与反质疑的争论中，原来被放弃的"自由放任监管主义"重新被提及。

作为最彻底、最有代表性的新自由主义经济学家代表，著名的经济学家哈耶克的新自由主义理论观点是其他所有新自由主义者的主要思想来源，其是坚定的反凯恩斯主义、反国家干预主义者。他认为用国家干预代替市场作用，其结果不仅是效率的损失、个人"积极性"的受挫、资源配置的失调，而且最后会走向"极权主义统治"。[1] 并认为自发出现的市场经济秩序，是社会经济自发进化过程的最新进展，是迄今为止人类社会出现过的最有效率的一种经济结构体系。[2] 而政府人为的管理行为会阻碍这种来自于市场的自由竞争。他认为不断发生的经济危机证明正

---

[1] 傅琪："新自由主义经济学概述"，载http://www.caogen.com/blog/infor_detail/314，访问日期：2013年1月31日。

[2] 王瑞："浅谈哈耶克新经济自由主义研究"，载http://：//www.studa.net/jingjililun/091109/152，访问日期：2011年11月9日。

第三章 证券业自律管理"公权化"演变的原因

是政府人为地创造需求干预所带来的恶果。❶ 因而,坚定反对政府的干预而坚持自由放任的经济原则。

20世纪60年代以美国经济学家米尔顿·弗里德曼为代表的现代货币主义者亦发起了对"凯恩斯革命"的反革命。弗里德曼在其《资本主义与自由》一书中写道:政府的措施构成了美国经济增长的主要障碍。❷ 其强烈地质疑政府过度干预经济的弊端,认为政府所被赋予的管理市场的职能实际上是在用强制性的手段取代了市场主体间的自愿合作。其权力的滥用、僵化的价格管理体制等阻碍了经济的稳定增长,因而,迫切需要的是减少而不是增加政府的干预。❸

继弗里德曼之后,无论是随后出现的"理性预期"理论,还是"监管失效"理论,均对政府监管的动因及其效果提出了强烈的质疑,认为政府通过政治手段给予利益集团需要的监管政策,才是政府监管的潜在用途。❹ 提出政府对市场的干预不仅不会促进经济的发展,反而会因其监管的失效限制市场经济的自我调节和完善。❺

但是,在新自由主义强调市场自由反对政府干预的同时,仍有学者针锋相对地对新自由主义进行反驳。如著名的经济学家保罗萨缪尔森指出,自由市场在提供公共物品时存在不足,因为公共物品具有非排他性,故在公共物品的市场供需方面存在市场失灵的现象。而基于该市场的失灵及市场自身的负外部性和垄断

---

❶ [英]哈耶克:《通往奴役之路》,王明毅、冯兴元、马雪芹译,中国社会科学出版社1997年版,第92页。
❷ [美]米尔顿·弗里德曼:《资本主义与自由》,张瑞玉译,商务印书馆2009年版,第43页。
❸ 同上书,第44页。
❹ George J. Stigler, "The Theory of Economic Regulation", Bell Journal of Economic, 1971 (1) 3~21.
❺ [美]保罗·萨缪尔森、威廉·诺德豪斯:《经济学》,萧琛译,人民邮电出版社2009年版,第32~33页。

第三章　证券业自律管理"公权化"演变的原因

性，须由政府取代自由市场的决策而由政府进行监管和干预。❶且市场系统存在严重的不平衡、不均等现象，行业之间缺乏协调，加之市场通货膨胀等问题，并不能由市场自行解决，而如果政府不进行干预、调整，这些严重的问题是不可能解决的。❷因此，政府的干预是必要的，而与原凯恩斯主义不同的是，萨缪尔森并不主张政府对市场的全面、完全干预，提出了政府的适度干预原则。

自20世纪70年代至90年代初，新自由主义与后凯恩斯主义的争论针锋相对、持续不断。实践中，由于自由市场本身的局限性，新自由主义虽然在理论上具有一定的说服力，但是国家适度干预的理论却深入人心并成为被广泛接纳的"新思想"。

（二）"新自由主义"时期的政府金融监管干预的延续

在20世纪70年代至90年代新自由主义与后凯恩斯主义展开论战的同时，随着证券市场的发展，政府监管与行业自律管理也在不断地调整，自律和他律的博弈也恰好印证了这一理论在证券市场监管体制中的反映。

20世纪30年代，为应付世界经济危机，加之当时凯恩斯主义国家干预理念的影响，各国政府介入证券市场监管，金融业开始实行分业经营、分业管理的格局。60年代末，电子技术开始在证券交易系统中应用，90年代在全球证券市场中已实现了电子证券、网络证券，各国的交易所均采用了电子自动交易系统。同时，电子通信和网络技术在金融市场的应用和发展，也为扩大本国金融业的国际竞争力提供了机遇。这种混业的、全能型的金融机构的出现以及证券电子化、网络化和由此产生的证券市场国际化所带来的对国家金融业竞争力加强的需求，对传统的金融市

---

❶ [美] 保罗·萨缪尔森、威廉·诺德豪斯：《经济学》，萧琛译，人民邮电出版社2009年版，第32～33页。

❷ [美] 约翰·加尔布雷恩：《经济学与公共目标》，蔡受百译，商务印书馆1980年版，第209页。

场监管体制提出了巨大的挑战。

在这种背景下,各国开始调整其证券市场监管制度,并逐步放松对金融的管制。如美国1996年制定了《证券促进法》,放松了对证券发行与交易的监管,取消了州监管机构对投资公司的管辖,而赋予证券交易所更大的立法与执行权力。美国1996年《证券促进法》规定各州监管机构仅限于监管不在证交会注册的较小的投资顾问公司,取消了州监管机构对经纪交易商融资的立法限制等。1999年美国颁布的《金融服务现代化法》更进一步改革了美国金融监管体制,从原来的机构监管变革为以功能监管为基础的证券监管模式,以解决混业经营模式下的金融多重监管弊端。

尽管美国对证券市场开始实行放松监管的理念,无论是采用新的监管模式,还是调整新的监管机构,变革的监管体制都旨在实现对监管对象更加及时和灵活的监管。变革后的美国金融监管体制虽然也对其证券业自律管理体制进行改革,并赋予交易所更大的自律管理权限,但是从总体上看,其核心的内容依然是在不断扩大政府的监管范围。政府干预、监管证券市场的根本不仅没有削弱,反而在逐渐加强。

20世纪70年代到90年代美国证券市场监管体制的放松监管与政府加强监管之间的不断调整、变革的境况,实际上也反映了这一时期新自由主义经济理念与政府干预经济理念彼此不断斗争、相互抗辩的境况。但是,历史却一直沿着政府干预理念的轨迹,并不断走在政府加强市场监管的道路上。

四、斯蒂格利茨的"新凯恩斯主义"

(一)信息时代下政府干预的加强

20世纪90年代,随着互联网的全球普及,社会进入到信息时代,人们对信息之于市场经济影响的重要性有了普遍的共识。而此时西方国家的经济再度停滞并开始出现衰退的迹象,社会冲

第三章 证券业自律管理"公权化"演变的原因

突加剧,政局动荡。由此,人们开始对前期经济理论中的新自由主义进行批评,政府监管再度得到关注。

在信息化时代,市场信息存在严重的不对称、不完整的问题,而金融市场中即使只是很小一部分的信息不完整,也会在很大程度上提升垄断的力量,破坏均衡竞争,且在市场信息不完整的情况下,金融外部性(pecuniary externalities)问题显得很重要。对此,著名诺贝尔奖获得者乔治·阿克尔洛夫、迈克尔·斯宾斯、约瑟夫斯·斯蒂格利茨以市场信息不对称理论为基础,形成了现代信息经济学理论。该理论认为,信息的不对称性可以导致市场上的逆向选择,在这种状态下,知情的经济行为人通过采取可观察但代价高昂的措施向不知情的经济行为人发布关于他们私人信息的信号,从而增加自己的市场成果。❶

正是基于对市场非对称信息所导致的风险、逆向选择和道德风险的判断,斯蒂格利茨强调适度的政府干预的必要性。斯蒂格利茨在《政府的经济角色》一文中指出,信息不完全问题既遍及私人部门又遍及公共部门,因此,我们在承认政府干预经济、克服市场失灵的积极作用的同时,也应看到政府干预的不足之处和公共失灵现象。但"总的来说,政府所做的不优于市场的观点是明显错误的,正如分散化的基本定理所标示的那样——如果没有政府干预,就不能实现有效的市场配置"。❷并且如果没有政府的帮助,许多国家的经济似乎已经达到极限,直到政府实行"新政",进行干预。政府在多数国家的经济发展中担负着极其重要的作用。❸而2007年由美国爆发的金融风暴再次将加强政府

---

❶ 唐久红、唐岳驹:"阿克尔洛夫、斯彭斯和斯蒂格利茨的微观信息经济学理论及其应用",载《国外社会科学》2002年第6期。

❷ [美]约瑟夫·E.斯蒂格利茨:《政府为什么干预经济》,郑秉文译,中国物资出版社1998年版,第59~68页。

❸ [美]约瑟夫·E.斯蒂格利茨:"政府失灵与市场失灵:经济发展战略的两难选择",吴先明译,载《社会科学战线》1998年第2期,第2页。

监管推上了前所未有的高度，并成为各国金融监管体制改革中的首要选择。

（二）美国"次贷危机"后的政府监管

2007年美国次贷危机的爆发除给美国金融业带来巨大创伤外，也席卷了世界其他国家一些主要的金融市场，并引起了世界其他各国经济的衰退。此次金融危机所不断暴露出来的交易所自律管理以及资信评估机构中的虚假行为等金融业、证券业监管体制的缺陷，使人们对证券业、金融业的行业自律管理产生了更大的质疑，加深了对政府之于金融行业监管失效的不满。为此，各国纷纷提出重塑政府监管与行业自律管理体制，并无一例外地达成了政府对市场监管加强的共识。

在美国新架构的金融监管框架中，无论是对金融业行业自律管理机构的重构，建立了统一的金融业自律管理组织FINRA，还是在金融业混业经营下将金融业监管的统一权限赋予美联储统一监管框架下的金融功能监管模式，都无不彰显了政府对金融监管干预的决心和力度。而在这种决心下，国家虽未取消金融业、证券业自律管理体制，但是其自律管理的权限却进一步缩小。不仅如此，由于政府监管的加强，使得行业自律管理在一定程度上受制于政府的监管，甚或是演变为政府监管的工具，使得行业自律异化演变成具有公权化特性；这种现象更进一步加剧了金融业、证券业监管体制的不平衡性。

在金融危机面前，如何调整和重新架构监管体制，不仅是政府自身正在努力寻求的解决之道，也是经济学家努力寻求的新出路。针对市场失灵或政府失灵所产生的各种危机、困境，首当其冲的恰恰是各学者依其智慧提出的致力于解决危机的新思想、新理念。这些理念引导着市场与国家不断变革、调整其监管的方向或具体的措施。而2007年金融危机之后，美国对其金融监管体制所做的改革正是这一经济学理念的反映。

第四章 证券业自律管理"公权化"路径依赖的分析

第一节 金融制度变迁的路径依赖原因

一、制度惯性：路径依赖

通常，一个共同体共享的基本价值系统及其规则是相对稳定的，这有利于较为稳定的制度演化。毕竟，一项新制度的形成需要人们付出学习的成本和不断纠错的成本，并可能导致制度转型期过程中的协调不良。因而，这也常常成为固守传统的一个顽固理由。新规则因此无法在自愿遵循方面达到一个临界多数，从而不足以在共同体中得到普遍的认可。且对新规则的认可还常常因担心这些创新的规则会颠覆原有的规则并且与其他现有规则产生冲突而被阻碍。故而，人们在社会的变迁中常常在新的环境面前固守早已熟悉的原有规则，或将其适当调整以使自己适应于新老制度之间复杂的互动关系。❶ 也即，在制度变迁中制度系统会在相当程度上存在惯性和顺从性。正如一旦人们做了某种选择，惯性的力量会使这一选择不断自我强化，并不易改变。人们过去作出的选择决定了他们现在及未来可能的选择。

在西方经济学各种经典的理论中，经济学家用不同的视角、方法论证了经济发展的规律和变化。而对一国经济发展产生影响

---

❶ ［德］柯武刚、史漫飞：《制度经济学——社会秩序与公共政策》，韩朝华译，商务印书馆2004年版，第476页。

的还有一个重要的因素，那就是其本国一贯的制度选择。早在20世纪70年代，英国著名学者李约瑟在其传世巨著《中国古代的科技与文明》一书中提出，为什么拥有当时四大发明先进技术的古代中国即使在14世纪就已具备了西方国家工业化革命所需的条件时，不仅没有进行工业化革命反而在近代的经济发展中逐渐衰败？而有着大体相同历史的国家其经济增长却得到大力发展？❶除却众多的因素以外，经济发展顶背的国家所遵行的不同的制度轨迹也是一个主要原因。

美国著名经济学家诺贝尔奖获得者诺斯在其《经济史中的结构与变迁》这部专著中，将制度因素引入到经济学的研究中，并认为其在经济发展、增长中具有不可忽视的作用，由此形成著名的"制度变迁路径依赖理论"。根据诺斯的基本观点，所有制度都是状态依存的结果，路径依赖有两种表现方式：自我强化和锁定。一项制度，无论是偶然的好处还是刻意选择，一旦形成，则惯性的力量会使之迅速自我强化，并不断得到支撑或维护，并在此基础上沿着既有的路径演进，甚至导致制度路径被锁定（lock in），即使其后更优的制度也很难对之进行取代。❷也即路径选择有两种结果：一是进入良性循环的轨道并迅速优化；二是滑入错误路径，甚至被"锁定"在某种无效率的状态之下。而一旦进入了"锁定"状态，要想脱身而出就变得十分困难，除非依靠外部强大的力量予以推动。❸

---

❶ ［美］道格拉斯·C.诺斯："制度变迁与路径依赖"，载http://www.hnzbcg.org.cn/hk/ShowArticle.asp?ArticleID=15252.访问日期：2012年10月28日。

❷ ［美］道格拉斯·C.诺斯：《经济史中的结构与变迁》，陈郁等译，上海人民出版社2003年版，第79页。

❸ 刘和旺："诺斯制度变迁的路径依赖理论新发展"，载《经济评论》2006年第2期。

二、制度变迁"路径依赖"的重要因素

有两个重要的因素成为制度变迁路径依赖中的主要原因——文化和政治。文化累积过程中形成的价值观、理念、信念、知识等文化存量决定了不同制度的选择路径。除此之外，政治制度、组织和利益集团力量对比等政治因素也是不同制度路径选择的重要因素。"经济变革的难度受政治市场性质的影响"，不同利益集团的政见、既得利益和相互依赖关系使其会竭力维护现行的制度，阻挠制度变迁，正因为如此，重大的制度变迁就发生在"大危机"时期，因为危机极大地削弱了利益集团维持现状的能力。[1] 因此，制度的路径选择与其文化传统、政治体制的经验以及现行的权力关系、政治斗争乃至国家行为的约束有着密切的关系。

依照诺斯的"制度变迁路径依赖理论"的观点，制度变迁中存在着路径的"惯性"和自我强化的特征与机制，这种机制使得制度变迁基本朝着其既定的方向发展并从中自我强化，系统的外部性在对制度变迁产生影响的同时，其制度本身也具备自我修正和自我强化的功能，当某一制度变迁进入了"锁定"状态时，要想改变就变得十分困难，除非依靠外部强大的力量予以推动。路径依赖体现了制度变迁的历史性特征。[2] 这一路径依赖特征随着美国1929年后证券业自律管理的发展而得以验证。当政府介入市场监管体制后，证券业行业自律管理并没有被取消，不仅如此，1933年以后的很长一段时间里，政府也只是部分介入到证券监管的范围，交易所的自律管理依然选择保留。而即使是2007年爆发的波及全球的美国金融风暴下的金融监管制度的改

---

[1] [美]道格拉斯·C. 诺斯：《制度变迁理论纲要》，上海人民出版社1995年版，第1~9页。

[2] [美]道格拉斯·C. 诺斯："制度变迁与路径依赖"，载 http://www.hnzbcg.org.cn/hk/ShowArticle.asp?ArticleID=15252，访问日期：2012年10月25日。

革中，行业自律管理制度依然是金融监管制度中不可缺少的组成部分。

第二节　美国证券业自律管理"公权化"演变中的路径依赖

在诺斯的"路径依赖"理论中，影响制度变迁的一个原因是文化积累和存量。也即文化的价值观、理念和知识使得制度的制定者和受控者在过去作出的制度选择影响或决定了其现在可能的选择。就美国而言，尽管在金融监管体制中国家不断强化其在金融领域中的监管深度和广度，并使得证券业自律管理逐渐弱化，呈现出"公权化"的趋势。但有着渊源历史的证券业自律管理体制却依然是金融监管体制中不可或缺的组成部分，并在与政府监管的博弈中坚守其固有的"阵地"。这种金融监管体制的模式选择和发展轨迹，在斯诺的"路径依赖"理论中有其合理的解释。

一、"自由主义"文化的深远影响

随着17、18世纪一系列资产阶级革命在欧美各主要国家的胜利，并依据社会契约理论，建立了代议制民主政体后，契约自由原则便成为经济自由、人民权利得以维护的基石，在代议制政府中，捍卫契约自由是政府的天职。❶ 虽然美国是政府主导型的监管体制，但是美国证券业自律监管的历史就像联邦政府一样悠久。美国证券交易所开始建立恰逢亚当·斯密古典自由主义理论诞生。亚当·斯密《国富论》中的著名的"看不见的手"理论，倡导政府对经济采取自由放任的态度，被动担当"守夜人"的

---

❶ 彭亚："解析'契约自由'"，载《人大法律评论》2000年第2辑，第378页。

观点成为美国国家当时在经济中奉行的主要理念。而1929年以前，美国证券市场也一直遵循证券交易所的自律管理，可以说，此时近两个世纪的美国证券业自律管理制度正是这个"看不见的手"的理念的充分展示和印证。

面对1934年美国《证券交易法》所宣告的美国证券监管委员会SEC干预和监管证券市场，并对证券业自律管理组织予以监管，在自由经济主义背景下产生的以纽约证券交易所为代表的华尔街的证券经纪商对此都激烈反对，坚决抵制政府对证券市场的干预管理。其认为政府的管制只会是残暴的、报复性的，并且最终将导致毁灭性的结局。❶ 最终政府"有形之手"成功地成为证券监管体制中的组成部分，并随着之后每一次金融危机的爆发，政府监管的程度也在不断加强。

但是，历经几个世纪的金融监管制度的改革，奉行自由经济、实施自我管理，已内化和积淀为一种知识、文化、价值观念和共同信念，进入并统治着纽约证券交易所等华尔街市场主体的意识、思维和认知。这种意识、认知、思维、信念与美国浓厚的自治文化和精神一脉相承，是社会自治文化的传统熏陶和渗透的结果。❷ 保障证券市场的自由、开放始终是美国政府及证券交易所等自律管理组织共有的认识。政府在不断强化其对证券、金融领域的监管力度时，也时刻注意其对市场自由的保护和维持，这与根植于美国社会所追求的自由的、独立的、平等的精神和文化价值观息息相关。可以说，这种自由、自治精神和信念的文化力量历来是美国证券业实行自律管理制度路径依赖的重要的理由。

---

❶ [美]乔尔·塞利格曼：《华尔街变迁史——证券交易委员会及现代公司融资制度的演化进展》，田风辉译，经济科学出版社2004年版，第75页。

❷ [美]托克维尔：《论美国的民主》，董果良译，商务印书馆1997年版，第213页。

二、政治力量的"妥协"

而造成美国现行金融监管制度变迁中路径依赖的另一个原因则是其政治的妥协。在每一项制度的变迁中,如何选择制度的更替,政治利益集团的力量不容忽视,甚至有时其会成为制度变迁中最主要的路径依赖根据。

美国1933年前后的证券市场监管体制的变革充分证明了制度变迁路径依赖中的政治因素的重大影响力。以华尔街为代表的美国证券业自律管理组织在百余年的证券发展进程中,拥有了丰富的自律管理能力,同时也拥有了影响美国经济政策制定的经济集团力量,以使其有相当的能力抗衡外部力量的变革。因而在面对1933年罗斯福推行的政府监管证券市场的新政时,美国证券业自律管理组织采取了激烈的对抗态度,反对政府对证券市场的监管介入。面对纽约证券交易所及其所代表的华尔街的那些证券经营者保守派们的反抗,以罗斯福为代表的改革派力排众议,不遗余力地在华尔街推行新政和改革,而其中"驯服纽约证券交易所"是改革的重要任务之一,[1]并最终取得了胜利,确立了SEC对证券市场的干预。

美国1933年前后证券监管体制的改革、变化即是在现有制度共生的组织和利益集团与外部力量的较量和博弈。这种博弈的导火索即是由1929年股市崩盘的重大事件所引发的,而正是这一重大事件所暴露出来的证券业自律管理中的缺陷严重削弱了现有利益集团的博弈力量,从而使现有的完全的行业自律管理体制得到了瓦解。

但是,原有制度的力量和惯性无法使其彻底消失,对此,政府的改革派也明确地认为如果政府试图采取更加广泛而直接的监

---

[1] Ernest E. Badway, Jonathan M. Busch: "Ending Securities Industry Self-Regullation as We Know", Rutgers Law Review, Summer, 1352~1354 (2005).

管与控制,那么,政府监管就会面临崩溃的危险,而且上述监管被证明是无效的。由此,美国证券市场确立了政府监管与行业自律管理相结合的监管体制。

实际上,在每一次金融危机爆发后的一定时期内,政府都在加大其监管力度,但随着市场的好转,政府又开始放松管制,而更多地由自律管理组织行使自律管理权。政府监管与行业自律管理总是在市场的动荡和平稳发展中进行着力量的博弈。但始终在金融监管制度中,行业自律管理制度保持着其固有的地位。就美国证券市场而言,在某种意义上,行业自律管理仍然起着主导的作用。这种政府监管与行业自律管理相并存的体制,"与其说是一种逻辑推理,不如说它是一种政治的妥协"。❶

三、市民社会与第三部门的建立

17、18世纪后,伴随着资产阶级和民主政治的兴起,相对应于国家社会的市民社会再度兴起并形成了全新的市民社会理论。黑格尔认为:市民社会就是各个成员作为独立的单个人的联合,这种普遍行使的联合是通过成员的需要,通过保障人身和财产的法律制度,通过维护他们特殊利益和公共利益的外部秩序而建立起来的。❷ 依照黑格尔理论,市民社会是私人需要的体系,在市民社会中,国家的存在是为了维护个体的天赋权利,个人权利具有的不可取消性构成了国家权威及其权力的限度。市民社会在自由主义思潮的影响下也充分体现了自由主义的精神。

市民社会是伴随着市场经济和宪政民主政体的发展相伴确立起来的,主要表现为在"国家"控制之外的民间领域,包括民

---

❶ Marianne K. Smythe: "Government Suppervised Self-Regulation in the Securities Industry and the Antitrust Laws: Suggestions for an Accommodation", North Carolina Law Review, March, 482~482 (1984).

❷ [德]黑格尔:《法哲学原理》,范扬、张企泰译,商务印书馆1995年版,第174页。

间组合、民间社团、社区自治、教会等形式。由公民个人自主行为或自由公民的合作行为表现的民间的社会组织的集合体,体现了市场经济、民主政治、公民个人自由中个人主义、多元主义、公共性和开放性、参与性和法治的原则。❶ 这种独立于国家的透过市场这一具有高度自律性的体系来表现的市民社会强调其独立性价值和自治精神,市民社会这种自治精神也为西方国家自律管理组织的发展提供了理论基础,市民社会的发达造就了高度发达的自律管理组织。

在这种市民社会理论的支持下,西方资本主义国家市场经济中第三部门的建设得到了发展,并享有充分的独立、自治的权利。起源于自由资本主义经济时代的市民社会和第三部门贯穿了民主、平等、自由的理念。市民社会本质上是一种自主性的社会领域,强调行业协会等社会组织是构成市民社会结构要素中不可或缺的组成部分是市民社会的主体。市民社会的一个重要意旨在于确认保障私有领域的自由,阻却政府的过度干预。❷ 在市民社会体系中,第三部门的行业协会占据了重要的地位,实现了相对自治的发展态势。❸

在市场经济发达的美国,市民社会的建立也充分体现了其市场经济、民主政治中的自由、民主、独立、平等的理念。美国拥有世界上最发达的证券市场、最健全的证券法制和最悠久的市场主导型自律监管传统,同样,作为市民社会重要组成部分的证券业自律管理组织也从其建立时起即体现了自治的精神。尽管随着社会的发展,政府对金融市场的监管不断加强,但按照诺斯的路径依赖理论,这种根植于市民社会的自由、私权保护、反对政府

---

❶ 何增科主编:《公民社会与第三部门》,社会科学文献出版社2000年版,第4~5页。

❷ 邓正来:"国家与社会——回顾中国市民社会研究",载张静主编:《国家与社会》,浙江人民出版社1998年版,第280页。

❸ 鲁篱:《行业协会,经济自治权研究》,法律出版社2003年版,第13页。

过度干预的思想也成为证券业自律管理制度在金融监管制度的不断变迁中能够得以保持并不断自我完善、加强的路径发展的根源。

第三节 中国证券业自律管理"公权化"变迁中的路径依赖

自1949年新中国成立时起至20世纪90年代初，在"大一统"的金融体系下，中国基本采取的是高度集中的计划管理体制下的金融管制模式，这种模式呈现出以下特征：（1）强制性。中国金融监管制度的变迁一直是由中央政府主导，延续自上而下的政府强制性变革和强制性监管行为，而非自下而上的自发的诱致性行为，中国历来采取政府供给性的制度变迁方式。（2）滞后性。中国金融监管制度落后于微观金融市场的变化和监管需求，难以及时作出监管调整。（3）渐进性。中国金融监管制度的变革始终采取"循序渐进"的改革模式，在这种金融监管模式下，按照诺斯路径依赖理论，证券业自律管理"公权化"的路径选择也呈现出其必然性。

一、集权主义、官本位文化——公权力的崇拜

（一）集权主义、官本位的本质

我国长期封建专制主义社会的发展以及自给自足的经济体制导致了中国市民社会的缺失。政治方面，长期封建专制的压迫，过分强调君权，提倡服从，弱化了个人的独立，形成了以义务为本位的公法文化；经济方面，我国长期的自给自足的自然经济使得商业的发展长期受到抑制，商事领域中的行业自治也无从体现。在几千年的历史进程中，产生于封建社会严格等级观念中的中国形成其传统的以仁、义、礼、智、信、忠、孝等为核心的文化价值观。在儒家思想的引导下，个人意志和利益须服从于集体利益、社会利益和国家利益。个体的特性应掩盖在共性之中。在

中庸思想的熏陶下，以维护皇权、神权、父权为中心的严酷等级秩序的"礼"的基本范式成为传统文化价值观，成为制度制定者和受制者的心智模式。❶ 这种中庸的、忽视个体利益和特性、注重国家和集体本位的思想及价值观一直延续繁衍在一代又一代人中。由于缺乏商业经济发展的土壤，因而，中国的传统文化严重缺乏平等和自由的观念。不仅如此，长期以来封建社会等级制的理论，在社会中崇尚权贵、宣扬个人崇拜，特权主义、高度集权主义成为传统的、根深蒂固的文化认知和思想。

这一思想最典型的表现就是官本位主义文化中对公权力的崇拜。官本位最初作为一种官僚系统的制度安排，后来演变成一种思想意识和价值取向，逐渐发展、完善和沉淀下来，最后成为一种思想意识而深入人心并得以世代传承，任凭法律制度的强制性变迁也无法在短时间内改变。在这种思想意识中，人生价值的评判通过做官来体现。官本位的本质是权力本位，权力至上，形成的是以政治权力为中心，追求乃至崇拜权力的社会心理和社会文化。❷

从文化承继的角度来看，官本位的思想意识仍是中国传统文化在当代的延续，并表现出很强的路径依赖，形成了一种难以改变的传统。正如费孝通先生所言："文化本来就是传统，不论哪一个社会，绝不会没有传统的。"❸

（二）集权主义、官本位对证券业自律管理的影响

在诺斯的"制度变迁路径依赖理论"中，文化积累和存量是影响制度变迁的主要原因。从路径依赖的角度看，这种官本位、集权思想所形成的文化及其价值观深刻影响着中国金融监管

---

❶ 赵玉华："中国传统文化及其价值观的总体特征解析"，载《山东大学学报（哲学社会科学版）》2000年第1期。

❷ 章道明等："官本位的成因及其消除对策"，载《中国井冈山干部学院学报》2010年第6期。

❸ 费孝通：《乡土中国 生育制度 乡土重建》，商务印书馆2011年版，第53页。

制度的变迁路径。而对于制度变迁的制定者而言，其所持的制度理念、文化认知和思维信念也在一定程度上影响着制度的选择。

这种特权主义、集权主义文化在证券市场中体现为突出的政治色彩，这从中国证券市场的建立和发展历程上来看已充分得到了证实。虽然，我们用较短的时间走过了西方证券市场上百年的交易所发展之路，"避免了一场人、财、物的巨大浪费，也避免了一场分散的市场割据和竞争的局面"，❶但是其代价必然是自律精神的缺失。自律精神是一种源于主体内部的自发与自觉，是历史过程的产物，是文化发展的凝结，不可能由外界强行推行。如果没有这种自律精神，证券交易所就失去了一种内在的改革创新机制，也就缺少了一种自我规范、自我发展的约束机制。

在证券市场自律方面，由于拜官教、拜权教在人们思想意识中的根深蒂固，各种自律组织的独立、自治精神难以实现。证券交易所、证券业协会主要人员的政府任命即是官本位的一种体现。2012年8月13日中国证券业协会发布的《中国证券业协会自律管理措施和纪律处分实施办法》第34条规定，对协会特别会员实施的惩戒措施，由协会另行规定。这一市场规则文件的规定应当可以用行政级别化、官本位、公权力崇拜进行解释。中国证券业协会自律监管实践中还没有出现对两个证券交易所的纪律惩处情况等实例，佐证了官本位文化下的自律不力的结果。

二、政治制度因素

在中国历朝历代的更替和政治斗争中，国家的权力、国家利益、集体利益始终是政府首要保护的目标，而个体利益和意志历来淹没在集体利益之中。一方面，政府行为的效用函数最大化不仅是作为掌握政权的统治阶级中的认识，也在这种制度的培养下

---

❶ 张育军：《中国证券市场发展的制度分析》，经济科学出版社1998年版，第125页。

成为个体公众预期的期望。政府直接参与到金融市场的每一个环节中，不仅担当制度的制定者、执行者，还承担制度实施的监管者。政府以"家长"的姿态兜揽了制度变迁中的林林总总的问题。另一方面，在中国的经济运行中，长期计划经济土壤下的金融机构及其他金融企业已自然成为金融市场的垄断者或优势地位的占有者。即便是在 WTO 规则的框架下，中国金融市场也基本处于垄断的市场环境中，金融机构与行政监管机构之间相互形成依赖的关系。❶ 在金融体制改革的浪潮前，在选择制度的政治决策中，处于垄断地位、优势地位的不同利益集团参与其中，其中不乏既得利益的维护者，从而阻碍了制度变迁的改革。导致目前中国金融监管制度变迁中陷入"锁定"的非效率状态。

中国金融监管制度变迁路径依赖的政治特征和政治力量，决定了中国金融监管制度的变迁必然以政府为主导，并且是自上而下的供给式的改革模式。在这种路径依赖的政治结构中，处于私有性质的自律管理组织必然严格处于政府的管控之下，其自律管理的空间必然受限于政府主导的意愿和利益集团斗争的结果。

从上述制度变迁的路径依赖分析可以看出，不同的文化价值观、文化积累和思维理念，不同的政治制度中的权力模式、利益集团在制度选择中的政治决策影响，形成了不同的制度选择和制度模式。美国历来主张的自由、主治精神以及对私权利神圣不可侵犯的理念使得政府在干预经济行为的过程中保持着谨慎态度。尽管政府对金融业的监管力度不断加强，使得金融业行业自律管理逐步丧失其原有独领风骚的地位，但这种制度变迁的路径依赖也使其自律管理权在很大程度上依然得以保存，以致其自律管理在公权化"侵犯"下不致完全失去其本质，丧失自我。

而反观中国证券业自律管理的生成路径，制度变迁路径依赖

---

❶ 何广延："基于路径依赖理论的中国金融监管制度的变迁"，载《改革与战略》2011 年第 10 期。

中中国传统文化中所缺乏的自由、自治精神和理念，以及国家本位主义的权力模式，都决定了中国的金融监管制度只能在政府的监管之下，并最终导致证券业行业自律管理被弱化、忽视，或被公权异化。这种制度变迁路径依赖理论说明了中国金融监管制度变迁的模式选择的必然性，但是，这种制度变迁模式的选择是否一定是有效的、优越的，则应该站在时代变迁的大背景中予以解答。

我国的证券市场属于政府主导型，自律存在先天不足，自律机制非常有限，自律文化和自律精神还很缺乏，因此亟须完善自律机制的功能。而在金融市场全球化的环境中，固守这种制度变迁中的路径依赖，只不过是一种自我的"愉悦"和封闭。

三、市民社会的缺失

健全的市民社会是契约高度发达的自治社会，契约性规则能在很大程度上排除非契约关系（如亲情或血缘关系）引发的种种冲突。❶ 市民社会是发端于自由主义精神下市场经济、民主政治的产物，因而，市民社会理论是独立于国家但又受到法律保护的社会经济生活领域及其相关联的一系列社会价值和原则。在这种理念下，市民社会是国家和家庭之间的一个独立性社团组织，这些组织在同国家的关系上享有自主权并可自愿结合从而保护或增进其利益或价值。❷ 市民社会以其相对独立性可以成为保障自由和防止权威倒退至极权政治的最后屏障，并在国家不直接干预的经济活动方面可以承担培育市场、发展经济机制等自治性管理，某种程度上，市民社会是建立民主政治的基础与必要条件。❸

---

❶ 刘斌："略论市民社会在中国的建构"，载《中南民族学院学报》2000年第4期。

❷ ［英］戈登·怀特："公民社会，民主化的发展、廓清分析的范围"，载何增科主编：《公民社会与第三部门》，社会科学文献出版社2000年版，第64页。

❸ 朱英：《转型时期的社会与国家》，华中师范大学出版社1997年版，第575页。

由于中国几千年封建社会严格实行等级制度和集权制度,是小农经济的社会,因而早期我国并没有产生市民社会的基本条件,也没有适合其生存的土壤。新中国成立后实行的计划经济体制和集权的、专制的政治制度,也无条件产生传统的市民社会。只有到了20世纪90年代,我国确立了市场经济体制,主张实行民主政治,进行经济体制改革和民主政治建设,从那时起,我国才开始了市民社会的建立。但是,几千年沉积下来的传统的集权主义、特权主义、国家本位主义思想根深蒂固,深深根植于政策、规则的制定者和受管理者心中,成为其惯有的信念和心智模式。在这种模式下,个体的独立、自由受到很大的限制。产生于市民社会的民间协会、团体的建立缺乏自治、独立的能力与权利。而在集权主义的统治下,个体力量与国家力量严重失衡,或无以抗衡、阻却政府的干预。相反,国家的干预成为自然并充盈在社会生活的方方面面。

即便在我国已经确立了市场经济体制的境况下,民主政治的建设也成为不断提及的改革内容时,传统根深蒂固的思想却无法得到彻底的改变。这种路径依赖的惯性是我国缺乏市民社会的基础和表现。

中国证券交易所和证券业协会都是以券商为主体的自律组织,但二者在中国证券市场的实际作用却是很有限的,并没有发挥应有的自律监管作用,其中主要的原因在于二者的出现是政府推动的强制性举措,并不像西方市民社会的自律组织那样充分体现自治精神。

在证券业自律管理制度的变迁中,这种市民社会及其理念的缺乏必然表现为行业协会天生的、内在的独立性和自治性不足,这种不足也必然在集权主义管控下,"异化"成为政府监管的工具。

第五章 "公权化"下自律管理"存废论"与"有效论"之辨析

第一节 证券业自律管理"消亡论"之辨析

经济发展总是呈现周期性波动,即从最初的经济增长到通货膨胀、危机爆发,进而转入萧条、滞胀,然后是恢复、重新进入经济的下一轮发展这一周期性循环当中。金融市场的发展似乎也不断地遵循并显现这一经济周期性发展波动的规律。每一次金融危机的发生都是在各种因素的成就下爆发的,无法归罪于某一个原因。但是,在证券市场发展的历史中,1929年美国的股市崩盘事件,使人们将危机引发的原因更多地直指交易所行业自律管理的缺陷,从而对交易所自律管理的有效性及其存废提出强烈的质疑。而让人们还记忆犹新的2007年美国因次贷危机爆发的金融风暴,普遍的看法都认为这场危机主要是金融监管制度的缺失造成的,是华尔街投机者钻制度的空子、弄虚作假、欺骗公众的结果。但实际上,探其根源这场危机的一个根本原因同样在于美国自20世纪80年代后近30年来加速推行的新自由主义的经济政策。而这一根源的揭示,又使人们对新自由主义政策下的行业自律管理制度以及行业自律管理机构的自律功能效力大加指责,重新引发了自律管理制度的"废除论"与"有效论"之争辩。

尤其是20世纪80年代之后,证券交易电子化、网络化的普遍实行,证券交易所非互助化的公司制改制,也彻底改变了传统交易所存在与运作的方式。另类交易市场的出现、跨境交易所的结盟、自动交易程序的广泛运用,使得传统交易所、场外交易市场存在的意义和功能逐渐模糊与弱化。这些证券市场发展的新趋势、新特点使得基于传统交易所架构起来的证券业行业自律管理体制更是受到了前所未有的挑战。尤其是在证券业自律管理"公权化"严重异化的背景下，自律管理制度的存废成为监管者、市场业者以及理论界学者广泛争议和关注的焦点。废除与保存之争不绝于耳，而证券业行业自律管理制度如何在这种争辩中生存、发展则成为世界各国金融监管制度改革的新课题。

一、证券业自律管理制度的废除、维持论争辩

在主张废除行业自律管理的观点中，由于视角的不同，所主张废除的理由各有差异：一种观点认为，在交易所公司化改制后，交易所本身的利益追求使其自身利益和自律管理产生冲突，且公司制的交易所同样参与到市场的竞争之中，故而按照市场经济的运作规律，可由市场自身的运作规律替代交易所的自律管理。而另一种观点认为，在政府监管日益增加并成为金融监管的主导力量时，也即在证券业自律管理"公权化"的趋势下，证券业自律管理已处于弱化或虚无的状态，加之行业自律管理的缺陷，应由政府监管取代行业自律管理。除此之外，还有主张维持自律管理的现状的论调。

（一）市场竞争替代说

主张废除交易所自律管理制度的观点认为，证券市场违法行为的发生，是由于交易所在履行自律管理职能时对虚假行为的包庇或忽视管理所致。主张自律管理制度废除的主要代表有美国的 Sale Oesterle 教授、Kelly 教授等。如 Kelly 教授指出：美国有媒体揭露纽约证券交易所与专业公司承认其相互间进行的五笔最大的证券交易是在不恰当的时机进行的。SEC 也发现，NYSE 在处罚这些交易时，并没有严格执行其处罚规则。而且，纽约交易所 NYSE 被指责其无视这些专业大公司的不断侵害行为，且在实施自律管理给予其处罚的罚金却相当轻微，以致这种处罚被认为是

低成本付出的商业活动。NYSE 的这种失败管理被质疑其是否有能力进行自律管理。[1]

  Grasso 教授认为：自律管理最基本的功能是其独立性的管理，但是在 SEC 逐渐成为证券市场的监管者并且其监管职权不断扩大的同时，一项 SEC 于 1963 年所做的研究报告显示，已没有机构愿意承担管理的职责，其本能地在自律管理机构的工作中对自律管理部分付出最少的热情。[2] 事实上，一些人认识到现行结构使得自律管理组织更关注证券业的市场经营，故而，当自律管理机构（主要指已公司化的交易所）与其成员进行交易时，证券交易所较少的进行积极的自律管理。[3] Oesterle 教授认为：自 SEC 成立以来一直试图弥补监管制度上的不足，SEC 出台了各种规则、对 SRO 进行监管、对证券丑闻进行处罚等多项改革措施。SEC 的做法不仅给投资者产生由 SEC 保障的交易市场是一个完善、安全的错觉和幻想，而且，SEC 直接介入制定和许可交易所的规则，不仅使交易所承担代价昂贵的义务，而且导致交易所自身怠于进行或受限于进行谨慎管理。[4] 证券业自律管理已失去了存在的意义。

  尤其是在另类交易系统广泛运用所带来的证券交易全球化背景下，交易所交易大厅的弱化也使其自律管理抑制了竞争。如 Oesterle 教授认为，1998 年 SEC 颁布的《ATS 条例（另类交易系

---

[1] Kate Kelly, "NYSE Braces for Possibility of SEC Charges", Wall St. J. Mar. 30, 2004, at C1.

[2] Deborah Solomon, "SEC Won't Push Radical Change at NUSE：Self-Regulation is Flawed But Agency's Chairman Favors Cautious Approach", Asian Wall St. j. Oct. 2. 2003, at 7.

[3] Paula Dwyer, "Why the Market Can't Police Itself", Bus WK, June 2003, at 84.

[4] Dale Arthur Oesterle, "Securities Markets Regulation; Time to Move to a Market-Based Approach, Policy Analysis", No, 374, June 21, 2000. http：//www.cato.org/pubs/pas/pa374.pdf. 20013/2/16.

统条例)》要求 ECN 在自己成立自律组织和加入 NASD 成为其会员之间作出选择的规定毫无意义。因为 ECN 是通过专业化的计算机软件进行实行自动匹配交易指令的，不存在交易大厅及其所产生的问题，❶ 故而，在另类交易市场中自律组织的存在不仅没有意义，同时 SEC 的规定还存在限制竞争的问题。

证券的电子化、网络化、全球化使得交易所交易大厅的功能严重弱化，在此背景之下，应放弃行业的自律管理，而由已公司制的交易所参与到市场的竞争之中，通过市场竞争约束其自身的行为。这种交易所之间的相互竞争会促使其提供更加有效的交易制度。

(二) 政府监管替代说

尽管 Oesterle 教授等学者主张废除交易所的自律管理制度，但其依然承认证券市场本身的自动管理和调节功能。或者可以说，其所主张的只是在电子化证券市场中用另一种自律管理取代原由交易所等自律管理组织的自律管理制度而已，并未在政府监管加强的压力下否认自律管理的功能。

但是，废除证券业自律管理制度的另一个极端的观点就是"用政府监管取代行业自律管理"的论断。该观点认为，交易所的监管功能是政府认为由市场运作者监管将更加有效、节约成本而强加或授权给交易所的。尤其是在进入网络时代后，则不应更多或主要指望互联网服务供应商监管市场。传统的交易所是一个投资者为买卖证券而汇聚的地方，但现在整个交易大厅已经没有了意义，交易完全通过网络进行，并不通过交易大厅进行。因此，交易所作为一个虚拟的集市，更不愿意承担监管职责，因此，其自律管理权应全部收回，交由政府监管机构行使。❷

---

❶ Dale Arthur Oesterle, "The SEC's Assault on Elecronic Trading Regulation", Vol. 21. No. 3. 1998.

❷ 于绪刚：《交易所互助化及其对自律的影响》，北京大学出版社2001年版，第175页。

尤其是我国，证券交易所的成立是在政府的主导下建立的，两大交易所的规则、主要人员任免均须通过政府监管机构的许可。交易所已经异化成为政府监管机构的一个"分支机构"，具有了准政府机构的特性的时候，其原本行业自律组织身份独立性的丧失，也使证券业自律管理形同虚设、毫无意义。这种现状实际与政府监管并无二致，或者说实际上政府监管已经取代了行业自律管理。

（三）维持现状说

与极端的自律管理废除说相对应，另一种观点认为鉴于自律管理组织的私人俱乐部的性质，其对成员的行为进行处罚和严格管理的特性使得自律管理组织处于很尴尬的境地。尽管利益的混合使自律管理职能与其利益的获得之间产生冲突，但冲突并不是消除自律管理的理由，而是应在此基础上尝试去解决那些可能增加导致自律管理局限性的问题。[1]

证券市场历史的发展过程早已证明证券业自律管理在促进证券业发展中所取得的巨大成就。纽约交易所在长达一个多世纪的证券业自律管理制度中成功地履行了其自律管理的职能。当然，交易所自律管理的成功还取决于交易所持续的市场完善，这也要求交易所监管职能的履行完全客观化。而交易所非互助化公司改制后，利益的冲突确实改变了市场原有的结构和状态，如果仍然采取原来的管理模式也势必给投资者和市场带来风险。因此，需要对其进行一定的变革，但变革的结果是应保有自律管理基本应有的制度。

对此，前美国纽约证券交易所主席 Grasso 先生认为，那种建立单一监管者，将纽约交易所的管理功能剥离为非附属的组织，将会削弱对投资者的保护，损害交易所的声誉。而交易所与市场

---

[1] Ernest E. Badway, Jonathan M. Busch, " Ending Securities Industry Self-Regulation an WEkNOW iT", Rutgera Law Review, 57, Summer 2005, at 1366.

的密切关系，使其可以认识与处理监管滥用的问题。❶ 因此，将交易所的自律管理职能分离出来交由独立的监管部门行使，将降低交易所监管一体化的经济效益，并同时会产生交易所与市场的隔离，导致其与市场之间的衔接不畅，使交易所不了解市场主体，这种做法在实践中是行不通的。

非互助化后的交易所虽然存在利益冲突，但是监管与利益之间的紧张关系并不是营利性交易所所独有的。在会员制传统交易所中，也存在交易所与其会员之间的利益冲突，且保护交易所与投资者之间的利益也非一致，其本身也存在不同的利益诉求。故而不应因为交易所公司制改制为营利性机构所带来的冲突及其自律监管不力的问题，而否决交易所的自律管理职能。而之所以产生自律管理的问题或自律管理的不足，依照 Craig Pirrong 博士的观点，是因为交易所的竞争不够，而非交易所自律管理的取舍。不仅如此，营利性的交易所在电子化、网络化下所发生的激烈的竞争反而会培育更谨慎的自律。❷

二、"公权化"下证券业自律管理的弱化、消亡辨析

在上述主张证券业自律管理废除论的观点中，主要论据的理由在于当今发达国家的证券交易所已经实现了非互助化的改革，交易所本身成为以营利为目的的公众公司，并多数已经成为自身交易所的上市公司，这种现状导致公司制的交易所与其他上市公司之间的利益冲突以及交易所自律管理功能与其营利功能之间的冲突，从而从公平竞争、保护投资者利益的角度予以否决交易所的自律管理职能。因而，主张废除交易所自律管理组织的地位，使其成为纯粹的营利性组织，成为单纯的提供证券交易场所的机

---

❶ Marcel Kahan, "Some Problems with Stock Exchange-Based Securities Regulation", 83 Va. L. Rev. 1509, 1517–1518 (1997).

❷ Craig Pirrong, "Electronic Exchange Are Inevitable and Beneficial", Regulation, Vol. 22, No. 4, 1999.

构,并且从另类交易市场对传统交易所的冲击使其交易大厅弱化和虚无的事实状态方面也论证交易所自律管理制度的废除,这些措施在对交易所进行一定的变革后将在一定程度上化解上述问题。

然而,除上述引发证券业行业自律管理废除论的理由之外,自律管理组织丧失其独立性,自律管理权异化具有"公权化"的现状也是导致其废除、消亡的重要因素。实际上,美国1929年股市暴跌之后,政策的转变迫使联邦政府讨论资本市场的公共监管与政府监管。1934年《证券交易法》所设立的美国证券业监管委员会SEC就是自律管理与政府监管妥协的产物。交易所法案要求每一个"国家证券交易所"注册自律组织。虽然该交易所法案并没有彻底改革证券行业系统的自律监管,但事实上,1934年《证券交易法》将自律组织充当了政府机构的"看门狗"(Watching-dog)。自律组织与生俱来的独立地位和权力被凝固为"准政府"人员,充当着一个政府改革者所期望的更强大的自律组织。[1] 直到今天,这些自律组织在被政府1934年法案授予"绝对豁免权"的前提下行事。

而且,自律监管职责主要是通过制定规章制度约束其会员,自律组织自律规则对资本市场的运作有决定性的影响。但事实上,全美证券交易商协会和纽交所经常吹捧的罚款、吊销市场准入资格就是自律组织依据联邦证券法确立的规则。虽然交易所有权批准和实施自律组织规则,自律组织也有能力依据自身结构确立新的规则,然而,这些规则均是在美国证券交易委员会SEC批准的前提下进行的。[2] 由此可见,在SEC的监管之下,证券交易所及证券业协会的自律、自治权也日益弱化,甚或处于虚无的状态。

---

[1] Joel Seligman,"The Transformation of Wall Street:A History of the Securities and Exchange Commission and Modern Corporate Finance 99 (3d ed,2003)。

[2] Ernest E. Badway, Jonathan M. Busch, " Ending Securities Industry Self-Regulation an WEkNOW iT", Rutgera Law Review, 57, Summer 2005, at 1355.

就我国证券业自律管理制度而言，上述废除论所持的因利益冲突所致交易所自律管理废除原因在我国目前的证券市场结构和证券监管制度中表现得并不明显，或者说我国证券业自律管理制度废除与否并非上述原因所致。而导致我国证券业自律管理制度消亡的最根本的原因是其自律管理"公权化"的问题，以及由此带来的结果。

从我国金融监管制度改革的成果来看，我国合理、高效的监管体制逐步完善。以政府监管、行业自律、市场主体自我约束和社会监督组成的立体、多层次的监管体系已基本确立。监管重点也实现了从行政审批为主向信息披露为主的转变，监管模式逐渐实现了从机构监管向功能监管的转变，政府职能定位也开始了从管理者到监管者的转变，证券、期货业协会及交易所的自律监管作用开始得到较为充分的发挥。从监管结构和立法目标来看，我国现行金融监管体制已基本建立。但从规定的内容看，虽然也确实不断地扩大授权自律管理机构的一些自律管理权限，但现实自律组织制定的交易、上市等自律管理规则须由国家证券监管机构先行许可，交易所自律管理范围的界定、交易所市场类别的设定、人员的安排及违法行为的实质处罚权等一系列现状都表明了自律管理机构非实质意义上的自律机构。因而，现行立法对行业自律管理机构逐步扩大或授权的职权，并没有改变证券业自律管理组织严格受政府管控的本性，自律组织的独立性并未取得，因而，所加大的其自律管理的职能并不能改变其"公权化"的现状和事实。这种"公权化"下的证券业自律管理体制依然严重弱化。

第二节 证券业自律管理的生存条件

一、证券业自律监管是否已无关紧要

自由放任的监管政策既活跃了证券市场的发展，同时也影响

第五章 "公权化"下自律管理"存废论"与"有效论"之辨析

了证券市场的发展,尤其是在实行政府放松管制、行业自律充当重要管理角色的时期,证券市场出现了一系列引人注目的公司丑闻,诸如早期的雷曼兄弟破产案等。而全球扩张和技术的发展带来了证券市场的重要变化。计算机技术和互联网的迅速发展使得一国的证券交易可以便利地进行国际连接,其中交易所自律组织即扮演着重要的角色。

在证券业自律管理的历史长河记录中,证券市场丑闻事件的发生不禁使人质疑其有效性,并且它也确实存在继续延续一个有缺陷的系统的问题。如 Paul S. Sarbanes 参议员在美国参议院银行业委员会、住房和城市事务局面前曾指出:"证监会的内部报告把证券的内部交易系统描述的充斥着虐待,公司经常将自己的交易客户放在前面,内部监管机构要么装备不良,要么害怕增加其工作量。因此,我们应当对当今的市场保持担忧。"❶

然而,无论怎样质疑,证券业自律管理组织依然保持着诸多方面的好处或优势:首先,自我监管可以提供一个安全、高效、有效的证券监管市场,同时使政府干预降到最低。SEC 在其报告中认为:"基本的法定监管模式设计大量依靠行业自律实施,这似乎经受住了时间的考验,并且曾在大多数地区有效运行。"在自律管理的效率方面,自我监管不仅可能避免"程序的复杂性以及'官僚'组织的不良反应",而且就自律而言,人们更容易接受其自律规则。❷ 正如 Douglas 所言:"自律总是比纪律更受人欢迎。"因此,证券行业自律可以在某种程度上平衡实际需要与监管需求。

其次,自律组织增强技术可以提供更大的灵活空间,可以迅速应对某些监管问题和可能出现的问题。这一点在当今不断变化

---

❶ Paul S. Sarbanes,"Improving the Corporate Governance of the New York Stock Exchange" Nov. 20. 2003. http://www.banking.senate.gov/index.cfm 2012/10/29.

❷ Sam S. Miller,"Self-Regulation of the Securities Maekets: A Critical Examination",42 Wash & Lee L. Rev. 853. 856(1985).

的科技时代显得尤其重要。自律管理的这种灵活性优势可使其及时处理交易中存在的问题,而这一点也恰恰是政府监管一直被诟病的主要原因之一。相反,持续的政府监管也可能产生僵化规定,且不易很快地改变或废除。故而,自律管理的及时、灵活优势弥补了政府监管僵化、滞后的弊端。

此外,监管成本历来是我国研究金融监管制度中所忽视的。无论是自律管理还是政府监管从其监管的效率考虑,监管成本应是衡量其有效性的标准之一。而从预算角度来看,自律组织可以帮助减少潜在的威胁和不受欢迎的政府监管,有效的执行措施减少了政府干预,有价值的政府资源就可以实现。因此,自律组织通常被称为"由政府机构单独资助的行业实体"。或者可以说,自我监管可能使纳税人在政府监管的情况下减少支付额外税负。❶

而且,值得注意的是,自律组织也可能"要求其成员坚持比证券法更高的道德标准"。自律管理的这种道德标准是自律管理被称赞的一个重要原因。但是,高于法律的道德标准能否得以遵守和执行却比其表现出来的要求更为实际。只有被遵守并落实的高于法律的道德标准才是真正有效的。但是无论如何,"自律组织的道德标准超越了法律,对证券行业自律还是有好处的。"

总而言之,尽管现在许多争端直指交易所、证券业协会证券业自律管理中存在的弊端,并将危机的引发部分归责于行业自律管理组织及其自律管理体制的无效。但是,自律管理的上述"优势"却是无法忽视和否认的。正是自律管理的这些优势是使其历经百年经久不衰的根本。在金融业市场分工越来越细、交易环节越来越复杂、交易市场已跨境联盟的当今,行业自律管理不仅不是可有可无、甚或被废除的制度,相反,面对现实调整其现有不

---

❶ Charles H. Koch, "Control and Governance of Transmission Organizations in the Restructured Electricity Industry", 27 Fla. St. U. L. Rev. 569.602 (2000).

足才是正确的态度。

二、证券业自律管理的改革成为必然

面对自律管理制度存废的争论，自律制度的变革和改革为自律管理的未来发展提供了更多的空间，而如何改良、变革则是其最关键的问题。是还原其自律管理的传统本质，减少或摈弃现行政府对其的制控，还是选择现行政府监管模式下的"公权化"的自律管理模式，抑或是选择政府监管和自律管理的适度监管合作？不同的路径选择也决定了其未来发展之路。

美国在2007年金融危机后随即进行的金融监管体制的改革中，针对行业自律管理改革已提出了不同的模式选择：一种改革模式是通过创建"独立子公司监管市场操作"。通过建立"独立的监管市场的企业子公司"模式来强制要求自律组织的内部重组。另一种改革模式是美国SEC提议的"混合模型"的方法。该模型将要求SEC设定一个单一的自律组织，以监管、调节所有自律组织成员并要求其坚守会员规则。然而，每个自律组织可以运行自己的市场。除此之外，提出的模式选择中还包括由SEC直接监管自律组织系统，同时，SEC"对所有成员和所有的市场监管全权负责"。[1]

重建投资者的信任这一目标元素的改革对任何有效模式的市场监管显然是必要的，也应该是核心的。就英美证券市场发展历史而言，以纽约交易所为代表的证券业自律管理历史已在公众中打开、树立了其良好的声誉。因而，建立一个更强的以交易所为主的具有执行和监督手段的自律组织，不断完善其具有维持自己市场运作能力和实现其自律规则和条例的能力，将有利于恢复公众的信心。

---

[1] Ernest E. Badway, Jonathan M. Busch, "Ending Securities Industry Self-Regulation an WEkNOW iT", Rutgera Law Review, 57, Summer 2005, at 1367.

第五章 "公权化"下自律管理"存废论"与"有效论"之辨析

而在实现这一有效的自律管理制度的改革中,如何平衡或处理其与政府监管之间的关系成为改革的焦点。对此,国际组织证券委员会的自律组织咨询委员会所作的一个报告提出:有效的自律必须置于政府的监管之下。政府监督在自律管理结构中是一个重要的元素。政府监管自律组织的活动,可以在其他方面确保对所有监管活动中所有的利益和声音能够得到充分的考虑。这种监督提供了一个相互制衡的系统。❶ 然而,建立信任和更强的政府监管需要一些变化,对此有建议提出,在"证监会监管"的提议中应增加证交会的参与,以阻碍非专门化的一般政府的责任。而一个自律组织的专业知识、经验、权威和承诺,还须要求其设计、实施和评估的程序合规,且必须有效。

同时,改革还须保障自律组织建立自己的规则使其能够维持必有的灵活性,而此是自律管理改革中不能丢弃的。正如自律组织咨询委员会报道所称:一个具有丰富经验和专业知识的自我监管机构,在该行业发生变化时,用他们的能力来修改他们的规则似乎比政府机构干预更加容易。在许多地方,发生在金融服务行业内的急速变化通常无法使法定监管机构作出迅速的反应、变化。自律组织制定规章制度灵活化的优势可能在严格的机构审查和批准过程中丧失。

在自律管理改革声中也有减少政府监管的主张。尽管如此,促进投资者保护,政府干预是必需的,因为政府监管机构在执行法规方面具有其固有的优势。然而,毋庸置疑的一点是,良好的改革应该平衡这些相互竞争的观点,并平衡政府与自律管理之间的关系,只有这样的改革才能重新树立自律管理在市场上的信心,并保障其应有的活力,以便严防自律管理异化为"公权化"了的无效的自律管理。

---

❶ Commissions, Model for Effective Regulation 8 (2000). http://www.iosco.org/library/pubdocs/pdf/IOSCOPD110.pdf.

三、证券业自律管理生存的条件保障

行业自律管理功能的发挥和其制度的保存并非是无条件的。尤其是当行业自律管理处于政府监管之下,如何有效发挥其效能,不是仅依靠其所附带的优势和动机就能够实现的。在中国证券业自律管理组织本身生成条件不足的情形下,证券业自律管理面临着更大的困境与障碍。因而,证券业自律管理在面对其上述困境以及国际证券市场发展的挑战中,如何生存就需要必要的条件的保障。正如普利斯特教授所指出的:"当特定的条件出现的时候,自律才最可能有效。比如,相对较少的行业成员、高额的退出成本、合作的历史、行业内又可利用的监管专家和资源、不服从行为能被惩罚、消费者重视服从、公平的纠纷处理机制、公众参与或监督等。"[1]

如同任何一项制度的建成都需要内部条件和外部条件相结合才能形成统一体一样,证券业自律管理的生成和功能的发挥也需要内在自律的条件和外部的生存空间两者的相互配合。

(一)内在条件——独立地位、共同利益、收益动机

证券业自律管理的内在条件是其能否实现自律管理的主要条件,所谓内因是制度内容、变迁的根本因素。自律管理的内在条件应从其自律的本质上予以把握和认识。具体而言,实现行业自律管的内在条件表现为以下几个方面:

首先,证券业自律管理组织的独立身份是保证其自律管理的首要条件。对于自律管理组织而言,其是否有话语权及其如何行使话语权首先取决于行业自律管理组织的独立地位是否能够取得并且得以保障。行业组织行使的权利之所以被称之为自律管理权,其前提是行业自律管理组织的独立地位存在。而一个没有独

---

[1] Margot Priest, "The Privatization of Regulation: Five Model of Self-Regulation", Ottawa Law Rev, 1997~1998, 29, 233~299.

立法律地位和身份的行业自律组织，其要么无法行使自律管理权，或者行使的不是自律管理权；要么就异化演变为对其有控制权机构隶属的组织，若此，其行使的也将不是自律管理权。

按照法律关于行业自律管理组织法律地位的规定，其法律属性或可归类为社会团体组织。而根据民法理论，社会团体一般属于具有民间机构的属性，属于私主体的范畴。行业自律管理组织在其机构登记中也是按照社会团体组织的身份登记注册取得合法法律地位的。依此，所谓确保证券业行业自律管理组织的法律地位、身份，也即是要保障其社会团体私主体的法律地位和属性。

而如何保障其地位，即应在立法中明确规定证券业行业自律管理组织的社团组织私主体身份的地位。但是，在我国实际上更为重要的则是立法应当确保其独立的地位不被国家行政行为管控，或者不被"异化"。

其次，证券业行业成员的共同利益是证券业自律管理的内在基础。行业自律组织是作为同行业企业联盟的利益代表，为谋求某一类市场主体全体的共同利益而成立的。这种旨在维护某一类市场主体共同利益的特征，也决定了行业自律组织的私益性、团体性和民间性，故而行业自律组织也被称为是"私益政府"。[1]因而，维护行业成员的共同利益自然应成为行业自律组织的核心内容。这不仅是行业自律管理组织成立的初衷、基础，也是行业自律组织存在的内在要求。失去对行业成员共同利益的维护，势必出现成员对组织的背离，如此，行业自律组织也就失去了其存在的基础。

证券交易所、证券业协会作为证券业主要的行业自律管理组织，无论是其实行会员制形式还是公司制形式，行业成员的共同利益仍应成为证券业自律组织的核心内容。行业成员的共同利益

---

[1] Robert W. Helsley, William C. Strange, "Private Government", Journal of public Economeca, 1998（69），281~304.

是行业自律组织合法建立的内在基础,只有当参与者在促进彼此相互联系、进行贸易并实现规模经济、效益方面有共同利益时,自律才可能会发挥作用。

再次,成员的自律收益是行业自律组织发挥自律效率的内在动机。成员之所以加入行业自律组织,除了希望获得行业自律组织对其共同利益的保护、服务外,行业成员自律更是为了获得自律所附带的经济收益,这是行业成员自律的直接动力和动因。因为,只有当这些附带的收益大于其参与成本时,企业才会参与自律。❶

证券业行业的自律收益是指交易所和协会成员通过参与自律组织所提供的一系列管理和服务,获得的由交易所、协会提供的交易信息和集体行动所降低的交易成本等一系列收益,以及经纪商等成员加入交易所、协会所获得的行业交易的声誉收益。不仅如此,经纪商、上市公司等作为会员、成员自愿接受自律,是因为若当其破坏自律规则后所受到的处罚或谴责,在破坏其声誉的同时,更重要的是其股票市值的下跌会造成其经济收益的损失。因而,为避免经济利益的损失,遵守自律规则成为会员基本的准则。也即,这种自律所附带的经济利益的收益成为约束其自律的内在动因。

最后,良好的内部治理结构是证券业自律管理组织有效自律管理的基本保障。

真诚的自律体系必须要满足以下几个条件:(1)清晰的、在团体范围内被广泛接受的、具有社会价值的标准;(2)反自利政策和程序的充分的内部防护。❷ 在美国证券交易所自律管理运行的300多年的历史中,其对证券市场的自律管理在取得巨大

---

❶ Michael J. Lenox, "The Role of Private Decentralized Institutions in Sustaining Industry Self-Regulation", Organization Science, 2006, 17 (6) 677~690.

❷ Harvey J. Levin, "The Limits of Self-Regulation", Columbia Law Review, 1967, 67 (4) 603~644.

成就的同时，也多次出现了自律管理的疏忽，甚至是对某一违反自律规则行为的放纵或不当裁决，以及其自身原因出现的一些丑闻事件。这些都一再证明了行业自律管理的成功或失败、有效或动荡与自律管理组织本身内部的治理结构是否合理及其自律权利的行使是否正当有着直接的关系。一个内部组织结构设置不健全、权利运作缺乏监督、处罚裁决程序不当必将有损自律管理的有效运行，容易产生欺诈、损害等违规行为。

一个有效的自律管理体系需要良好的行为规则、健全的组织治理结构、有效的监督、严格的强制力与制裁权力、有效的激励惩戒机制、严谨的审查程序等诸多要素的支撑。

（二）外部空间——政府的适当干预

一个具备完备内在条件的自律管理组织并不能保证其能够有效地发挥自律管理的功能，取得良好的自律效果。尤其是当金融监管体制实行政府监管与行业自律管理结合的监管体制时，其政府监管处于主导地位，行业自律管理的发挥在很大程度上取决于其外部的生存空间。而该外部空间的大小或宽严程度则取决于政府对市场干预的程度，以及政府对自律管理的态度和政策。如在金融危机爆发之际，政府一贯加强其对金融市场与证券市场的监管力度和监管范围，此时行业自律管理的空间和范围都在缩小。而当证券市场相对平稳地发展或国家鼓励金融创新时，采取放松监管的政策，使得行业自律管理的范围相应地扩大。

在政府开始介入对证券市场的监管之后，政府与交易所、证券业协会行业自律组织之间的关系一直成为金融监管制度不断变革中需要解决的重要内容之一。如何平衡或者划分政府监管及行业自律管理各自的权限，不仅影响到金融监管的效果，同时也成为行业自律管理能否合理生存的外部决定条件。这种监管权限的划分虽然也渗透了政府与金融机构之间的力量的较量和博弈，有时也是政治的一种妥协，但不可否认的美国金融监管体制改革都是在政府的主导下进行的，行业自律组织的独立话语权必然无法得以充分的体现或者被"公权化"。

另外，政府规制的威胁也会促进行业自律管理的有效运行，因为在政府的严格监管之下，企业所需要付出的成本远远高于行业自律的成本，为避免更严厉的政府监管和制裁，主动自律是更为明智的选择。因此，避免政府规制的唯一途径就是比政府行动更快——"占优自律"。❶ 也即，政府规制所产生的威慑亦可在一定程度上促进行业的自律，成为行业自律管理有效行使的外部条件。对此，沃特鲁巴将政府的这种威慑称之为对自律的"反向促进"。❷

我们从上述分析可以看出，行业自律管理功能的发挥是在上述内在条件和外部空间共同具备的基础上实现的。而从证券业自律管理的发展历程可以看出，证券业自律管理权限的逐渐弱化不仅是在上述内在条件中出现问题，也存在其外部生存空间的不足，或者说是外部空间重压下的"公权化"异化。在中国，这些行业自律管理生存所需的内、外部条件在证券业自律管理制度的发展中更是矛盾突出、问题严重。而若想发挥证券业自律管理的作用，则需共同对该内、外部条件进行调整或变革。

第三节 中国"公权化"下证券监管体制有效性的质疑和原因分析

金融业、证券业从其萌生发展到现代，已经成为一国市场经济中最具有影响力、最具有生产力的行业，而其监管体制也从最初的完全行业自律走到了政府监管为主的轨道上。在当今政府监

---

❶ John W. Maxwell, Thomas P. Lyon, Steven C. Hackett, "Self-Regulation and Social Wslfare: The Political Economy of Corporate Environmentalism", Journal of Law and Economics, 2000, 43 (20) 583~617.

❷ Thomas R. Wotruba, "Industry Self-Regulation: A Review and Extension to a Global Setting", Journal of Public Policy &Marketing, 1997, 16 (1) 38~54.

管不断加强的语境中，行业自律渐渐失去了其本质和方向，产生了异化。这种异化的结果却在当今成为各国证券市场的普遍现象，并逐渐被接受。在"存在的就是合理的"这一真理面前，证券业自律管理"公权化"的正当性也成为人们探讨的重要问题。

一、金融危机中中国证券监管模式的有效论

随着全球金融市场一体化进程的逐步加快，各个国家之间金融市场信息的联系日益紧密，金融市场波动的敏感性也加强了，一国发生的金融危机往往会迅速地波及其他金融市场国家。一个国家能够经受住金融危机的冲击有诸多的因素，而一国金融监管体制的合理建构无疑是其中最重要的因素。

1997年7月2日，泰国宣布放弃固定汇率制，实行浮动汇率制，引发了一场遍及东南亚的金融风暴，最终演变为亚洲金融危机。这场金融危机波及香港金融业的安全。此时，香港特别行政区政府金融管理局动用外汇基金进入股市和期货市场，吸纳国际炒家抛售的港币，终于稳定住了香港证券金融市场，打击了境外对香港金融市场的冲击。❶ 中国政府采取的一系列措施使得中国金融市场经受住了金融危机的冲击，并未受到巨大的威胁和损失。

2007年3月，随着美国第二大抵押贷款机构——新世纪金融公司因次贷坏账申请破产，相继美国第四大投资银行雷曼兄弟公司陷入严重财务危机并宣布申请破产保护，一场影响重大且深远的全球性金融大动荡来临。而自2008年9月20日布什政府正式向美国国会提交拯救金融系统的法案，财政部将获得授权购买最高达7000亿美元的不良房屋抵押贷款资产，美国联合其他各

---

❶ 彭文平："自由放任与经济安全——东南亚金融危机与美国次贷危机的比较"，载《东南亚研究》2009年第3期。

国央行开始实施"救市计划",但却没能阻止这场金融危机的不断发酵,金融危机正式爆发。❶ 这场金融危机波及欧洲、加拿大、日本、韩国等国家的金融市场,使它们遭受了巨大的经济损失。

但是,无论是 1997 年的亚洲金融危机,还是 2007 年的美国金融风暴,中国经济虽然在一定程度上也受到了影响,但金融市场均并未受到很大的冲击。

在金融风暴大肆在美国及一些主要金融市场国家掀起动荡和不断造成损失的同时,中国金融界、理论界也在积极关注这场愈演愈烈并近在眼前的金融"灾难",分析其中造成巨大金融业损失的现状和原因。其中有观点认为中国目前在金融领域中实行的监管体制是其未受到金融风暴的强烈冲击,或能够抵御风暴冲击的重要因素之一,对我国现行的金融监管体制的有效性给予了肯定和赞同。

如有观点认为金融危机对我们的影响和发达国家相比相对较小,其原因虽然很多,但是就金融监管方面的主要原因有:第一,中国所有的金融机构都是在政府的强力支持下,百姓对政府的信任提升了政府的责任感。第二,中国银行不缺流动性。我们银行外汇储备 2.13 万亿美元,不缺流动性,即没有流动性的危机。第三,金融系统不够发达。投资银行、金融衍生品、评级机构、杠杆比率等比较低。第四,金融监管机构总体上比较谨慎。一旦发生金融危机之后,我们尽快处理掉我们的一些和次贷有关的所谓有毒资产,另外有些金融改革问题暂时停了,比如 IPO 停了,股指期货停下来了,创业板也推迟了。由于这些原因金融市场受到的影响不是很大。❷ 第五,由于中国参与全球化的步伐较

---

❶ 孙学工、杜飞轮:"美国次贷危机对我国经济影响及对策研究",载《经济纵横》2008 年第 11 期(总第 276 期)。

❷ 尚福林:"美国次贷危机对我国金融市场短期影响有限",载《南方周报》2008 年 1 月 15 日。

为谨慎,因此较大程度地避免了美国金融危机的直接冲击。❶

中国金融监管体制历来处于政府的严格控管之下,任何一个金融机构的设立及其职能都是在国家政府的完全控制与监管之中,并受到了国家政府强有力的支持和主导。那么,在此次美国"次贷危机"中,中国金融业未受很严重的波及是否就能够得出中国这种监管体制是有效的、可以抗击金融危机的冲击的结论呢?

二、中国"公权化"金融市场未受冲击的原因质疑和剖析

从20世纪80年代开始,美国开始进行大规模的产业结构调整,希望把美国本土打造成世界高科技服务中心、贸易中心和国际金融服务中心。为此,美国把大量的实体制造业转移到一些人力成本、原料成本更低廉的发展中国家。当时里根政府推行的"华盛顿共识"模式倡导以私有化、市场化、自由化为目标的经济改革政策,❷ 在金融领域,由于电子化、网络化的实时推行和金融业的混业经营,加之新自由主义经济理念的影响,80年代起美国开始实行政府监管放松原则。在此条件下,市场过度自由引发的泡沫问题日益严重,从2000年的美国高科技泡沫起直到2007年美国金融次贷危机风暴爆发。

(一)美国金融危机产生的主要原因

(1)美国金融创新中大量的金融衍生品的"滥用",过分强调利润和收益,拉长了金融交易链条,助长了投机,但同时又忽视了对其风险的控制。在美国金融业中,引发金融风暴的罪魁祸首"次贷危机"即是其金融大鳄创造的金融衍生品。美国"两房"通过购买商业银行和房贷公司流动性差的贷款,通过资产证

---

❶ "美国金融危机",载 http://baike.baidu.com/view/1903335.htm,访问时间:2013年2月18日。

❷ 崔善花:"美国次贷危机的影响与警示",载《金融研究》2007年第12期。

第五章 "公权化"下自律管理"存废论"与"有效论"之辨析

券化将其转换成债券在市场上发售,而投资银行利用"精湛"的金融工程技术,再将其进行分割、打包、组合并出售。❶ 在这个过程中,最初一元钱的贷款被放大为几元、甚至十几元的金融衍生产品,从而加长了金融交易的链条,进一步助长了短期投机行为的发生。而以雷曼兄弟为例,其金融创新能力堪称世界一流,没有人比他们更懂得风险的含义,但恰恰是他们对社会公众隐瞒了其中蕴藏的巨大风险。

(2)美国不合理的货币政策对金融危机的推波助澜。美国华尔街因美元是国际结算货币而成为全球最重要的资本市场中心。一方面,各国积累了巨额的外汇储备后大量购买的美国国债使资金流入美国;另一方面,美联储 2001 年起连续 13 次下调利率,促使民众更多地投资并直接促成了美国房地产的泡沫。❷ 这种货币政策不仅使民众对市场形成一种预期,当美国经济不景气时导致资本流出美国市场后还存在巨大的风险。而次贷危机的整个运作过程恰好说明了这种货币政策所隐含的危机的爆发。

(3)美国金融监管体系的"双重多头"监管体制。自 20 世纪 80 年代后美国金融监管体系实行的是"双重多头"的金融监管体制,也即美国联邦和各州均有金融监管的权力,且美联储 FRS、证券交易委员会 SEC、货币监理署 OCC、存款保险公司 FDIC 等机构也都拥有各自的金融监管权。❸ 这种监管体制在美国金融业混业经营的模式下,出现大量的监管真空地带,从而导致风险的加大。而次贷危机也正是在这种多头监管的真空环节中出现的监管链条的断裂。

(4)国际金融市场体系内在矛盾演化的结果。20 世纪 90 年

---

❶ 袁燕君:"美国金融危机对我国的影响",载《现代企业》2012 年第 8 期。
❷ 袁浩:"美国金融危机对我国经济的影响分析",载《证券时报》2008 年 9 月 28 日。
❸ "美国次贷危机对我国金融业的正面影响",载 http://www.zgjrjw.com/news/cjgc/2008116/1442199936.html 2012/2/23。

代以来,金融自由化的泛滥及其与金融电子化、网络化等各类金融创新使得全球金融市场体系过度利用金融杠杆进行风险管理和投机交易。这种金融体系的本质是信用的保障。而次贷危机的本质恰恰是信用危机的爆发,而非流动性危机的爆发。

除此之外,美国 20 世纪 90 年代后期开始实行的不当房地产金融政策和宏观经济政策的失误均为金融危机的爆发埋下了伏笔。上述种种因素蕴涵的巨大风险在次贷危机导火索的点燃下终于爆发并迅速蔓延到全球。

(二)金融危机中中国金融市场幸免于难的原因分析

美国"次贷危机"引发的金融风暴是在上述原因综合的情形下爆发的。对此,中国经济也受到了一定的影响,主要表现在对中国外贸出口影响、对美元国债的外汇储备的直接影响、对企业实体经济的间接影响。但中国金融市场未受重大的冲击,究其原因并非是中国金融监管体制一定优于美国的金融监管体制,从而可以被认定其具有很强的抗风险性和有效性。实际上,较之于上述引发美国金融风暴的原因而言,中国之所以金融市场未受重创,主要原因可能表现为:

1. 中国金融市场的相对封闭性及政府的管控性

中国证券市场在短短 30 年的市场发展历程中,已逐渐成为中国经济资源市场化配置的重要平台,改变了以前中国金融体系由间接融资完全主导、金融机构严重失衡的局面,不仅拓宽了企业的融资渠道,也为众多投资者提供了投资的平台。

但是,中国证券市场的发展较之英美等国的证券市场相对落后,虽然中国现已开通主板市场、创业板市场、中小板块市场,也在积极开展场外市场,但目前中国仍以上交所、深交所两大交易所市场为主,并形成相对封闭的市场体系。不仅如此,上交所、深交所的两大交易所之间也因政府人为的交易板块的划分,彼此之间既缺乏相互的竞争,也形成了各自封闭的体系。尽管中国修订的证券立法中不断加强证券交易所自律管理的权限和范

第五章 "公权化"下自律管理"存废论"与"有效论"之辨析

围,但是总体而言,中国证券市场监管体制仍处于政府的严格管控制之下。

美国次贷危机是在 20 实际 80 年代后政府开始放松金融监管体制的环境中发生的,以致逐渐演化并爆发了金融风暴。不可否认,美国这种放松的金融监管体制对其金融危机的爆发有着不可推卸的责任。但是,美国金融监管的放松原则在成为其金融危机发生的重要原因的同时,是否可以反过来证明一个政府严格管控的相对封闭的金融市场必将会免受资本市场风险的危害?是否可以化解资本市场的风险?这一答案是值得质疑的。

2. 中国金融市场结构简单,缺乏竞争力

就美国而言,其金融市场应该是世界金融市场结构最为复杂、层次最为多样化的国家。除传统的证券交易所市场以外,还大量存在柜台交易市场、另类交易市场等多层次、多结构的金融市场。随着 20 世纪 70 年代美国交易所的公司化改制,无论是纽约证券交易所,还是各州的如费城证券交易所、波士顿证券交易所、芝加哥证券交易所等这些传统的交易所,均已经公司化改制完成。美国纳斯达克交易所以及其他完全实行电子自动交易系统的另类交易所也都实现了全面的公司化改制,因而,美国各证券交易所之间既相互协调、分工有序,彼此之间也充满了竞争。也正是这种激烈的竞争导致美国金融市场中为追逐利益出现了诸如雷曼兄弟公司等金融机构隐瞒风险等虚假行为,最终导致危机的发生。但是,应该看到,金融市场结构的多样化本身没有问题,次贷危机的爆发也非金融市场结构的多样化和竞争性所致,而是多样化结构之间的风险防控的失误所为。

而中国证券市场结构相对单一。除传统的交易所市场以外,其他类型的交易市场很不完善。而电子化、网络化下的另类交易市场在中国也几乎没有发展起来。而且,中国目前金融业的混业经营状况程度不高,各金融业之间的流通还处于基本封闭的状态。除此之外,中国两大证券交易所之间缺乏严重的竞争,彼此的利益更多地受政府的保护和控制。

中国这种证券市场结构相对简单的现状使得其与美国类似的因金融业混业、金融产品创新而衍生的债权和证券相结合的品种所引发的"次贷危机"发生的可能性大大减少了。或者说,美国次贷危机发生的市场结构背景与中国目前的证券市场结构并不在同一个层面上。但是否可以说这种简单的缺乏竞争力的市场结构是避免危机冲击的"良药"呢?对此,恐怕无法给出肯定的回答。不仅如此,也恰好说明了中国证券市场的落后和亟待改革的需求。

3. 中国金融产品创新程度低,金融衍生品风险小

虽然美国在金融市场上的过度创新衍生出大量的、复杂的各类金融新品种,并成为导致这场全球金融危机爆发的主要诱因,但是,金融创新本身并没有问题,金融衍生产品本身是把"双刃剑",它能够发挥活跃交易、转移风险的功能,也能凭借杠杆效应掀起金融波澜;通过创新不仅增加了投资品种、投资渠道,还会降低投资的风险,从而推动经济的发展。导致危机爆发的本质原因是衍生证券品种中风险的全面揭示和信用的客观评定中存在问题,而非金融创新本身的责难。

反观中国金融市场在此次危机受冲击有限,除过于严格的金融管制以外,其中一个重要的原因是中国金融市场还处于较为传统的以股票、债券、基金为主的证券品种时代。目前,中国金融产品创新程度低,金融市场也缺乏创新动力。又由于我国的金融市场依然实行金融业的分业经营、分业管理体制,因而,金融市场中没有显现出美国次贷危机中由于实行金融业混业经营所导致的金融衍生品多样化,以及金融监管存在真空环节和地带的严重监管问题。故而在中国的金融市场中,并不易发生因金融产品创新出现大量的金融衍生品所导致的巨大风险。

4. 中国金融市场与国际化证券市场的严重脱离

从这次美国次贷危机的发生可以看出,其本国发生的金融风

第五章 "公权化"下自律管理"存废论"与"有效论"之辨析

暴之所以能波及其他国家，将其金融风险转嫁到国际资本市场及其他国家的资本市场中，并在一定程度上确实化解和分散了此次金融危机给其本国资本市场及实体经济带来的更大的重创，与其证券市场的国际化有着直接的联系。20世纪80年代，美国及欧洲各国既已开始其证券市场的国际化架构，并不断致力于其证券市场与其他国家证券市场的联盟，从而实现证券市场的全球化。

此次受到美国次贷危机重大冲击的也多为已实行证券市场国际化联盟的国家的金融市场，包括韩国、日本、加拿大、欧洲等国的金融市场。美国纽约证券交易所、纳斯达克交易所等早在20世纪90年代末和21世纪初就已与东京证券交易所、多伦多证券交易所、澳大利亚证券交易所、墨西哥证券交易所、香港证券交易所之间创立了全球性的中央证券市场（GEM）。[1] 诚然，证券市场全球化的目标是为了增强一国资本市场的国际竞争力，而非本意为转嫁风险，但客观上证券市场的高风险性也随着其国际化覆盖到证券的国际化联盟市场中。但是，不能因而得出证券市场的国际化是此次危机产生的本质原因，进而予以否认其积极性和有效价值。

中国证券市场虽然现也已经实现了电子化、网络化，但是，由于中国证券市场发展历史的短暂，以及国家对证券市场的严格控制，加之中国证券交易所依然实行的是较为传统的会员制形式，一定程度上阻碍了其走出国门与实行公司制的其他国家的交易所之间进行跨境结盟。可以说，由于目前中国证券市场的监管体制、交易所的组织形式等一些因素的制约，中国证券市场离国际化、全球化还有一定的路程。而正是由于中国参与全球化的步伐较为谨慎，因此较大程度地避免了美国金融危机的直接冲击。

但是，证券市场的国际化是一个重要的发展趋势，其将给证

---

[1] 于旭刚：《交易所非互助化及其对自律的影响》，北京大学出版社2001年版，第68~71页。

券市场带来更深刻的变革。交易市场的全球化在吸引全球上市资源、投资群体、稳固与发展自己的国际市场份额、参与资本市场的国家竞争等方面都有着巨大的优势和潜能。而相对封闭的资本市场,尽管可能避免某次金融危机带来的动荡,但其损失的将是更大的经济利益。正如 Thomas Friedman 先生所称:全球竞争是一场运动会,是一次又一次的百米冲刺。不管你赢得多少次胜利,第二天你又必须进入新一轮的赛跑。如果你仅仅落后百分之一秒,就意味着你仿佛落后一小时。❶ 对此,我们是应该暗自窃喜本国的证券市场因未国际化而免受的冲击,还是无奈我们可能丧失的赛跑的机会? 答案不言而喻。

实际上,美国次贷危机发生的根源与中国在此次危机金融市场未受到巨大的重创的原因并不在同一个层面上,而以此为依据来论证中国金融监管体制的有效性和优越性既没有充分的说服力,也不应对其予以肯定。

次贷危机造成的损失是严重的、显而易见的,但其给世人带来的也并非都是负面的影响,正如唯物辩证法所说的任何事物都具有两面性,次贷危机对中国金融机构的影响机遇多于挑战,如何在危机面前把握住机遇是我们国内金融监管体制亟待解决的问题。

---

❶ Henry M, Paulson: "Remarks at the SIA Annual Meeting", Nov, 4, 1999. Http://www.gs.com/interst/sia99.html. 2012/10/28. gs.com/interst/sia99.html. 2012/10/28.

第六章 证券业自律管理"公权化"矫正的路径选择

第一节 证券监管理念的修正及政府监管权力的合理让渡

一、证券监管理念修正的意义

(一) 证券监管理念的影响及其重要性

古希腊哲学家柏拉图认为,理念是独立存在的、单一的、不可见的,但却是可从思想上把握的、不变的、神圣的、不灭的、不可分解的和自我保持的思想、看法、精神。❶ 监管是国家证券监管主体为实现其监管目标而利用各种监管方式、手段对监管对象及其行为所采取的一系列有意识和主动的干预、管理及控制的活动。正如一切活动都是受意志、思想支配一样,监管活动也是在监管理念的引导下通过确立其具体监管措施、监管模式、监管目标等内容而进行的活动。可以说,监管理念渗透在每一个监管环节和活动中。❷ 证券监管理念对于证券市场监管体制如何架构、不同监管主体行使的监管权限如何分配、具体监管措施如何设定等具有重大的、有时甚至是决定性的影响。每一个国家的金融、证券监管模式实际上都是在不同的金融、证券监管理念的指

---

❶ 漆多俊:"经济法价值、理念与原则",见《经济法论丛》(第2卷),中国方正出版社1999年版,第75页。

❷ 赵洪军:"中国证券市场监管理念与演变分析",载《经济纵横》2006年第10期。

导下作出的不同选择。正确的监管理念除有防止市场失灵与监管失灵双重功效外,还可以填补监管制度中的法律空白。实际上,一些国家的金融监管机构在其年度报告中都会有一个关于"监管理念"的报告,专门阐述其监管理念。❶

正因为理念对活动影响的重要性,使得证券史上每次发生重大危机事件,人们在讨论证券监管中出现的问题时,监管理念都成为研讨、变革证券监管体制中的一项重要内容。人们不仅仅只检讨现行金融、证券监管体制哪些环节存在问题,同时也在拷问引导具体监管体制的原则、理念是否存在问题。从最初的对自由放任监管原则到政府适度干预原则的转变,从规则监管原则到审慎监管原则的转变,从机构性监管原则到功能性监管原则的转变,每一次监管原则的转变实际上都是对之前实行的原则拷问并作出的变革。这些监管原则的转变其实就是监管理念的变革,并随之引起原来监管体制的变革,这种变革或者表现为重新设置政府监管与自律管理之间的权限分配,或者表现为新的监管机构的设立,或者表现为新的监管模式的适用,等等。2007年美国"次贷危机"金融风暴发生后,广泛引发了各界对金融风暴发生前美国金融业实行的"机构监管原则"的质疑和讨论。美国财政部2008年出台的《美国金融监管蓝图》及2010年出台的《金融监管改革法案》都从立法的角度重新架构了美国的金融监管理念。

一国证券监管理念的形成与该国经济、政治、文化传统背景有着密切的关系,而随着经济体制改革的不断变化,其证券监管理念也在逐步发生变化,政府对证券市场监管具体措施的变化也体现了监管理念的变化。我国证券业自律管理体制中之所以出现严重"公权化"问题,与我国采取的金融、证券监管理念有着

---

❶ 梁定邦:"梁定邦先生纵谈《证券法》与证券监管",载《证券市场导报》1999年1月20日。

第六章 证券业自律管理"公权化"矫正的路径选择

直接的关系。

因此,在探讨证券业自律管理"公权化"矫正路径时,首要任务就是应对我国现行的证券监管理念进行矫正,树立正确的监管理念是我国证券市场健康发展的首要条件。

(二)证券监管理念的要素与证券监管目标

1. 证券监管理念的要素

证券监管理念是监管者开展监管工作的目的、要求和行动指南,是证券监管工作的指导思想。❶它是制定证券监管措施、目标的根本,是证券监管成败的关键,也是证券市场发展的基石。证券监管理念作为一种指导思想、基本原则贯穿于整个证券监管活动过程中,对证券监管行为具有统领、指导的一系统观念、信念、思想、价值、原则的统一与升华作用,体现在证券监管的各个环节及每一个要素中。

通常认为,证券监管包含监管主体、监管目标、监管对象和监管手段四个要素,❷每一要素都体现了证券监管理念,证券监管理念也是通过这些具体的要素得以贯彻和执行。首先,就监管主体而言,主要包括国家监管机构和行业自律管理组织两个证券监管主体。不同历史时期、不同监管主体体现的证券监管理念有所不同。在当今各国证券监管体制中,政府一般都作为重要的监管主体,其作为证券规则的制定者也是证券监管活动的主要执行者,首要的就是确定自己的监管理念和监管模式来贯彻实现自己的监管目的。因而,在以行政监管为主的监管体制中,行业自律监管组织更多的是要体现政府证券监管的理念。但是,即便是在以政府监管为主的证券市场中,不同的市场经济体制、国家体制,其所确定的证券监管理念也多有不同。在中西方不同的国家

---

❶ 陈岱松:"WTO 与证券监管理念",载《上市公司》2003 年第 3 期。
❷ 赵洪军:"中国证券市场监管理念与演变分析",载《经济纵横》2006 年第 10 期。

制度、社会制度情形下，由于证券市场的发达程度和相关立法的完善程度不同，西方证券市场发达国家在确立国家政府监管理念时，仍注重证券业自律管理的自治。而中国则更注重确立政府行政的全面干预理念。其次，就监管目标而言，不同监管主体监管的直接目标和间接目标不同。以政府监管为主的监管体制，其监管的直接和最终目标是：一要维护证券市场的稳定、有序、透明和效率；二要保障投资者的合法权益，这是当今各国政府证券监管理念的主要监管目标。早期证券业自律管理为主时，其自律管理的直接目标是维护行业成员之间共同的经济利益，并在此基础上间接实现对证券市场的有效维护。再次，就监管对象而言，监管对象既包括被监管主体，也包括被监管主体实施的各种证券行为。从政府证券监管主体的角度而言，所有一国证券市场的参与者及其所从事的与证券发行、交易相关的行为都在监管范围之内。监管对象往往具有相对的稳定性。即不论一国体制如何，通常都确定其证券市场所有参与者的相关证券活动都应当在证券监管范围之内，只是受到的监管宽严程度有所不同而已。最后，就监管措施而言，不同的证券监管理念直接决定了证券监管方式的不同，所形成的具体监管措施也有一定的差别。在证券监管改革进程中，每一次监管措施的变革、完善实际上都体现了监管理念的变革。是实行以政府主导型为主的监管体制，还是实行以行业自律管理型为主的监管体制，其体现的监管理念不同，也就决定了各自的监管模式、监管措施和监管权限的不同。监管措施是监管理念最突出的表现方式。

　　从上述监管理念的要素中可以看出，由谁监管、为什么监管、监管什么以及怎样监管每一个环节中都无不贯彻体现了监管理念、思想，而不同的监管理念决定了不同的监管方式和措施。因而，如何确定或修正证券监管理念对一国证券监管体制的发展路径至关重要。

2. 证券监管的目标——证券监管理念的国际标准

从通常意义上讲，监管理念与监管目标在表现形式上很相似，二者存在相互通用的现象，但监管理念与监管目标并不是同一层次的概念。监管理念更多体现的是一种思想、观念和原则，是一种抽象意义的精神与价值，监管目标则更加具体、明确，是监管理念在监管活动中的具体表现。监管理念指引监管目标的制定。❶

由于各国的国家制度及其证券市场发育的完善程度不同，监管理念不同，所确定的监管目标也不尽相同。对此，国际证监会组织通过了一项国际监管标准——《证券监管目标与原则》，确定了证券监管中最基本的监管目标，这些目标为建立一套有效的证券监管体系奠定了基础，并成为各国证券立法中证券监管目标的基本要求。

证监会国际组织（IOSCO）是国际证券市场监管最重要的组织。目前已有193个❷国家的证券监管机构成为其成员，这些机构负责日常的证券监管以及证券法规的执行。IOSCO在《证券监管目标与原则》中列出了证券监管的三项基础目标，即保护投资者；确保市场公平、有效和透明；减少系统风险监管目标。这三项目标紧密相连、互相作用，如许多确保公平、有效和透明的市场要求也会促进对投资者的保护并帮助减少系统风险。同样，许多减少系统风险的方法也会为投资者提供保护。

保护投资者权益与维护市场稳定、有效和透明的监管目标同样也是各国政府证券监管的主要目标和终极目标。保护投资者权益和维护市场稳定、有效和透明要求：（1）市场参与者全面披露影响投资者投资决策的各种重要信息，这是各国证券立法中确

---

❶ 陈岱松："证券监管之法理释义"，载上海市社会科学界第六届学术年会论文集第415页。

❷ 截至2005年6月30日，国际证监会组织共有193个成员。

立的基本制度;(2)市场准入资格是有效市场维护的前提条件,这就需要为市场参与者设立最低准入标准和相关检查、监管制度。这些既是政府监管者的基本职责,也是其维护投资者和市场稳定、有序目标的基本要求。

同时,国际证监会组织也十分注重行业自律管理组织在证券监管中的重要作用,对自律原则亦作了规定,如自律组织在行使和代行使职权时应遵循公平和保密原则。❶ 且自律组织行使自律管理职权时应接受监管者的监督,一旦自律组织开始运作,监管机构应当确保自律组织行使职权符合公众的利益,确保对有关证券法律、法规和自律组织条例公正和一贯地实施。❷ 行业自律管理组织行使自律管理职权所要体现的公正主要是指:公正、一贯地对待自律组织的全体成员和申请加入组织的对象;在从会员中选择自律组织董事和进行日常管理中,体现公平原则;避免在使用监管职责时容许任何市场参与者不公正地从市场上获利。❸

由此可以看出,国际证监会组织所确立的三个证券监管目标是政府证券监管职权所要实现的直接目标和终极目标,而行业自律管理目标所体现的公平更多地限定在成员之间,而非证券市场所有投资者利益的维护和证券市场公平的维护。两个不同层次的监管目标表明,不同的监管主体实现的任务有所不同。

二、美国证券监管理念的变化和反思

(一)美国次贷危机时期证券"规则监管理念"的反思

在美国次贷危机发生后,美国政府对其金融监管体制进行了检讨和反思,对美国金融危机发生时所实行的金融监管理念进行

---

❶ 2009年国际证监会组织:《证券监管目标与原则》,载 http://www.IOSCO.org/htim.2011/3/19.

❷ COSRA《市场有效监管的原则》报告,1995年5月。

❸ 国际证监会组织:《证券监管目标与原则》,载 http://www.csrc.gov.cn/pub/newsite/bgt/xwdd/201202/t20120215_205694.htm 2010/10/12.

了深刻讨论，而在美国提出的重建其金融、证券监管体系的蓝图和白皮书中，也对其监管理念进行了反思和变革。

基于安然公司丑闻事件的发生和揭露，2002年颁布的《塞班斯法案》即确立了严格、复杂的法律规则，在监管方面体现为加强国家干预，至此在证券监管方面实行规则监管的理念和方法并一直适用至美国次贷危机爆发，而此一时期也正是后凯恩斯主义国家干预经济政策的进一步落实时期。

对于美国在证券监管理念方面确立的规则监管理念，有支持者表明：更加详细的、考虑更周全的规则有利于并使人们更容易遵守规则，也给予了执行者大量的自由裁量权，使其远离政府的监督、干预。❶ 规则基础的管理体系可使他们必须遵守管理，明白政权的精确范围，更主要的是规则基础体系能有效增加透明度并帮助增加市场竞争力和减少市场进入障碍。❷ 但是，2007年11月美国金融服务圆桌组织发布的《提升美国金融竞争力蓝图》中批评美国采取的规则监管理念和方法，认为过细的监管规则限制了监管者适应全球市场变化的能力，造成金融机构新产品和新服务的推出越来越难，导致监管者和金融机构之间更多的是对抗而不是合作，降低了监管的灵活性。❸ 同时FSA主席认为：依赖规则解决市场过错、不端行为，充满详细规则的手册可以使我们确信其是通往组织市场失误的路径。而实际上，这种方式使我们

---

❶ Peter J. Wallison： "Fad of Reform： Can Principles-Based Regulation Work in the United States? Financial Services Outlook"，June 2007，at 2. http：//www.awi.org/doclib/20070611-21829june.fsog.pdf. 2011/10/21.

❷ Paul F. Williams： "Commentary on Principles Versus Rules-Based Accounting Standards and the Concipt of Substance over Form"，Universidad Carlos Ⅲ Madrid 7th. July 13，2003.

❸ 陈红："全球金融监管理念的冲突、碰撞及转型"，载《西部论丛》2010年第10期。

仅仅对待了市场失败的某些症状，而忽视了最根本的原因。❶ 这种政府制定详细的"规则基础"范式，并用政府力量强制达到这种要求，很清楚地表明详细规则本身并没有阻止不端行为，规则是无效的，因为其只是针对症状而不是根源。不仅如此，那些规则容易被带入歧途，因为它们要求管理者全部关注于"技术上的要求"或"转移注意力去坚持文字而不是管理目标的意图"，因为"管理的根本目的不是死记硬背这些长长的一系列规则中的内容"。❷ 理念的转变折射出金融监管哲学的变迁。

对于美国次贷危机发生后美国金融监管理念的变革，国内有学者认为，金融危机后美国提出的金融监管理念改革即是从原来的微观审慎监管理念转变为宏观审慎监管理念，❸ 即从微观的规则监管转向宏观的原则监管。还有学者认为，美国新近金融监管体系的改革表明，美国金融监管理念从规则导向监管转为目标导向监管、从机构导向监管转变为业务导向监管。❹ 无论哪种观点实际上都是对美国次贷危机发生时金融监管理念的一种检讨和反思。实际上，美国金融危机的爆发并非一朝一夕形成的，而是一个漫长的过程。在这个过程中，金融监管中的具体措施虽在不断的调整之中，但关键理念和指导思想的失误是导致整个金融监管体制运转失常的深层原因。

（二）美国金融监管理念的新变革——"原则监管理念"的实行

在批评和反思美国金融危机发生时适用的金融"规则监管

---

❶ John H. Walsh："Institution-Based Financial Regulation：A Third Paradigm"，49 Harv. Int'l L. J. 381.

❷ Philip Ryley："A Matter of Principle"，LEGAL UPDATE（TLT Solicitors, Bristol, U. K.），2006. 30.

❸ 包勇恩："新巴塞尔协议监管理念的制度缺陷——美国金融危机的金融法反思"，载《福建金融管理干部学院学报》2009年第1期。

❹ 尹继志："美国金融监管体系改革评析"，载《金融发展研究》2009年第2期。

念"背景中，美国金融业提出了重树新的金融监管理念的构想。美国财政部前部长汉克·鲍尔森认为：应当借鉴英国证券监管理念，运用原则监管方法对资本市场进行监管。❶ 同样，美联储前主席本·伯南克亦强调：应采取一些基本的、以原则为基础的政策措施，并使之能够普遍适用于金融业的各个领域，以实现既定的监管目标。❷

英国实行的是"原则基础"的金融监管范式，这种范式中管理者为被管理者设立了被要求管理的结果，然后要求被管理的公司去达到这个目标。纽约州在其保险部门率先建立了第一个"原则基础"的金融管理模式，其中10个原则针对行业，10个原则针对管理者。强调原则监管的基本目的是"保证适当的结果"。❸ 目前，金融原则监管基础范式占据主导地位，成为美国金融监管的主要理念。

金融监管中的"原则监管理念"与"规则监管理念"相对应，最主要的内涵是依赖所确立的原则并且聚焦于结果，以高层次的规则（High Level Rule）作为手段，达到所期望实现的监管目标。而不是像规则监管方式那样确立详尽的涉及证券领域中各个环节的各种监管规则，原则监管过程中更少地依赖于具体的规则。原则监管具有监管弹性，可以促进机构自主经营；提高市场效率，加快金融创新；降低监管成本，节约监管资源；更灵活地适应多变的市场环境。但是，也有学者认为单纯的规则监管和原则监管都可能会出现偏差，并提出原则监管和规则监管相融合的

---

❶ 时辰宙："国际金融监管理念的最新演进"，载《金融发展研究》2010年第12期。

❷ Ben S. Bernanke: "Regulation and Financial Innovation, Remarks to the Federal Reserve Bank of Atlanta's 2007 Financial Markets Conference", May 15. http://www.bis.org/review/r070526a.pdf. 2012/6/22.

❸ John Tiner: "Principles-Based Regulation and What it Means for Insurers", Insurance Sector Conference, Mar. 20, 2006.

金融监管范式。

除此之外，针对新的金融监管理念的建设，还有人提出了从机构性监管理念向功能性监管理念转变的主张，不再适用原来金融业分业经营模式下的由各个金融业监管机构分业管理各自金融领域的活动。在金融业混业经营模式下，应打破原来各自金融监管机构分业管理的模式，转变为以功能为基础的金融监管模式。功能监管理念下的监管模式要求设计的公共政策和监管规则更具有连续性和一致性，这种一致性和连续性能减少金融机构进行"监管套利"的机会主义行为，而无须随着制度结构的变化而变化，从而能更好地监管混业状态下各个金融领域的活动。

无论是金融规则监管理念还是原则监管理念，抑或是从机构性监管理念向功能性监管理念转变，都应该清晰地认识到，并不存在一个完美的金融监管理念和金融监管模式，每一种监管模式都有其各自的利弊。而无论树立哪种监管理念、确立哪种金融监管模式，都必须与一国金融发展的状况相适应。新的金融监管范式在现行世界还混杂在不同管理体制下，除了要打造一个真实的全球市场适用的管理范式，同时保持各地区不同管理范式的选择也是必然的。❶

三、中国证券监管理念的转变与修正

（一）现行"全面行政监管理念"的演变

众所周知，中国证券市场萌生于特殊的政治与经济使命，为"国企托市"是证券市场建立的最初命题。这一定位在证券监管体制设计中，政府监管者对政治、经济因素的考虑多于对市场效率的考虑，这种考量使得政府监管者通过包揽的方式将证券市场运营中的主要环节都置于政府权力的监管控制之下，对垄断的稀

---

❶ John H. Walsh：" Institution-Based Financial Regulation：A Third Paradigm"，49 Harv. Int'l L. J. 381.

第六章 证券业自律管理"公权化"矫正的路径选择

缺资源进行倾向性的分配。❶ 这种政府全面干预的理念表现在证券市场的各个环节中,如早期政府对证券发行溢价市盈率的规定、公司法定资本制的确定等,均充分体现了政府对投资者和市场的担忧及全面干预。这种"家长式"的管理理念在证券监管理念中即表现为严格的政府证券监管管控理念。这一理念表现为"大到游戏规则的制定,小到市场准入审批、公司市场行为与行政运作、机构负责人的任免甚至日常思想教化、知识培训等都不遗余力地被承揽下来"。❷ 在这种模式下,政府不仅要承担通常意义上的经济职能,更要负担促进市场发育和建立市场秩序的责任,以弥补市场"先天不足"的缺陷,但这种模式同时也给政府带来了两难选择:一方面,在经济发展初期,制度安排必须要由政府组织来发动,此时,政府总是一厢情愿地希望其具备较快的成长速率,因此政府不仅需要承担本应由市场承担的创新责任,还要不断地维护自身推行的制度;另一方面,政府的介入行为时常发生不同程度的偏离,直至扭曲。政府在推动、约束金融业健康良性发展的同时,一并带来的证券监管权力扩张又有悖于市场化改革的主旨思想。❸

随着市场经济改革和政企改革的不断深入,尤其是中国正式加入WTO后,证券监管实行"全面监管、补充制度短板"的理念。❹ 西方证券市场制度和证券监管制度被引入中国,证券市场进入一个制度创建的高发期,同时监管理念也在发生细微的变化,加之证券市场运行中出现的政府监管失灵现象,政府监管开

---

❶ 黎四奇:"对我国证券监管理念的批判与反思",载《经济论丛》2009年下卷(总第17卷),第314页。

❷ 廖志敏:"纠缠于行政与司法——中国股市监管的现状与未来",载《金融法苑》2003年第1期。

❸ 龙献忠、周晔:"我国政府在金融监管中的定位困境与对策",载《求索》2010年第5期。

❹ 时辰宙:"国际金融监管理念的最新演进",载《金融发展研究》2010年第12期。

始转变，尊重市场机制，从过度依靠政府监管演变为倡导市场自律，加强行业自律管理，在逐步放权的变化中确立政府监管与行业自律相结合的制度。这一时期开始推行"市场监管"的理念，在监管制度上也突出了程序性监管及减少行政审批的做法，在监管体系方面发挥了派出机构和交易所的一线作用。❶ 在这种理念的引导下，2006年修订的《证券法》加大了证券交易所自律管理的权限，政府将证券的上市、退市决定权"下放"，交由交易所行使。我国的证券市场也从一个融资型的市场转向投资型市场，投资者成为市场最重要的、核心的主体。

尽管中国现行证券监管体制中确立了证券业自律管理为辅的监管制度，但在政府全面监管的理念下，证券业自律管理的空间全部仰仗于政府监管权的下放或授权，自律管理空间完全掌控在政府监管手中。因而，在没有改变政府严格监管理念的境况下，尽管已在证券监管体制改革中加大交易所自律管理权限，但都无法彻底改变证券业自律管理"公权化"的根本症结。

（二）中国"金融监管理念"的重树

应该说，中国证券市场经过短短30余年的发展，极大地缩短了西方国家上百年的证券市场发展历史，政府证券严格监管的理念和政府主导监管的制度为中国证券市场的发展所作出的贡献功不可没。但是，证券市场问题丛生，这些问题和缺陷存在的原因是多方面的，其中包括证券监管理念一直存在一定的偏差。监管思想的更新源于市场变革，只有变革才是促进政府不断更新监管理念的真正动力。❷ 面对美国金融危机所引发的全球对金融监管制度的反思和监管理念的重构，我国现行的政府证券主导型、全面监管理念也需要反思和重构。

---

❶ 赵洪军："中国证券市场监管理念与演变分析"，载《经济纵横》2006年第10期。

❷ 石岩："监管理念之我见"，载《中国投资》1999年第8期。

第六章 证券业自律管理"公权化"矫正的路径选择

1. 树立市场监管的平衡理念

中国证券市场经过了集中统一监管、全面监管、政府监管与自律管理相结合的监管思想的演进过程，但演进的核心没有脱离政府行政化监管为主的理念的范畴。其实，每一次演进的过程都是一个试错纠错的过程，监管制度思想演化的结果具备了最适应性而并非最优性。❶ 这是制度变迁路径依赖的结果，是历史惯性选择的结果。我国现行最适应性的政府主导监管理念及由此形成的监管体制对于证券业自律管理"公权化"有着深远的影响，因此，探索最优化的证券监管理念成为当务之急。

美国有着相对发达的证券市场，其金融产品高度繁荣也得益于美国自下而上的主要依靠市场自律、相对自由的金融监管模式。当然，过度的自由也带来了高度的混乱。❷ 美国针对其危机发生前的金融放松监管和规则监管理念，提出了加强政府监管的思想和目标监管原则，其实质就是从过度的自由化向中间原点回归，寻找相对平衡的监管模式。

与此相反，放眼我国证券监管理念的变革，应该向市场监管的理念转变，也即在现行政府监管主导的理念下，不应效仿美国进一步加强政府监管，相反应该贯彻市场监管理念，以使严格的政府行政监管走向市场监管，实现二者相对平衡的状态。

树立市场监管理念表现在两个层面：一是从市场出发，确立市场效率最大化的有效监管理念；二是注重市场主体的自律管理理念。当今证券市场全球化和国际化进程不断加快，呈现出证券交易日益电子化，市场参与者的数量急剧增加，机构投资者成为市场的重要力量，市场创新活动加速，新产品、新技术不断涌现等重要特点。这些变化使得日趋激烈竞争的证券市

---

❶ 贾捷、李志强："基于演化经济学的企业文化演化解释"，载《经济问题》2006年第8期。

❷ 祁斌："美国金融监管改革法案历程、内容、影响和借鉴"，载《金融发展评论》2010年第9期。

场不再局限于同一市场中的不同市场参与者，更表现为不同市场之间的竞争。❶这种趋势使得政府行政监管更加显得捉襟见肘，势必让渡于市场担负必要的监管功能。快速反应的市场调节可以在一定程度上提高金融效率。当然，同时也可能增加金融风险的系数，对此可以由原来的政府行政监管下的金融风险控制转向市场监管下的金融风险提示，通过透明度的提高增加金融安全的有效监管。

树立市场监管理念还应注重市场主体自律管理理念。正是因为上述证券市场发展的趋势和特点，市场日趋复杂和潜在的巨大风险又要求由原来的集中监管转变为分散监管。❷ 2001 年，时任中国证监会主席周小川从证监会的角度说，必须清醒地认识到，随着市场复杂性的增大，什么都抓的监管方式不行了，监管必须分层次进行。❸政府监管适宜于那些需要一个稳定、清晰和可预期的制度环境，而自律监管则适宜于那些需要较为具体、详细、灵活的制度环境。在复杂、动态、多变的金融市场环境中，既包含私人利益又包含政府监控的行业自律监管是一种不可或缺的、效率较高的监管模式。市场机制的运行边界构成政府干预市场的最大效力范围，政府干预市场应以不损害市场机制正常运营为基础，而将市场调整运行机制还权于市场和市场主体。树立市场监管理念对于修正政府主导监管理念下的证券业自律管理"公权化"有一定的现实意义。

2. 确立规则监管与原则监管相结合的理念

无论是国际监管体系还是一国金融监管制度，都应包括微观审慎监管和宏观审慎监管两个方面。我国政府行政监管更多体现

---

❶ 孙光焰："我国证券监管理念的市场化"，载《中南民族大学学报》（人文社会科学版）2007 年第 2 期。

❷ 真荣、黄正红："美国证券业的自律监管制度"，载《上市公司》2002 年第 11 期。

❸ 黄运成："在创新中加强监管"，载《中国证券报》2002 年 2 月 4 日。

第六章 证券业自律管理"公权化"矫正的路径选择

的是微观审慎监管,也即细致的规则监管理念。国际金融危机爆发以来,中国出台了多项经济政策和措施,但这些措施中有关宏观审慎监管的内容并不多,宏观审慎监测分析指标和监管政策工具的开发和运用亦比较滞后。❶

2010年7月21日,经美国总统奥巴马签署的《金融监管改革法案》正式实施。该法案将2008年美国财政部公布的《现代金融监管构架改革蓝图》中提出的原则监管理念和以目标为导向的监管模式以立法的方式确立下来,并对世界各国的金融监管思想产生了重大影响。目前,英国、美国、日本等国在其金融监管体制变革中均开始采用原则监管理念。

原则监管理念是对危机发生前美国金融监管中适用的规则监管理念的一种变革。原则监管理念聚焦于结果,以明确清晰的监管目标为导向而不是着重于具体详细的规则监管。当然,原则监管是对细致规则的一种纠正,并辅助于功能监管的实施,并非放弃所有规则进行空洞的宏观监管。从规则监管理念到原则监管理念的转变,依据的是良好的市场发展、丰富的自律管理经验以及健全的立法规定。

我国证券市场与英美等发达证券市场间有着明显的差距,其中缺乏行业自律管理的充分经验及市民社会自发自觉的自治精神,市场规范的立法不完备、市场竞争机制不够健全、风险管理能力有待提高、诚信机制不足、行政监管的官僚化和僵化等诸多因素的制约,也即我国证券市场全面推行金融原则监管理念所需的外部环境和内部条件并不具备。

因而,就现阶段转型期间而言,基于证券市场稳定和安全考量,"规则监管"仍可成为中国金融监管遵循的主要原则。尽管如此,鉴于微观审慎监管原则的不足,在市场监管理念的引导

---

❶ 崔鸿雁:"建国以来我国金融监管制度思想演进研究",上海复旦大学2012年博士学位论文,第248页。

下，应在相对成熟的金融领域中逐步推行原则监管理念试行。❶ 这样有助于一定程度上修正政府事无巨细行政监管的弊病。实际上，即便采取金融原则监管理念的英美等国也强调原则监管与规则监管之间的平衡和相容。

3. 推行政府适度监管的理念

其实，无论是规则监管向原则监管理念的转变，还是行政监管理念向市场监管理念的转变，都隐含了对政府全面行政监管权限的一种让渡要求，体现对政府监管权力的适度限定。综观我国证券相关立法关于中国证监会监管权力的规定，不难看出，中国证监会的行政监管权限如此庞大，包括证券市场主体机构的设置、机构范围权限的限定、市场参与者资格的认定、业务规则的审核、法律法规的制定、信息披露的要求、违法行为的处罚等宏观监管和微观规制的各个方面、各个环节。如此林林总总的规范性法律文件及制度设计中包含的为自律机构所配置的权利也极为纷繁复杂。❷ 然而，细究为自律机构配置的权力的实质性和有效性不难发现这种权力配置的不平衡态势。另外，也说明了为自律机构权力配置的行为本身也体现了中国金融制度固有的政府全面行政干预的理念。

然而，政府同样也有缺陷，也会常常不顾公共利益而追求其官僚集团自身的私利。❸ 对于法律制定者而言，立法者的任务不是建立某种特定的秩序，而只是为之创造一些条件，在这些条件下，一个有序的安排得以自生自发地形成，并得以不断重构。❹

---

❶ 陈红："全球金融监管理念的冲突、碰撞及转型"，载《西部论坛》2010年第10期。

❷ 黎四奇："对我国证券监管理念的批判与反思"，载《经济法论丛》（下卷，总第十七卷）2009年，第318页。

❸ [美]波斯纳：《法律的经济分析》，蒋兆康译，中国大百科全书出版社1997年版，第29页。

❹ [英]哈耶克：《自由秩序原理》（上），邓正来译，生活·读书·新知三联书店1997年版，第201页。

第六章 证券业自律管理"公权化"矫正的路径选择

政府这种全面细致的监管措施所体现出来的对权力滥用与失控的担忧，结果之一就是极大地阻碍了行业自律管理的发展。金融监管体系的平衡依赖于自律与他律的平衡发展。政府行政监管权力的庞大不仅挤占了自律的空间，同时也带来了政府失灵。❶ "市场失灵"与"政府失灵"均实证地表明，过度管制与放任自由都无法保证证券市场的稳定发展。因此，寻求管制与自由之间的平衡——适度监管理念已成为多数国家通行的证券市场监管的重要原则。

政府证券适度监管理念的确立就是要正确界定政府监管者的适当角色。政府监管者不应是市场的直接参与者，不能同为规则的制定者、实施者和监督者。政府的责任就是顺应市场内在的规律，科学地制定证券市场正常、有序、公平运行的规则，确立证券市场宏观发展战略，并适时推动其向规范化与国际化发展。

对于中国证券监管现状，政府证券适度监管理念的确立尤为重要。尤其是在以集权主义为主导思想的证券市场监管体制建设中，政府行政监管权力的主动适度让步，是证券自律管理得以发展的关键，也是证券行政监管理念修正的重要步骤。

四、政府证券监管的合理定位

（一）政府证券监管正当角色——证券市场公平竞争的最终裁判者

通常认为，政府对市场的干预是因为"市场失灵"，政府对市场的干预监管正是为了矫正市场失灵中的公共物品、负外部性、不完全竞争、不充分信息、不平等问题。因此，市场失灵成为被认可的构成政府监管、规制的基础。从西方主要市场经济国家的政治实践来看，几乎所有国家也都采取了强度不一的政府监

---

❶ 以萨缪尔森的观点，当国家行动不能增进经济效率或当政府把收入分配给那些不恰当的人时，政府失灵就发生了。

管,完全排斥政府监管的极端做法并不存在,问题的关键是在追求效率的证券市场中,自由放任主义与国家强制干预政策两种极端的做法都同样出现了失灵的现象,政府市场的直接干预也不能解决市场自身无法调节的问题。著名经济学家安东尼·吉登斯认为,经济管制常常是自由与繁荣的条件,政府管制需要设定一定的限度,政府通常在以下情形中发挥其经济管制的作用:(1)反垄断;(2)控制自然垄断;(3)创造和维护市场的制度基础;(4)利用市场实现中长期目标;(5)在微观和宏观层次上平抑市场波动;(6)保障工人的物质条件和劳动合同;(7)对天灾及时反应并解决。❶ 正如哈耶克所指出的:任何人都只能考察有限的领域、认识有限需求的迫切性,无论他的兴趣以他本人的物质需求为中心,还是热衷于他所认识的每个人的福利,他所关心的种种目标对于所有的人类需求而言,仅仅是九牛一毛而已。❷

证券市场失灵有其特殊原因——严重信息不对称、高风险、过度投机、垄断和操纵等问题。证券市场信息严重不对称、不充分导致证券价格不能充分提示证券的真正价值,使得证券市场资本配置功能受到阻碍,市场效率大大降低。❸ 而过度投机、垄断和操纵行为也都与信息严重不对称直接相关。证券市场信息不对称及由其产生的内幕交易、投机、垄断严重影响了市场的公平秩序,对此,市场机制本身无法自动调节,需要政府的干预监管。尽管如此,政府干预是为了解决市场失灵才进行规制的假定命题本身值得考量。这一假定前提是政府有能力以公正的立场实现市

---

❶ [英]安东尼·吉登斯:《"第三条道路"与新的理论》,杨雪冬、薛晓原译,社会科学文献出版社2001年版,第665页。

❷ [英]哈耶克:《通往奴役之路》,王明毅、冯兴元译,中国社会科学出版社1997年版,第61页。

❸ Eugene Farna: "Efficient Capital Markets: A Review of Theory Empirical Work", Journal of Finance, May, 1970, at 383–417.

场整体利益最大化，同时政府官员还应成为不具私利欲望的"经济阉人"。❶ 而事实证明，这种假定的经济规制理论是失灵的。政府监管失灵的原因主要包括两个方面：一是监管信息失灵，监管成本等因素限制其获得的信息也是不充分的；二是监管的奖惩失灵并易产生寻租现象，导致新的问题出现。❷ 事实上，尽管证券立法颁布了大量的制裁性规范，但真正有效的制约却相当有限。如上市公司的恶意包装、信息披露不规范、内幕交易等不规范行为难计其数，庄家利用信息优势和上市公司串通、恶意操纵市场的行为时有发生。❸ 而中国证监会又过多关注对证券市场的日常管理。一国证券市场成熟与否的核心指标不是以监管者权力的或宽或窄为识别标准，而是"通过市场竞争度、市场有序度、市场运行机制的灵活度及市场交易成本度等来反映的"。❹

各国证券法及国际证监会组织确立的监管目标本质上都是追求效率和公平价值。政府是市场的监管者与引导者，保障市场效率和完整性，以及金融业的安全运行应为政府监管的主要目标。❺ 政府对市场的过度自信监管，以及市场过分倚重于政府证券监管都不会减轻、消除监管者与被监管者之间的信息不对称现象，相反，这种盲目乐观氛围下的高度权威性监管不仅可能使监管者变成市场的聋子与瞎子，还极大地破坏了证券监管体制的平衡。❻ 政府证券监管应着眼于促进市场效率、维护市场公平和诚

---

❶ 沈鹏："证券监管的限度"，中国政法大学2003年博士学位论文，第15页。

❷ "张维迎教授关于管制与放松管制系列谈话录"，载《21世纪经济报道》2002年4月9日。

❸ 张育军：《投资者保护法研究》，人民出版社2007年版，第359页。

❹ 谢百三主编：《证券市场的国际比较——从国际比较看中国证券市场的根本性缺陷及其矫正》，清华大学出版社2003年版，第143页。

❺ Michael Taylor："The Search for a New Regulatory Paradigm"，Mercer L. Rev. 793 (1998).

❻ 张清华："全球金融危机下中国证券监管理念的历史审视"，载《证券法苑》2010年第3卷，第328～339页。

实、保护公共利益等目标的实现。因此，政府证券监管只能是证券市场效率、公平、竞争的最终维护者和裁判者，而绝非市场的直接干预者和参与者。正确的角色定位有利于合理界定政府监管与市场管理、自律管理之间的空间维度。

（二）政府证券监管权限的核心——信息披露及不当行为的处罚

1. 规范强制信息披露制度

证券市场失灵的核心是信息的不对称，信息失灵导致的后果表现为两个方面：一是信息失灵往往是其他证券违法行为发生的基础。实证中证券违法、犯罪案件几乎都与信息失灵有着直接或间接的联系。信息披露不真实与内幕信息泄露已是我国证券市场上市公司招股、上市、配股和年报中存在的比较普遍的问题。高估资产、虚报盈利、虚假包装、随意改变募集资金投向等严重信息披露不实使证券市场的公信力受到前所未有的挑战。更有甚者，一些上市公司及证券公司受大股东的严密控制，使之成为大股东的"提款机"。❶ 二是证券市场投资者的理性投资判断依据是真实、完整、及时的市场信息披露。毫无疑问，如果没有强制性的信息披露约束机制，公司不会有足够的动力披露信息，而投资者为了寻找可靠的、足够的信息以作为决策参考将不得不付出更大的成本。同时，如果放任公司对信息的任意处置，实力优势的投资者更有能力获取不为一般投资者知晓的信息，将导致不公平的信息分布格局出现。

信息披露制度是目前所有国家证券立法中政府证券监管的核心，实行强制信息披露制度也是社会公平和正义的体现。❷ 目前，我国关于信息披露制度已基本形成了系统的立法规范，从

---

❶ 如广发证券原总裁董正青2006年将广发证券借壳延边公路上市的内幕信息透露给其弟弟董德伟、其好友赵书亚，后二人利用该内幕信息大量买卖延边公路股票，分别获利5000多万元和101.73万元。

❷ 齐斌：《证券市场信息披露法律监管》，法律出版社2000年版，第1页。

《公司法》《会计法》《证券法》等基本立法到证监会出台的相关法规及司法解释，对信息披露的主体、标准、格式及内容都作出了相应的规定。但是，证券市场信息披露不真实的问题依然严重，一方面表现为监管者对信息披露不真实主体的处罚不够严苛，对由此造成的投资者损害民事赔偿不力；另一方面表现为监管者对信息披露不真实发现的渠道不畅，不能及时、有效地制止信息不真实的行为。

尤其是在证券网络化时代，监管者在强化信息披露制度时，除应通过法定官方权威信息披露途径、发行人网站、主流门户网站等传统的信息披露渠道规范信息披露制度外，还应当拓宽多渠道的信息披露途径，通过网络、电子公开说明书、网上路演等电子化信息披露渠道，以规范信息披露制度。❶ 同时，还应赋予市场、证券交易所等自律管理组织及其他主体在信息披露监督方面的职能，促进政府监管与市场自律管理的合理分工、有机配合，实现对信息披露的有效监管。

2. 对不当行为的处罚

证券市场是一个高风险、高投机的市场，出于利益追逐和机会主义动机，被监管者会力图在立法的边缘，通过违法的技术创新以及各种规避手段逃脱监管、获取违法行为带来的超额利益。这也是证券市场投机性特性导致的结果。美国1929年股市崩盘事件即是证券经营者及上市公司等相关市场主体在追逐高额利润时采取严重虚假信息披露、欺诈、内幕交易、操纵市场等违法行为导致的恶性危机事件。2007年美国次贷危机的爆发也是金融大鳄通过金融衍生品的创新，欺瞒投资者其中隐含的巨大风险，以及证券中介机构的合谋欺诈等行为导致的严重金融危机事件。尽管每一次金融危机的发生政府都会进一步加强对市场主体的监

---

❶ Brian C. Eddy: "Internet Road Shows: It's Time to Open the Door for the Retail Investor", Journal of Corporation Law Summer, 2000.

管和处罚，但这种监管者与被监管者的游戏并未从此结束。

中国证券市场虽然只有短短的 20 余年，但证券违法、犯罪案件却非常严重，证券市场中发生的那些重大违法案件让人触目惊心。❶ 各种虚假信息、欺诈、操纵市场等违法、违规行为成为我国证券市场发展阶段的普遍现象，几乎各类上市公司中都存在程度不等的信息披露不真实、不完整等违规、违法问题，甚至上市公司圈钱现象也不是个别现象。这些违法、违规行为严重损害了投资者（尤其是中小投资者）的利益，并极大地阻碍了证券市场的快速发展，破坏了证券市场公平、有序的秩序。

目前，由于对这些违法行为证券交易所、证券业协会自律管理组织并不享有实际处罚权，而只能依赖于证监会惩处权力的实施。政府证券监管对不当违法、违规行为的处罚是其维护证券市场公平、有效秩序的最重要保障。

但是，中国证监会的市场监管是以事后查处为核心的，监控的标准以立案稽查为标志，通过稽查部门的调查给予相应的行政处罚决定，涉及的证券犯罪案件则移交有关公安部门追究。这种监管体制的设定产生严重的滞后性问题，更为严重的是监管者对违法行为发现渠道的不通畅、不充分也为违法行为创造了巨大的空间。

因此，为更好地打击证券市场不当行为，还应赋予证券业自律管理组织相应的实际处罚权，二者相互配合，对于及时制止、打击证券违法行为不仅是有力的支持，也是防止、矫正证券业自律管理弱化、虚无的关键所在。

---

❶ 符启林主编：《中国证券市场十年著名案件评析》，中国政法大学出版社 2000 年版，第 89 页。

第二节　证券交易所公司化改革及其自律监管的合理定位

一、国外证券交易所公司制改革实践对中国的启示

（一）国外证券交易所公司化改制后的自律管理现状

自1993年斯德哥尔摩证券交易所（Nasdaq-OMX）率先进行公司化改制起，世界各主要国家和地区的证券交易所掀起了公司化改革的热潮。其中，澳大利亚证券交易所（ASX）于1998年实行股份化后上市，纽约证券交易所（NYSE）也于2006年实现了公司化改制并上市。世界交易所联合会（WFE）的过半会员完成了公司法改制，目前主要市场经济发达国家的交易所也都完成了公司化改制，更多国家和地区的交易所正在进行或者即将进行公司化进程。❶ 交易所公司化的最终目的是摆脱会员既得利益的约束，运用现代公司的决策和创新优势参与市场竞争，凭借其相对完善的内部自律和外部监督机制以化解变革所引发的各种矛盾与利益冲突，真正实现客户利益导向，不断提高市场适应能力。❷

证券交易所公司化后股东拥有交易所的所有权，但是持股股东并不一定为交易所的客户，而交易所的服务对象或客户也并不一定为该交易所的股东。在一般公司的治理架构中，交易所的决策原则为"一股一票"的资本多数表决制和多数通过制，股东利益对交易所有重大意义，公司制的交易所存在营利冲动。虽然公司化后的交易所由于其利益指向为公司股东，与客户之间的利

---

❶ 朱相诚："证券交易所公司化：海外趋势与中国选择"，华东师范大学2013年博士学位论文，第2页。
❷ 同上。

益冲突日益凸显，如在提供证券交易服务时，交易所会尽量采用提高佣金以及转嫁风险等方式以攫取更高额利润，从而满足股东需求而忽视客户利益。但是，也应当看到，公司化改变了交易所的组织模式和治理结构，由此提高了交易所的决策效率、创新能力并能保持应有的自律功能。交易所公司化后形成了所有权、控制权和使用权的适当分离，使自律监管功能得到优化配置，各个权力的行使相互制约、相互妥协。

澳大利亚证券交易所（ASX）公司化改制后，其交易权和所有权彻底分离，公司股东人数持续增加，不断增加的外部持股使得交易所的股权结构日益分散化。ASX 改组了董事会，以进一步完善交易所的治理结构，从而使其自律水平得以保持并不断改进。ASX 还要求董事具备某些专业化的资质，如在信息系统、会计设计、法律法规、资金管理、证券承销和商业管理等方面的理论水平和实践技能，ASX 的董事长和总经理的角色是彻底分开的，总经理和董事长不得相互兼任，董事长负责领导董事会完成上述职责，总经理应就重大事项向董事会汇报、提请其注意。❶通过以上措施，ASX 拥有良好的自律监管功能。

（二）中国证券交易所公司化改制面临的问题

1. 政府监管权的弱化

中国证券市场的发展不同于英美国家，最初是由政府推动建立，政府取得了监管的强势地位，证券交易所处于被动服从与执行的地位，对于自律监管并没有太多的经验和手段。进行交易所公司化改制可能出现新的问题，如公司制的交易所作为商业组织应保障其依照商业运作规则经营，其商业组织的独立性可能使得政府的监管权弱化。另外，证券业自律组织的监管能力也会遭到怀疑。

---

❶ 朱相诚："证券交易所公司化：海外趋势与中国选择"，华东师范大学 2013 年博士学位论文，第 75 页。

2. 交易所自律管理机制与其利益间的冲突

交易所的本质属性意味着其具有自律监管的重要职能，而公司化的交易所必须具备商业属性。自律监管与商业营利之间的协调问题将成为交易所实现自律监管过程中不得不面临的一个考验。

（1）公司化后交易所对 IPO 标准的改变。公司化改革之前，证交所作为非营利的组织机构，证监会对其影响巨大，其并没有营利压力，执行与被动接受是交易所的工作常态，相对而言，交易所能够制定较严格的上市标准。而公司化后，交易所在商业化运营过程中，会主动寻求最大利润率，而利润增长的来源之一取决于上市公司数量的快速增长，为了吸引更多的公司上市，交易所可能会降低对 IPO 的设置标准，进而迫使某些不合格的准上市公司得以上市，危害资本市场安全，自律监管机制形同虚设。

（2）公司化后交易所为了业绩的考虑，采取不同投资者分别对待的态度，从而导致投资者享有服务的不平等。由于证券市场中流通的"货币"为各上市公司发行的证券，交易所为了保持资本市场的流动性稳定，或采取讨好、放松、监管的力度，为增加交易所的收益，一些违约操作也被默许。

（3）在股东利益和自律监管之间，公司化以后的证交所要对其股东负责，而股东的利益诉求是尽可能多地分到红利，这样就有可能减少自律监管产生的支出，从而导致经费不足，其后果将是公司化后的证交所为了追逐其商业利益而作出损害其监管属性的行为。❶

3. 交易所间割裂状态的打破和竞争

公司化改制后的证券交易所更容易形成跨境间的联合以及证券市场的全球化。证券市场的一体化乃至于全球化源于"布雷顿

---

❶ 王春鸽：《论证券交易所自律监管职能的完善》，中国政法大学出版社2011年版，第33页。

森林体系"瓦解而产生并逐渐蔓延的经济自由主义。但是,资本市场的区域一体化乃至于全球化同样面临新的、来自外部交易所的激烈竞争,具体表现为传统交易所与网上交易所之间、成熟市场与新兴市场之间、主板市场与二板市场之间的多个方面和层次上展开的竞争,当然竞争的核心是争夺市场资源。而受先动优势和"马太效应"的影响,证券市场上不同交易服务机构之间的竞争往往服从产品集中规律和市场集中规律,最终形成新的自然垄断的市场格局。

在新兴市场,证券交易所的公司化改造与合并、重组基本上都是由政府直接推动的,政府通过调整或修改相关的法律法规最终促成证券交易所改制为更具市场竞争力的现代股份制商业公司体制。❶ 这种政府推动型交易所公司化改制是否是可选的模式,能否避免上述交易所改制出现的新的问题也是我国交易所公司化改制必须考量的。

二、中国证券交易所公司化改制的必然趋势

(一)提高证券市场竞争力的必然之路

在漫漫历史长河中,会员制占据了大部分时间,而随着经济与科技的发展,公司制交易所自登上时代的舞台后发挥越来越重要的作用。

会员制交易所与公司制交易所的差异主要体现在:(1)在所有权归属上,会员制交易所由会员所有;而公司制交易所的所有权为公司股东,而不一定归会员所有。(2)在治理方式上,会员制交易所属于互助性质的组织,实行一人一票,所有会员平等;而公司制交易所由于已变成现代公司,需要遵循《公司法》的规定,实行一股一票的资本多数表决制。(3)在经营理念上,

---

❶ 朱相诚:"证券交易所公司化:海外趋势与中国选择",华东师范大学 2013 年博士学位论文。

会员制交易所通常为非营利性的；而公司制交易所以营利为目的，股东利益的最大化是交易所追求的重要目标。

证券交易所公司制改制的外部因素在于随着技术的进步，证券交易的电子化、无中介化、国际化使交易所面临激烈的国内外竞争，交易所必须提高运营的效率。交易所的公司制改制有助于减少会员制交易所中会员对交易所的过度控制，使交易所的管理层以交易所和股东利益最大化为出发点，而不是追求某一会员或者利益团体的利益。交易所变成公司制后，由于股票流动性的加强，将为交易所的联合和并购提供便利，并且有利于实现股东的利益。成为交易所的股东之后，原来的会员享有股东的权利，可以通过转让股份或者分配盈余实现股东的价值。❶ 由于以上的内外部原因，导致越来越多的交易所由会员制变革为公司制。

一般而言，发达国家是由市场自发演进，由于其市场机制的高度完善，金融市场发育比较成熟，证交所的市场认同度较好。因此，这些国家的交易所能够对来自外部的竞争压力和内部的寻求不断自我完善的双重作用产生良性反应，从会员制变革为公司制以新的组织形式和治理结构创新等安排，达到了维持其竞争力和市场地位的战略目标。❷ 如澳大利亚证券交易所和纽约证券交易所的公司化改造就是交易所根据自身的情况积极响应市场变化演变而成。❸

尽管我国金融、证券市场机制不完善，证券市场也处于发育过程中，但是为了面对越来越激烈的市场竞争，为在证券市场国际化发展趋势中寻找应有的位置以便能够参与国际间的证券市场竞争，进行证券交易所的公司化改制也是金融监管体制

---

❶ 谢增毅："证券交易所组织结构和公司治理的最新发展"，载《环球法律评论》2006年第2期。

❷ 朱相诚："证券交易所公司化：海外趋势与中国选择"，华东师范大学2013年博士学位论文。

❸ 同上。

改革中的必然选择路径。否则，要么交易所的市场效率日渐低下，要么在日益开放的世界金融市场中，本国的交易所日益被边缘化。

（二）电子化证券下交易所改制的应然选择

电子交易技术的发展以及应用为证券业提供了巨大的发展空间，使得证券业的消费者有更多的选择，也使得交易所与场外交易的竞争愈演愈烈，对交易所的创新能力以及综合管理能力提出了更高的要求，而会员制的束缚严重限制了这种竞争的持续。

在信息化时代，计算机和网络技术的迅速发展，给交易所的传统交易方式形成了强大的外部压力，另类交易系统（ATS）、电子通讯网络（ECNs）和互联网交易的出现挤占了传统交易所的经营空间。2000年，Nasdaq市场另类交易系统完成的证券成交量占全部成交量的30%以上，占成交额的40%。这些外部交易方式的竞争压力正迫使传统交易所改进它们的治理结构，形成迅速高效的决策机制。但会员制下实行"一员一票"的决策机制，因其会员在证券交易所有着不同的利益和优势，交易所的重大决策给不同的会员带来的影响也不同，于是出现会员各自利益的冲突。如在决策形成过程中，会员代表更多考虑决策对自己公司的影响，执行董事则更多地从交易所利益出发，而独立董事则还应从中小股东利益保护出发等，不同的主体均从各自利益的角度来考虑决策的效益，这种利益多元化的考虑大大降低了决策效率。完成公司制改造后，在新的管理架构下，交易所可以容许更多的中介机构加入交易所，从而提高中介服务行业的竞争，促进经纪业务的发展，降低交易成本。❶

随着电子化交易市场的大发展，交易所的市场份额恐将越来越少，其影响力或日益萎缩，而传统会员制的交易所为了应对不

---

❶ 匡霞："世界证券期货交易所公司化改革对我国的启示"，载《云南财贸学院学报》2011年第4期。

断加强的竞争,势必会摆脱会员的束缚,从而导致会员存在价值的降低。

(三)证券市场国际化合作的适应需求

由于经济全球化和世界资本市场的区域一体化进程,一国证券交易所的发展越来越容易受到其他国家和地区证交所的影响,原有的市场格局濒于破碎,强势交易所开始不断跨出国界蚕食其他交易所的市场,各个交易所的竞争日趋紧张,许多交易所面临边缘化甚至消失的危险。

目前,世界上基本形成了以纽约、伦敦、东京和中国香港四大国际金融中心为核心,其他区域性国际金融中心快速发展的国际金融市场格局。由于国际金融市场的激烈竞争,各区域性金融中心开始与全球性金融中心建立战略联盟,进行国际市场的无缝化交易。同时,随着开放资本市场全球配置资源的能力日益得到认可,越来越多的公司选择在全球市场寻找上市机会,这就导致了成本低、服务高的证券交易所更容易获得寻求上市的公司的青睐,交易所之间面临着竞争的巨大压力。如在美国交易所交叉上市的加拿大证券从1989年的137只上升到2000年的270多只,占多伦多交易所5142只上市证券的20%多。20世界90年代,在伦敦证券交易所交易的欧洲股票占许多国家国内交易量的30%以上。❶

面对证券市场国际化的竞争与合作,如果仍旧沿用传统的会员制交易所模式,不跟紧公司化浪潮下的新一代交易所创新的步伐,那么最终将失去发展壮大的机会,同时不断开放的中国证券市场也将被外国证券业统治。

---

❶ 匡霞:"世界证券期货交易所公司化改革对我国的启示",载《云南财贸学院学报》2006年第2期。

三、公司化改制后证券交易所自律管理的合理定位

(一) 证券交易所政府职能的完全剥离

2001年11月1日,东京证交所进行公司化改制,并且将证交所名字改为"东京证交所公司",但其之所以没有马上挂牌上市,主要原因为日本金融服务局要求证交所将其监管部门和证券交易相关部门分离。❶ 由于中国的证券交易所是典型的政府控制型,缺乏独立的法律地位和自治空间,完全是作为行政机构的附属机构进行运作,❷ 故改革后的证券交易所应当尽可能地剥离其植入政府职能,架构其独立的公司法人制度。

剥离政府职能的证券交易所,具有下列法律特征:(1)交易所的股东与其市场的参与者不统一。交易所内部由股东大会、董事会、监事会等决策机构组成,按照公司运作方式进行决策和运作。股东大会作为最高权力机关享有制定决策、进行监督的权利。❸ (2) 公司化的交易所的营利目的。公司化的证券交易所作为一个独立的公司法人,有追逐利益的原始本能,符合独立法人的一般特征。(3) 公司制证券交易所实行"一股一票",投票的效力取决于拥有股票的多寡以及份额的大小。

从以上三点法律特征,我们可以看出:公司化改制后的证券交易所,在剥离了政府职能的外衣后,成为一个有着一般股份公司特征的独立公司法人,对其这样的认定也有利于对其自律监管的认知和合理定位。

---

❶ 朱叶演:"沪、深证券交易所制度变迁问题研究",复旦大学2011年博士学位论文,第30页。

❷ 鞠敬、沈东军:"非互助化证券交易所监管权的功能定位",载《投资与证券》2011年第6期。

❸ 张鑫:"中国证券交易所公司化改革及竞争法律研究",载《商业时代》2012年第2期。

第六章 证券业自律管理"公权化"矫正的路径选择

（二）确立交易所一线交易的自律监管者——美国 NYSE 经验的总结

证券交易所作为市场一线的监管主体，既是公司上市的交易场所，又是市场的组织者。从监管角度看，交易所会派出特定的专业人才来跟踪各上市公司并给予及时的指导与监督，❶ 在这种情况下，证券交易所就会比其他部门更能接触到一手资料，能够及时掌握上市公司和市场动态的情况，其对市场的先天贴近优势成就了其一线市场监管者的声誉。

为确保监管和经营的相对独立性，公司化改制后的纽约证券交易所实行自律监管和运营两个部门相互独立。纽交所董事会下设立监管监督和监管预算委员会，决定交易所的监管事项。NYSE 董事会任命了新的执行官员，设立首席监管官（Chief Regulatory Officer，CRO），负责交易所监管事务的执行。而且 CRO 和 CEO 由不同的人担任，CRO 直接向董事会中的监管监督和监管预算委员会负责，而不是向交易所的 CEO 负责；CEO 并不能监督 CRO。CRO 这一执行官员的设置以及和 CEO 的关系，可以使 CRO 独立地从事交易所的监管事务，不受交易所管理层的影响，从而使交易所的监管职能更为独立。NYSE 的监管部门包括会员管理部、上市公司管理部、市场监察部、执法部四个部门，明确各自的监管范围。其中，市场监察部主要是监督会员券商在 NYSE 交易厅买卖 NYSE 上市证券的全部交易活动，确保集合竞价的交易规则得到遵守，包括检查滥用或者操纵市场行为和内幕交易行为。执法部是 NYSE 的追诉部门，主要负责调查、起诉违反联邦法律和 NYSE 规则的行为。❷

监管与运营完全分离制度，即证券交易所创造一个控股公

---

❶ 黄冠颖："证券交易所自律监管制度国际比较研究"，华东政法大学 2007 年博士学位论文，第 12 页。

❷ 张学政等："境外主要交易所一线监管的现状、发展趋势及启示"，载《理论与实践》2010 年第 3 期，第 81 页。

司，下设两个分支机构，一个是负责运营的公司，一个是非营利的监管机构。下面以美国纳斯达克证券市场为例来说明。

纳斯达克证券市场监管也是实行监管和经营彻底分离、市场监察系统和商业运作系统相分离的自律管理模式。1996年，NASD改组为全美证券商协会公司后即设立了两个独立子公司——全国证券商协会监管公司（NASDR）和NASDAQ股票市场公司，前者扮演监管证券商的角色，后者扮演组织股票市场交易的角色。2007年1月21日，NASDR与纽约证券交易所（NYSE）监管职能部门合并成立了监管美国证券经纪商和交易商的组织FINRA，规模和服务对象进一步扩大。❶ 成立后的FINRA将原NYSE和NASD中的市场自律管理的职能交由FINRA行使，而纽约交易所NYSE只是保留了其一线监管的职能，同时因为NYSE已成为在自己交易所上市的公司，立法规定对NYSE上市公司的本身监管都交由FINRA行使，以保障NYSE自身的公正性。

美国证券交易所公司化改制后的市场监管职能与其一线监管职能的划分对于我国交易所日后的改制有着极大的借鉴意义。

（三）证券交易所一线自律监管范围的界定

公司化改制后的证券交易所作为证券交易的一线监管者，其自律管理的范围应重新予以界定，清晰、合理的监管范围有利于发挥其一线监管者的作用。证交所一线监管者的自律监管范围大体可以分为以下三个方面：

1. 对证券交易活动的监管

证券交易所是提供证券交易的场所，其主要任务之一就是为证券交易活动提供服务并保证证券交易的公平、高效，通过其对交易活动一线自律监管的实施达到证券交易市场的透明运作。交

---

❶ 张学政等："境外主要交易所一线监管的现状、发展趋势及启示"，载《理论与实践》2010年第3期，第82页。

易所有权对场内进行的证券交易实时监控；证券交易所可以制定与执行证券集中竞价交易的基本规则和从业人员业务规则，规定交易所开市、收市及异常情况的处理，及时公布证券交易行情等。❶ 对证券交易活动的监管是交易所最重要的自律管理职权。

2. 对上市公司及其董事的监管

在交易所上市的证券也是交易所主要交易的证券，因而该证券的主体上市公司也是交易所一线监管的主要目标和对象。上市公司的规范运作，尤其是信息披露制度的遵守对于交易市场中的投资者利益的保障具有举足轻重的作用，而且实力、规模雄厚的上市公司的一举一动还容易影响到证券市场的稳定，甚至与国家经济的发展息息相关。上市公司董事对公司的整体运营发展以及重大决策有着决定性的影响。因而，证券交易所可以制定并执行上市条件、治理结构与信息披露规则，决定上市证券的暂停、恢复与终止等。具有一线监管职能的证券交易所在监管上市公司及其董事，并对他们的违法违规行为进行处罚方面有着极其重要的作用。

3. 对会员公司的监管

公司化改制后的交易所依然保持证券经营者为其会员的制度，因而会员也依然是交易所监管的主要对象。证券公司取得交易所会员资格之后，可以代理或者自理公司上市的业务。会员表现得如何，直接影响到证交所的正常运行和投资者对证券市场的信心。因此，证交所可以根据本所的规章制度及与会员公司签订的一系列协议对其进行实时监控，要求遵守有关席位管理、风险控制、财务报告等制度，并有权对违规会员进行处理等。❷

---

❶ 徐明、卢文道："证券交易所自律监管研究"，载《华东政法大学学报》2005年第5期，总第42期。

❷ 薄燕娜："证券交易所一线监管职责探微"，载《中国法学会商法学研究会2005年学术研讨会论文汇编》，扬州大学法学院、扬州大学出版社2005年版，第221~222页。

第六章　证券业自律管理"公权化"矫正的路径选择

（四）避免交易所自律管理与自身利益冲突的制度安排

尽管公司制交易所的商业化运作和竞争模式可以较大程度地减少其自身的利益冲突，但却不能彻底地解决利益冲突问题，而且商业化的运作还带来了新的冲突，这就需要随着公司化的改革改变交易所的治理结构。合理的制度安排和设计可以在保障公司化交易所营利目的的前提下约束或减少利益冲突，确保其一线自律管理的有效性。

原则上，有以下六种制度安排：（1）要求具有公共董事，来增加董事会认真履行监管职责的可能性。公共董事与独立董事相似，其作用是用来从公共利益出发，表达代表公共利益的声音，如果存在利益冲突要进行有效的阻止和修正。（2）在董事会中，董事的构成有一定限制。例如，多伦多证交所要求董事会有公平和有意义的代表，至少有50%的代表独立于参与组织；香港联交所规定，董事由股东选举和由金融局长任命，前者代表股东的利益，后者代表公共和市场的利益，两者人数相等。❶董事会构成的一定限制是为了平衡股东与公众利益，起到其应有的作用。（3）对持股比例作适当的限制，以分散股权，避免股权过分集中于单个或少数大股东，或者对投票权作出限制，以防止少数股东可以决定重大事项。（4）加强证交所的决策透明度，在规则、行动以及决策等方面适时扩大对公众（投资者及市场参与者）的开放程度。（5）交易所的商业活动和监管职能相互独立。交易所的业务职能主要分为两块：一是直接的商业活动，向交易所使用者提供收费产品和服务；二是制定和执行市场规则，对市场进行监管，所有公司化的交易所在这两块职能上都是分开的。如澳大利亚股票交易所是在交易所内部设立独立的评估机构，评估和监督交易所的监管职能，或直接承担起监管职能；伦

---

❶ 储诚忠："证券交易所的公司化及其影响"，载《证券市场导报》2001年7月，第10页。

敦交易所则对上市商违规的调查处理和对中介机构违规的调查处理分别由不同的机构组成，监管遵循一套完整的程序，并使各委员会相互制衡，履行监管职责的各委员会在组织结构和纪律处理程序上体现了自律监管机构体制的独立性。❶（6）除了对于公司治理体制的改革外，证监会也可以针对容易发生利益冲突的情况，划一个范围，在范围内部由证监会亲自监管，这样也就避免了证券交易所自己不能（会）监管自己的尴尬情况的发生。

四、建构中国证券交易所跨境市场的联合交易监管

在20世纪90年代开始的证交所公司化浪潮推动下，全球交易所出现了越来越多的跨国并购趋势。2006年6月，泛欧交易所与纽约交易所宣布合并，并在次年宣告了全球首家跨区域的交易所集团的诞生。交易所区域性、全球性横向联合的深入发展，使得证券监管的成本投入越来越大，专业化程度要求也越来越高，因而实行跨境交易所联合的国家对其现行的监管模式必须进行适当的调整，才能达到统一监管的规模效应。如美国FINRA自律管理机构的调整实际上也体现了对适应这一证券市场国际化的变化。通过对监管资源的整合，自律监管组织将消除监管重叠的弊病，并在规模监管的基础上提高监管的专业化水准。❷

目前，中国证券交易所没有出现类似美国、英国等国家证券交易所的跨境联盟，中国证券市场的国际化还没有形成，而且与世界其他发达经济体相比，中国证券市场发展也还不成熟。但是，随着越来越多的中国公司选择到境外证券市场融资上市，中国势必要推动以公司法为方向的交易所改革，逐渐培育其交易所的国际竞争力，以增强国内资本市场的整体实力和国际竞争力。

---

❶ 储诚忠："证券交易所的公司化及其影响"，载《证券市场导报》2001年7月，第11页。

❷ 张学政、刘磊："境外主要交易所一线监管的现状、发展趋势及启示"，载《理论与实践》2010年第3期，第84页。

第六章 证券业自律管理"公权化"矫正的路径选择

适时选择适当的战略伙伴,并努力构筑证券交易所跨境市场的联合交易监管也是中国交易所改革的必然选择。

对此,可以采取各种措施为实现交易所的跨境联盟打下先决条件。如可以采取单边监管模式,❶ 确立较高的法律标准来规范交易所跨境联合交易监管,应尽快与世界各主要经济体的证交所开展双边的、区域的和全球的合作,应与其他国家签署双边司法互助协定和谅解备忘录及在国际证券委员会组织(IOSCO)的框架下进行有效的合作。

中国现行《证券法》对域外适用没有任何规定,导致对一些跨境的证券违法行为在适用效力方面缺乏相应的约束力。而基于成文法法律效力的适用范围的规定,当一些立法的规定过于原则的情形下,可能会使得原则性的规定形同虚设。因而在立法中确定法律的域外适用相关规定,有利于对证券跨境违法行为追究其相关责任来维护证券市场的稳定或保护其合法权益。❷ 如对于那些在境内受法律禁止的证券欺诈行为,其影响在境外,但此行为与境内有某种事实上的客观联系;境内自然人在任何其他国家内从事证券交易行为;证券交易行为在境外,但对境内产生有害后果的诸多行为应有条件地予以管辖。❸

证券交易所的跨境联合对于只建立在适用于一国内的金融监管体制提出了新的金融监管架构要求。而政府证券监管的行政性使其在跨境监管方面势必受到阻碍和约束。而有效的监管措施随着交易所的跨境联盟也对其提出了新的要求,或赋予其在跨境交易领域中的自律管理职能。

---

❶ 单边监管是指证券跨境交易的母国和东道国或一国内不同法域的地区各自依据自己的法律制度竞相监管。对于从事跨境交易的证券的监管来说,单边监管模式实质就是内国法律的域外适用。

❷ 邱润根:"证券跨境交易的监管模式研究",载《当代法学》2006年第2期,第150页。

❸ 同上书,第151页。

第三节 中国证券业协会自律管理改革的现实路径

一、统一的非政府自律监管机构地位的确立

(一) 确立全国统一的证券业自律管理组织

1. 美国统一金融业监管局（FINRA）政府性质角色的争议

(1) 理论界的争议。

在美国证券业的监管体制架构中包括多层次的监管结构，第一层结构是由美国证券交易委员会（SEC）充任主要的联邦政府的角色，尽管在美国证券立法中也主张 SEC 独立于政府的法律地位，但实际上 SEC 担负着国家、政府监管的责任。第二层结构是独立的证券交易所和证券经纪商协会调节其会员，起到的是证券业自律管理的作用。虽然在 2008 年美国财政部在其蓝图设计中主张联邦金融监管结构彻底改变，但业界依然强烈建议维护和加强自律组织运作的独立层。2007 年美国财政部提出的金融监管改革蓝图中，旨在获得最佳的监管架构，并建议国会创建一个新的统一的联邦商业行为监管机构，侧重于对所有类型的金融机构和金融服务消费者之间的监管。在此背景下，2007 年 7 月 30 日，在美国政府的推动下，由全美证券交易商协会 NASD 和纽约证券交易所 NYSE 规定，将其中有关公司及其会员监管、执行和仲裁的业务合并为一个组织，即金融业监管局（The Financial Industry Regulatory Authority，FINRA），它是目前注册为全国性证券协会唯一的组织，是美国最大的、统一的、独立的、非政府证券业自律监管机构，监管对象主要包括 4 400 家经纪公司、16.3 万家分公司和 63 万名注册证券代表。FINRA 的成立使得原由全国证券交易商协会（NASD）和纽约证券交易所（NYSE）拥有了两百多年的对其会员的监管职能宣告终结。

FINRA 成立的宗旨是保护所有在美国的投资者，不论投资何

第六章 证券业自律管理"公权化"矫正的路径选择

种金融产品，从贷款买房到投资公司，都能得到应有的权利保护和利益保障。其监管范围涵盖了证券业的方方面面，从相关从业者和参与人员的登记注册、制定相应的自律规则、执行相关的法律和采取制裁措施，到普及教育参与投资的公众和提供交易报告（trade reporting），无不体现了这一新的统一的行业自律管理组织的管理功能。其中，FINRA 的一个关键功能是对违反证券业自律规则的行为和人员进行调查，收集证据及必要时予以裁决。这些惩戒性的措施包括对于个人或经纪公司采取的罚款、暂停营业、取消资格、裁决或驱逐出境等。❶

尽管如此，FINRA 的运行依然是在 SEC 的监管之下。任何 FINRA 建议改变其规则，或采用的新的规则必须事先提交给 SEC 许可或批准后才能生效。并且，SEC 还有权废除金融业监管局的规则或命令 FINRA 改变其规定。另外，SEC 还有权申请禁制令，迫使 FINRA 强制其成员和有关人员遵守证券交易法律、规则和 FINRA 的规则。❷

依照美国《证券交易法》规定，FINRA 必须符合证券法程序公正的纪律处分程序以通过 FINRA 自律规则、自律组织的治理费用及其他要求遵守和执行的条件。《证券交易法》规定，FINRA 应符合证券交易法及其相关规则以及 FINRA 自己的规则。美国金融业监管局的规则必须是"旨在防止欺诈和操纵行为"和"促进公正和公平贸易的原则"。❸

基于 FINRA 受到 SEC 的监管，所以人们开始对 FINRA 的地

---

❶ Alan Lawhead: "Useful Limits to the Fifth Amendment: Examining That Flow a Private Regulator's Ability to Demand Answers to It's Questions During an Investigation", Colum. Bus. L. Rev. 210 (2009).

❷ Flagg Bros, Inc. v. Brooks, 436 U.S. 149. 153. 157. 160 (1978).

❸ Paul S. Atkins, Bradley J. Bondi: "Evaluating the Mission: A Critical Review of the History and Evolution of the SEC Enforcement Program", 13 Fordnam J. Corp. & Fin. L. 367.

位产生质疑，认为FINRA是否已经在扮演一个政府的角色？或者FINRA是否相当于一个政府机构？尽管某些法院的判决认为FINRA是私人的性质，但也有一些法院判决和学者在分析了FINRA具有维护金融业市场的整体利益和效益的功能时，他们的立场是，FINRA的行为应被视为国家行为。❶

（2）法院司法审判的争议。

对于FINRA是否已成为一个政府的机构或扮演政府的角色，美国联邦没有给予回答。但是，美国法院在相关案件中从不同的角度来认定FINRA是否为一个政府机构。其中，在法院审理的案件中，一个核心问题是解决作为非官方角色的FINRA的地位，质疑FINRA注册人是否可以援引宪法第5条修正案反对自证其罪的特权，依此来论证FINRA是否实施了属于国家行为的行为，是否成为准政府的机构。如果FINRA行使的惩罚权是履行了宪法规定的自证其罪的特权，或者FINRA作为一个非政府实体执行警惕的规则，要求受聘于FINRA成员公司的个人在FINRA的调查中作证，则其将被认定为政府的机构。

另外，法院还从"国家行为理论"的角度认定一个机构是否为政府性质还应看其行为是否属于国家行为的范畴。而法院认定国家行为性质的案件时"确定了一系列的事实"，如果在该事实范围之内则可以承认其"国家角色的地位"，包括：(1)国家委派的履行公共职能的私有实体；(2)实施的活动造成国家行使了强制权力或国家为私人行为者提供了重要的鼓励；(3)作为一个任性的私人行为者参与联合活动；(4)作为国家的代理人。❷ FINRA在履行其职责对违反其规则或根据自己的调查过程适用联邦法律的制裁，这个过程要受SEC的监管，尽管这种监

---

❶ Erwin Chemerinsky: "The Public Function Exception and the Entanglement Exception", Constitutional Law (2d ed. 2005), at 472－473.

❷ Brentwood Acad. V. Tenn. Secondary Sch. Athletic Ass'n, 531U. S. at 300－302 (2001).

管不被认为是 SEC 的直接控制。另外，FINRA 的行为是否属于国家行为或其是否属于准政府的机构，还要看其组成人员的构成状况。如 FINRA 中有无政府官员在该组织中担任职务或角色，或者证券监管委员们是否依职权或任何其他身份在 FINRA 中担任职务，SEC 人员有无作为 FINRA 的董事会的成员，或以 FINRA 董事局的名义采取行动等又将影响或决定 FINRA 的行政身份或国家行为的认定。对此，也有人认为 FINRA 的会员都不是公共实体，其成员 100% 均是经纪商或公司这类私人实体企业，且 FINRA 也没有收到过政府的财政支持，故而 FINRA 不应被认定为准政府机构。[1]

除此之外，法院还发现政府行为出现在那些由私人实体实施的而原本应由政府履行的职责范畴，从而产生混乱的现象。美国最高法院的判例法也表明，测试一个传统的公共职能有时是难以判定的。而且一个私人实体依照联邦法律设立，被授予法定的权利并不能当然被认定为其担当了政府的角色。且私人实体受到公共利益的影响或者由政府授权也不能当然变成一个政府机构。[2]

依照公共职能理论，FINRA 的地位作为一个私人实体很少受到怀疑。首先，FINRA 的核心功能是调节其成员公司和注册人，并非是一个传统和独特的政府职能。而公共职能的测试远非仅仅发现当政府授权其中一项功能由私人实体实施时，即可认定该私人实体为政府机构，或扮演政府的角色。FINRA 享有的对其成员违反联邦法律的违纪案件予以的惩罚，导致 FINRA 的行为被视为国家行动也不一定恰当，因为证券业自我监管的历史证明，此功能虽传统上是私有的，但自 20 世纪 30 年代以来，已成为私人

---

[1] Christopher W. Cole: "Financial Industry Regulatiory Authority (FINRA0: Is the Consolidation of NASD and the Regulatory Arm of NYSE a Bull or a Bear for U. S. Capital Markets?, 76 Umkc l. Rev. 251."

[2] G. Sidney Buchanan: "A Conceptual History of the State Action Doctrine: The Search for Governmental Responsibility", 34 Hous. L. Rev. 333. 382 (1997).

和政府共有的职权,FINRA 在依据《证券交易法》追究一个违纪案件时并不是一个国家的行动者,不能依此断定其即为政府机构。❶ 在美国,私人管理的参与者在证券市场有着悠久的历史。这段历史表明,FINRA 最近对经济公司的管理并没有取代传统的政府职能。

尽管根据 SEC 的规则,自律管理组织的登记事实上是强制性的。法院承认在证券行业就业需要在 FINRA 自律组织中登记注册,且其还需要同意将争议提交仲裁。然而,法院认为,全国证券交易商协会执行仲裁条款时并不是从事国家行为。故而,FINRA 不属于准政府机构。❷

从以上论证中可以看出,无论是理论界还是法院司法审判,关于 FINRA 是否承担了政府的角色,成为一个准政府机构,判定的标准很不一致,甚至是模糊不清的,至今依然存在争议。不过该争议的事实本身其实也表明,即使在美国已经运行了两个多世纪的这样一个证券业自律管理组织,在当今政府监管日益强大的背景下,也显现了其行业自律管理的"公权化"的现象,并有继续演变的危险。而这两种力量的博弈是否会使其最终丧失证券业自律管理的领地也成为一个值得担忧的问题。

2. 确立中国证券业协会为全国统一的证券业自律组织

(1) 中国证券交易所公司化改制后的选择路径。

在证券交易所全球非互助化改革中,发达国家的证券市场已基本实现了其交易所的全面公司化改制。中国金融市场正面临着改革,中国两大证券交易所的公司化改制也早已成为证券业、理论界强烈主张的改革目标。应该说,中国证券交易所的公司化改制已成必然之势。

---

❶ Whitman v. Am. Trucking Ass's, 531 U. S. 457, 472 (2001).

❷ Jayne W. Barnard: "SEC Debarment of Officers and Directors After Sarbanes-Ozley", 59 Bus. Law. 391 (Feb. 2004).

在确立中国证券交易所公司化改制后,为解决其公司自身营利的利益追求与所履行的行业自律管理的功能之间的冲突,剥离公司制交易所的监管功能和经营功能是必然的选择。公司制交易所必须将其实行的自律管理功能中的一线监管功能与会员管理功能分离,在仅保留其一线市场方面的管理功能后,原自律管理的其他管理功能须交由其他的证券业自律管理组织行使。在这种情形下,还有无必要效仿美国做法重新设定一个凌驾于交易所和协会之上的专门的、统一的、单一的行业自律管理组织呢?

实际上,美国这种新的"统一自律管理组织"虽然有消除利益冲突的优势,但是这种"统一自律管理组织"一方面增加了管理成本,另一方面该模式与单一的证监会模式相似,不仅会出现严重脱离市场的缺陷,更重要的是容易产生官僚主义倾向,尤其是在中国权利本位、官僚主义严重的大环境中,这种新建的单一自律组织非但不能解决现有问题,还将带来新的问题。

那么,在这种背景下,交易所改制后分离出来的管理功能交由证券业协会行使则成为可行的选择。因而,就证券业协会自律管理方面的改革而言,尽管我国现行证券立法也早已确立证券业协会为中国证券业自律管理组织地位,但实际上其并未成为真正意义上的自律管理机构。因而,应当重树证券业协会自律管理组织的法律地位,确立证券业协会为中国证券行业统一的、独立的行业自律管理组织不失为一种改革的路径。

(2)行业协会法律属性本身的决定。

尽管交易所和证券业协会均被认定为中国证券市场的自律管理组织,且交易所的自律管理权限更加具体、实际,权限范围也更广泛。但是依照中国《证券法》规定:证券业协会是中国证券业的自律管理组织,而证券交易所是"为证券集中交易提供场所和设施,组织和监管证券交易,实行自律管理的法人"。从上述条文的表述上看,交易所的自律管理更多地表现在证券交易环

第六章 证券业自律管理"公权化"矫正的路径选择

节中的自律,或者说其自律管理的对象、范围、环节主要限定在证券的上市、交易环节中,而非整个证券业市场。从立法规定可以看出,证券业协会才是证券业的自律管理组织。但在实务中,证券业协会却没有确立其应有的地位,也没有发挥其应有的行业自律管理的作用。对于交易所而言,尤其在交易所公司化改制成为营利的公司主体后,其亦更不适合被定位于证券行业的自律管理组织。

从行业协会的属性来看,行业协会本身就是某一行业的经营者所构成的非营利性组织,其目的在于维护、促进、提高本行业特殊经济群体的共同经济利益。行业协会的这种特质也决定了由其作为行业统一的自律管理组织是正当的,也是必然的。

(二)证券业协会角色的正确定位——行业成员经济利益的维护者

要确立证券业协会为中国证券业统一的自律管理组织,必须变革中国证券业协会目前角色混乱、理念不清的问题。

中国众多协会与政府过往甚密,导致行业协会的行政色彩浓厚,这种浓厚的行政色彩表现为"基因的行政性"——行业协会的生成主要由政府推动形成、"协会领导的行政性"和"组织隶属的行政性",❶从而导致行业协会行业成员利益的代表性严重不足;相反,其代表政府的意愿却远远高于代表其行业成员的意愿,成为"政府的帮手",严重降低了行业协会在行业内的公信力。

社会学家戴维·波普诺指出:当行为主体所承担的多种社会角色同时对其提出要求使其难以胜任时,将导致其角色紧张。而当行为主体所承担的几种角色之间出现了行为规范互不相容的情

---

❶ 郭威:《政府监管与行业自律》,中国社会科学出版社2011年版,第190页。

第六章 证券业自律管理"公权化"矫正的路径选择

况时,发生角色冲突。❶ 任何一个社会组织都担当着不同的角色,涉及国家、社会、组织或组织成员对其的不同期望和要求。证券业协会也是如此。证券业协会既是自律管理者,也是其成员经济利益的维护者,同时还承担了对政府的辅助作用,使得不同的角色之间产生了一定的冲突。

中国证券业协会明确将"自律、桥梁、服务"确定为其工作原则。虽然自律被定为证券业协会的第一原则,但事实上,证券业协会因为缺乏实际的、有效的、充分的自律管理权力,其自律的功能并不明显。而就其服务理念而言,服务的水平和质量取决于其服务的意识、服务能力和资金的支持。就协会资金支持而言,充足的资金是良好服务的保障。但是,中国行业协会普遍存在资金严重不足的问题。因而,证券业协会发挥的更重要的作用实际上是国家与证券经营者企业之间"上传下达"的"桥梁和纽带"作用。而当证券业协会改革成为证券业统一的自律管理组织后,必须改变这种以国家与成员间"桥梁"为主的角色定位,树立以自律、服务为主的正确观念。

从上述证券业协会所承担的主要"桥梁"职能看,证券业协会具有"双重或三重的角色",承担"双向服务"的功能,其既是政府意志的服从者,也是成员利益的服从者,这种双重的定位不仅给证券业协会造成困惑,无法明确其角色定位,失去了其本质特色,更严重的是当政府意志的服从高于成员利益的服从时,将会成为超然于成员之上的纯粹管理者,而无法实现对成员利益的维护。实际上,政府也更多地期望证券业协会的社会服务功能,这种政府的强大力量使得证券业协会的行政性色彩超过了其行业利益代表者的角色。

正是这种角色的冲突、紊乱导致了证券业协会自律管理功能

---

❶ [美] 戴维·波普诺:《社会学》,李强译,中国人民大学出版社1999年版,第98页。

的严重不足。而改革的目的正是要矫正这种"社会本位"角色的偏差,保障其"行业本位"角色的本质,使其真正成为行业成员经济共同利益的维护者。

二、证券业协会自律管理权实现的根本保障

(一) 确保证券业协会的独立性

"商会自治得以实现离不开三个最为关键的条件,即独立的主体地位、充分的自治权和完善的治理结构。"[1] 证券业协会组织作为一种商会组织,要成为一个真正意义上的证券业自律管理组织,也必须充分满足这三个方面的要求。

中国《证券法》第174条规定"证券业协会是证券业的自律组织,是社会团体法人",证券业协会的独立的主体地位已经在法律上得以确立。但在实践中,却存在着影响其独立的种种因素,前面对此已有所阐述,此处不再赘述。要做到证券业协会真正独立,还须明确中国证监会为证券业协会的监督机构,而并非其"主管部门",两者并非上下级关系、行政隶属关系,证券业协会并非一个"二级政府"或其代言人。此外,中国法人制度建设方面还存在一个根本性问题,即社团法人的注册登记需要有一个"主管部门"的做法;要想真正使证券业协会独立法人地位得以建立,必须变革中国《社会团体登记管理条例》这种规制性思维下的法律制度。

(二) 享有充分的自治权

法律地位的确立并不困难,但行业协会能否实现自治的关键在于协会是否拥有充分有效地实现自治的各项权利。协会自治的内涵在于排除外界,尤其是国家权力的不当干涉,因此,自治权首先应该是一种获得保障的、不被任何外力尤其是公权力随意干

---

[1] 冯果:"自治:商会法律制度的灵魂",见王保树主编:《中国商法学会年刊2007:和谐社会构建中的商法建设》,北京大学出版社2008年版,第267~268页。

预的私权，即协会享有抵御国家权力的不当干预和入侵的权利，而国家则负有保护这种权利不受侵害的义务。同时，协会自治权主要是一种通过契约安排的，经过成员同意的权威，具有内部强制力和权威，具有权力的属性，这种权力通过商会内部的自治规范予以确立并获得保障，与强制力奠基于国家机器暴力基础上的国家权力有所不同。保障协会充分自治权就是要确立其完备的自治权利体系。❶

综观国际主要国家或者地区的证券业自律组织，其主要职能包括：制定和组织实施自律规则；从业人员注册、培训；合规检查并处罚违法违规会员；编制行业报告；开展投资者教育；通过调解和仲裁方式解决争端；管理场外证券交易市场等。❷ 充分的自律管理权的赋予和享有才能确立其真正的自律监管权力，树立起行业利益维护者的权威性。

国际证监会组织发布的《证券监管的目标与原则》规定，根据市场的规模和发达程度，监管体制应当允许自律组织在其胜任的领域承担一些直接监管的责任。证券自律组织享有在胜任的领域内的直接监管权力已经成为一项国际共识，同时也应成为中国证券业协会自治权权利体系的一个良好参照。

目前，中国证券业协会的监管职能需要强化如下几个方面：第一，法律应当对证券业协会调查权的具体行使职权予以明确和强化，如增加询问权、查询文件权以及复制、记录权等。第二，法律应当明确赋予证券业协会管理场外交易市场的职能。第三，证券业协会自身要对自律措施予以明确具体规定，并且要强化监管措施力度。在《证券业协会章程》或各种自律规则中明确规定具体的纪律处分措施，如警告、通报批评、责令改正、取消会

---

❶ 冯果："自治：商会法律制度的灵魂"，见王保树主编：《中国商法学会年刊2007：和谐社会构建中的商法建设》，北京大学出版社2008年版，第268页。

❷ 黄湘平："中国证券行业自律组织的发展历程与趋势"，载《中国金融》2011年第10期。

员资格等,以提升自律规则对会员的约束力和自律规则的权威性。

三、证券业协会自律管理的现实途径

证券业协会作为全国统一的证券业自律管理组织,除了矫正其现行偏差的角色定位,梳理其正确的、正当的行业成员共同经济利益的维护者地位外,健全的自律管理权利体系的建设是实现其证券业协会行业利益维护者的有效保障。

(一) 享有充分的行业自律规则制定权和执行权

完善的自律规则机制的建立是证券业作为全国统一的证券业自律管理组织行使自律管理权的基础和保障。而现行证券业协会的自律管理机制并不完善,存在很大的缺陷,进而导致其虽为行业自律管理组织却无法实现自律管理的应有功能。而一个有效的自律管理机制包括以下几个方面:

第一,协会行业自律规则的制定权。

在法治经济时代,市场的运行应该在有法可依、有章可循的保障下发挥其作用。行业自律管理尽管其本质表现为私利益的维护,但并不代表无序,反而更需要以规则为依据和前提。而行业自律规则的制定、有效提供,不仅是证券业协会独立行使自律管理"自治权"的依据,也是行业成员得以遵守行业规则的前提。沃特鲁巴指出:应该关注自律规章的效力,因为自律规章没有强制机制作为保障,所以成员或许会使其行为合理化而随意解释这些规则。❶

证券业行业自律规则应包括本行业准则、行业行为人的职业道德规范、会员管理规则、惩罚规则以及行业成员纠纷的解决规则等一系列行业自律管理中的规则、规章制度。而要保障这些自

---

❶ Thomas R. Watruba: "Industry Self-Regulation: A Review and Extension to a Global Setting", Journal of Publicy & Marketing, 1997, 16 (1), 38 – 54.

律规则的有效实施，则应当保障自律规则制定中会员或成员意愿的充分表达，意愿的合理整合以及自律规则制定程序的公开、正当等，只有这样才能有效保证自律规则的合理性、规则内容的充分性，从而实现自律规则的自觉遵守和自动实施。

目前，现行的《证券法》以及其他相关的法规，如《证券业协会章程》《证券业协会会员公约》《证券业协会会员管理办法》《证券业从业人员执业行为准则》《证券投资基金行业公约》等也都赋予了证券业协会的自律规则的制定权。但问题的关键在于，这些自律规则的制定是否做到了行业成员的意愿的充分表达，行业自律规则的制定程序是否公开、公正。这是实务中更需要关注的问题。

第二，协会行业自律规则的执行权。

判断行业自律管理组织能否充分履行自律管理的职权的一个重要标准还在于其能否有效地执行行业自律规则。由于成员对私利的追逐，并不能保证合理、有效的自律规则均能得到有效的遵守和自动的实施，且这种不自律行为的隐蔽性不易发现。因而，赋予证券业协会实际的调查、立案、听证、审议、裁决等职权对其行业自律规则的执行权的落实是真正的保障和关键所在。保障该自律规则执行权的实现不应仅是立法中的规定，更重要的是现实中相关履行执行权的专门人员和机构的设置，以及相关资金的保障和支持。否则，自律规则的执行将成为空谈。而目前中国证券业协会的自律管理不足，并非是其自律规则的缺失，而是在落实自律规则的执行权方面存在严重不足。

第三，协会行业自律规则违规的有效审查。

自律规则的有效执行还取决于自律规则违规行为的有效审查。随着证券市场的多层级发展、交易程序的复杂和交易品种的多样化发展，证券违法行为和违规行为更容易发生，且具有很强的隐蔽性和更大的破坏力。但是，市场成员的逐利本性决定了其规避法律、逃避打击的本性。而目前中国证券业协会在自律管理中存在违规审查双向渠道的严重堵塞问题。一方面，鉴于协会的人员、财力的限制无法及时发现自律规则的违规行为；另一方面，也缺乏自下而上的违规行为的检举、监督机制。因而，如何解决协会的主动审查和监督问题，设立有效的定期或日常检查、审查制度以及成员的行为和信息的报告、披露等制度，解决现行双向审查渠道堵塞的问题是其自律规则有效实施的根本保障。

（二）行业成员的监管权

本质上而言，行业协会是由其成员自发组成的，目的在于运用行业成员集体的力量争取和维护成员的共同利益，应对共同的风险。行业协会的社团性决定了行业协会应是一个有效率的团体组织。而对该团体成员行为的有效约束也决定了其共同利益是否能得到有效的维护。为保障对成员的有效约束，证券业协会所应履行的行业监管权包括：（1）行业资格的准入审查、许可权。行业协会是特殊群体的集体组织，能否加入该组织并利用组织的力量维护个体的利益和减少风险，必须设定行业的准入条件、标准。合格的成员也是行业协会整体利益维护的基础。这也是由行业协会本身与其成员间的信任、契约关系所决定的。（2）日常管理权。行业协会的有效运转不仅依赖成员的行为自我约束，也依赖于协会对成员的日常监督和管理。

（三）有效的激励奖惩制度

行业协会若要通过制定相应的自律规则指导协会成员的行为，并改变成员自律的"利得矩阵"，促使其自律的实现，必须建构相应的激励、惩罚机制作为补充。有效的激励惩罚机制有利于行业协会公信力建设，使行业协会从利益表达者走向行业权威象征者。正如科尔曼所言：如果任何行动者不服从规范，必须对其施行惩罚，只有这样，规范方能行之有效。[1] 目前，中国证券

---

[1] [美] 詹姆斯·S. 科尔曼：《社会理论的基础理论》，邓正来译，社会科学文献出版社1999年版，第314页。

业协会一般是作为企业向政府表达利益诉求的渠道发挥作用，而不是作为行业的权威者发挥作用。因而，加强证券业协会本身的建设也是提高其行业内公信力的一个重要方面。

行业自律的有效维护表现在两个方面：一是合理的激励机制和有效的惩罚机制。前者在于增加行业成员自律的预期效益，后者的作用则在于增加其不自律的企业的预期成本。二者合理利用才能有效地促进成员自律的实现。行业协会表现为一个集体成员的组织，而集体行动中表现出来的"猎鹿博弈""囚徒困境"和"懦夫博弈"的问题都有可能造成集体成员中某一成员的不自律或"搭便车"的现象。而如何在协会中对其成员施以激励，奥尔森提出了"选择性激励"原则，❶ 即只有一种独立的和选择性的激励会驱使潜在集团中的理性个体采取有利于集团的行动，激励必须是"选择性的"，这样那些不参加为实现集团利益而成立的组织，或者没有以别的方式为实现集团利益作出贡献的人所受到的待遇与那些参加的人所受到的待遇才会有所差别。实际上，由于每一个行业协会成员的自律程度和自觉性不同，也决定了激励只能是选择性的。当然，激励的效果有可能是积极的，也有可能是消极的，这就需要行业协会采用多样化的激励方式，而其中客观、合理的成员信用等级评定体系的建设是一种有效的手段。

同时，有效的惩罚对于促进成员的自律也是必不可少的。破坏行规的成员遭受惩罚是成员不自律必须付出的代价，唯有如此，才能惩戒违规者，起到对潜在不自律成员的威慑作用。证券业协会的这种惩罚机制属于行业内部建立的非法律惩罚机制，这种非法律惩罚措施的效力，按照 Posner 先生所言，更具有专业性和针对性，因为：当争端源于一个高度团结的团体成员之间，团体执行机制会比法院更好。大多数团体对有关其自己的道德标准

---

❶ ［美］曼瑟尔·奥尔森：《集体行动的逻辑》，陈郁、郭宇峰、李崇新译，上海三联书店、上海人民出版社1995年版，第41页。

和争执下面的真相拥有更深入的了解,易于建立有效地搜集信息和解决争执的机制,相比之下,法官和陪审团通常是无知的。❶

目前,中国证券业协会对其成员违规行为给予的仅仅是处分,且惩罚力度远远不够。这些处分方式包括:警告、行业内通报批评、通过媒体公开谴责、暂停部分会员权利、暂停会员资格、取消会员资格、暂停或解除其在协会担任的职务等具体处分方式。这些处分措施并不具有很强的制裁效果和威慑力,成员违规成本很低。当成员的违规行为造成严重的损害后果时,证券业协会只能借助于政府的惩戒手段。这种处分方式使证券业协会自律管理弱化的同时,也变相地加强了政府的监管力度。

另外,目前中国证券业协会较为忽视对其成员给予的必要激励和奖励,更注重对违规行为的处分,但处分又没有很大的制约性。奖惩机制严重失衡。当然,这种不平衡的奖惩方式也与中国缺乏鼓励、讲究惩处的民族性格、人文特征有些许关联。

当证券业协会成为中国统一的证券业自律管理组织后,应当改变这种激励惩罚的不平衡现象,同时落实惩戒措施的有效制约性,诸如建立成员失信信息的网络披露制度、协会成员资格的开除制度、证券市场禁入制度等切实有效的制裁措施。只有当成员不自律或违规的行为付出的代价大于其违规的成本时,才能起到自律、自治的作用。当然,也要避免行业自律惩罚权的行政化或司法化的现象发生。

(四) 业内争端解决权

证券业行业内部争端的解决权与其成员违规行为的处罚权是两个不同的概念,适用的行为和情形也有所不同。行业内部争端的解决权是证券业协会对有关协会内部事务进行仲裁或调节的权力。争端解决权也是行业协会的一个重要的权利。

---

❶ Eric A. Poster:"The Regulation of Groups", The influence of legal and nonlegal sanctions on collectice action 63 U. Chi. L. Rev. 133 (1996)(ⅱB).

第六章 证券业自律管理"公权化"矫正的路径选择

争端解决权的实质是自决权，是行业协会自治权不可或缺的组成部分。行业协会享有的行业内争端解决权，与其享有的监管权、非法律处罚权共同构成协会行业自治权完整的体系。而且，面对证券市场信息化、网络化、国际化的发展，行业内部纠纷的发生频率和数量更加频繁。而政府监管所表现出来的显而易见的、无法消除的滞后性也决定了应当赋予证券业协会享有业内争端的解决权，以保障协会内部纠纷及时解决，有效维护其运转。

其实，作为商人协会历来就享有独立的业内纠纷的裁决权，最早的商人法庭、商人仲裁权都是商人协会、商人公会最重要的权利构成部分。❶ 从证券业自律管理组织的发展历程看，美国纽约证券商协会 NASD 也都享有业内纠纷的调解权，以及更重要的仲裁权。❷ 不仅如此，新建立的美国 FINRA 同样也享有一定的证券纠纷仲裁权。❸ 中国在清政府时期于 1913 年曾颁布过的《商事公断处章程》和《商事公断处办事细则》，也曾明确认同和确认了商会仲裁的决定地位。❹

由行业协会享有业内争端解决权不仅有利于节约纠纷解决的成本，也更加具有专业性，尤其是以仲裁方式解决纠纷时，仲裁员选拔的专业性是其最具突出特色的地方，仲裁员都是也应该是熟知该行业专业知识、行业规则的专业人员，其具有更专业、更广泛的信息收集渠道，因而历来行业协会的仲裁比法院更具有专业知识方面的优势。而且，仲裁员的选择程序也保障了其仲裁裁决的公正性和有效性。

但是，中国证券业自律管理组织均无证券纠纷的解决权，所

---

❶ 金志霖：《英国行会史》，上海社会科学院出版社 1996 年版，第 58 页。

❷ Katherine Van Wezel Stone：" Rustic Justice：Community and Coercion Under The Federal Arbitration Act"，North Carolina Law Review，77 N. C. L. Rev. 931（1999）.

❸ Nick Petts，"FINRA and the Expansion of Nongovernmental Regulation"，Colubia Law Review，231（2010）.

❹ 虞和平：《商会与中国早期现代化》，上海人民出版社 1993 年版，第 161 页。

有证券纠纷案例一律交由司法途径解决。证券业协会更无证券争端的仲裁权。这些都有待于进一步改革和完善。

四、美国证券自律管理组织中独立证券仲裁纠纷的解决机制及其对中国的启示

仲裁在现代社会生活中发挥着越来越重要的作用。曾经仅限于特定的国际商业交易中的仲裁条款，现在出现在许多日常消费中。如美国银行协会为了维护银行的账户在其协会章程里通常包含仲裁条款。美国健康维护组织（Health Maintenance Organizations，HMOs）中规定的要求使用者与监管组织之间的纠纷通过仲裁解决，员工手册中经常规定员工要通过仲裁来解决有关争议。❶

在20世纪早期，改变仲裁法的动力与行业协会的兴起密切相关。行业协会制定行业生产标准，并制定格式合同，以规范成员之间的贸易交易。这种标准化的做法被看做是尽量减少商业纠纷的良好举措，出于同样的原因，行业协会建立了自己的内部仲裁制度，以解决协会成员之间的争端。在20世纪20年代，呈爆炸式增长的行业协会与商事仲裁的增长齐头并进。1927年，美国仲裁协会指出，仲裁是行业协会不可或缺的使命，仲裁保留了组织的凝聚力。❷ 仲裁被确定为行业协会成员之间解决纠纷的方式。

在20世纪初行业协会发展的背景下，美国法院广义解释FAA以及他们希望私人仲裁裁决的法定权利下放是合理的，这不仅在于案卷结算，也反映了他们给自我监管的组织的自主权，以

---

❶ Darid Charny：" Nonlegal Sanction in Commercial Relationships"，104 Hav L. Rev. 375.

❷ Barry Meier：" Customers Lose Ability to Sue"，N. Y. Times，Mar. 10, 1997, at A1.

及使社区在更大的社会中受到规范。❶

（一）美国证券业内部自我规制的强调与仲裁

早在1934年，美国《证券交易法》中就规定了自我规制的内容。自19世纪以来，主要的证券交易所都顽强并小心翼翼地守卫着他们自我调节的自主权。在20世纪早期的几十年，纽约和芝加哥股票交易所曾拒绝加入团体协会，理由是他们不是国家的创造物。相反，他们声称，他们是私人会所，有权制定自己的规则的行为，并选择和约束自己的成员。

20世纪30年代，许多国家的政府开始介入规范证券市场，并要求证券经纪人、交易商进行证券登记。其中，美国行业贸易协会中的国际银行家协会（the International Bankers Association, IBA）以排除政府对股票交易所中的干预监管来回应这场"战斗"，并获得成功。1930年，其提议建构一个公司法的模式，以适应经纪人、交易商和非免税证券公司的行为登记，但仍然主张豁免证券在纽约、芝加哥或任何其他认可和负责的股票交易所中上市，该主张最终使证券交易所摆脱了联邦和州的两级监管，被认为是一个追求自律监管行业的胜利。据历史学家 Michael Parrish 称，这种模式的后果是授权私营机构和志愿团体以巨大的力量和责任，这种使得国家放弃对私人机构正式监管现象是在20世纪20年代其自律管理过分自信的一个迹象，各种层级的协会通过私人决策和自我管理的能力有效管理着美国经济的很多领域。❷

1934年《证券交易法》中的自我管理的问题通过了广泛争辩，虽然最终确立了政府的监管制度，但其也充分肯定了自律监管的作用，1937~1939年的美国证券交易委员会主席 William

---

❶ Philip G. Philips："Comercial Arbitration Under the N. R. A", Chi. L. Rev. 424, 426-427 (1933).

❷ Michael E. Parrish：" Securities Regulation and the New Deal", 5-7 (1970).

O. Douglas 先生解释道："从广大公众的角度来看，这样的自我调节比直接监管更有效……自我调节能够影响商业惯例和普遍的微妙的商业道德。"❶ 这种自我监管理念一定程度上限制了美国证券交易委员会对证券业自律管理内部事务的监督。

（二）美国证券业自律管理中仲裁纠纷解决机制的运行

这种行业内部的自我规制逐渐发展成为行业内部仲裁机制的建立。1845 年，纽约证券交易所（NYSE）就提供了一个自愿仲裁机制来解决证券交易所成员之间的纠纷。1869 年，在 NYSE 的章程中扩大了自愿仲裁范围，允许非会员与会员的纠纷也适用仲裁机制，只要非会员同意遵守由 NYSE 的仲裁规则进行仲裁。❷

全美证券交易商协会 NASD 于 1968 年也确立了行业内部的仲裁制度，除允许会员用仲裁解决其之间的证券争端外，还允许非会员在同意仲裁条款时利用仲裁解决证券纠纷。1972 年，NASD 改变其规则，规定如果客户试图要求成员或有关人员的纠纷进行仲裁，则在 NASD 成员间强制执行仲裁方式。当然，客户在法庭上有选择仲裁或诉讼的权利。在此之后的十年中，仲裁对客户来说变成是不可选的争议解决渠道。在 20 世纪 80 年代初，一些大的证券公司开始要求所有客户同意用仲裁解决所有争议。1987 年后，随着时间的推移，越来越多的争议提交仲裁解决。例如，有些法院强制在 NASD 和 NYSE 两个成员之间违反证券法规行为的纠纷执行仲裁协议，并以自律管理性质为理由来不断扩大证券交易所的证券仲裁范围。同样，在 Muh v. Newburger, Loed & Co. 一案中，第九巡回法庭（the Ninth Circuit）根据股票交易所自律管理的本质主张，即使争议双方终结了其为股票交易

---

❶ Richard W. Jenning: "Mr. Justice Douglas: His Influence on Corporate and Securities Regulation", 73 Yale L. J. 920, 945 (1964).

❷ Norman S. Poser: "Making Securities Arbitration Work", 50 SMU L. Rev. 277 – 280 (1996).

所会员，如果双方仍要求仲裁解决争议应予以支持。❶ 按照法院判决的观点，证券交易所会员与公司之间的争端必须仲裁，并在交易所自律监管权利的范围内提交仲裁解决，法院给予证券业自律管理组织这种仲裁的自主性和自我调节的观点也促进了以后的自律管理。可以说，在证券范围内尊重、适用仲裁解决证券纠纷有其历史的渊源和合理的根据。道格拉斯（Douglas）大法官曾认为，在证券交易中，法院应支持自律的社团方式，允许其利用内部的仲裁制度去裁决纠纷。❷ 20 世纪 80 年代中期，证券纠纷被要求首先运用仲裁方式来解决争端，尽管经纪人与客户不同意这样做。

最近，美国对其证券业自律管理体制进行改革，设立的新的统一的 FINRA 中依然确立了其证券业行业成员间证券纠纷的仲裁裁决权。正如全美证券交易商协会要求成员同意证券纠纷仲裁协议不涉及国家行动一样，FINRA 也作了相同的规定，这一规定使得证券业成员内部的证券纠纷的仲裁裁决也仅限于行业内部的仲裁，此与外部仲裁的性质相区别。

（三）美国证券业自律仲裁纠纷解决机制对中国的借鉴意义

美国自 20 世纪 30 年代前即在其证券业自律管理组织中实行行业内部成员间证券纠纷的仲裁裁决制度，这与其深入人心的自治理念、行业的自律独立性、尊重私主体私权的理念有着密切的关联。这种业内的内部仲裁机制尽管由于也涉及行业成员以外的证券交易方而引起对裁决的不公正的质疑，但是证券业自律管理组织的仲裁权与其监管权、处罚权形成了其自律管理自治权的统一体。并且，仲裁制度能够在美国证券业自律管理行业中一直运行也自有其不可替代的优势。

---

❶ Katherine Van Wezel Stone："Rustic Justice：Community and Coercion Under The Federal Arbitration Act"，North Carolina Law Review，77 N. C. L. Rev. 1004（1999）.

❷ Jonathan R. Nelson："Judge-Made Law and the Presumption of Arbitrability："，58 Brook. L. Rev. 279，303（1992）.

中国目前还不承认民间仲裁和调解协议的效力。而统一仲裁机构的设立又造成行业协会的仲裁机构在法律设置上的缺陷和障碍。因此，从中国现行制定法的制度安排来看，行业协会的仲裁、调解效力是相当有限的。

中国正面临着金融监管体制的改革，改革的目标不仅仅是要加强对政府的监管，其中必然涉及对证券业自律管理体制的改革和完善。而建构证券业协会统一的证券业自律管理组织的地位，势必也需重构其自律管理的权利体系和自律管理机制。因而，改变对行业协会民间仲裁的消极态度，借鉴美国证券业自律管理组织的仲裁裁决机制，在中国承认建立在自愿基础上的证券业协会的仲裁裁决和调解协议的效力，对于灵活解决证券纠纷，落实证券业自律管理体制的实际运行，也具有深远的意义。

五、实现和保障自治的证券业协会治理结构的建设

自治权的赋予是实现自治的基础，但能否实现自治还取决于行业协会是否拥有足以保障自治实现的治理结构。如果行业协会没有足以代表行业协会成员利益和意愿的决策机构与执行机构，行业协会的负责人受命于政府甚或直接由政府委派，行业协会自治就很难实现。因此，是否有真正体现和反映行业协会会员集体利益和意志的决策机构，是否有真正贯彻保障行业协会决策机构决议得以有效实施的执行机构和监督机构，对于行业协会自治能力的建设至关重要。这也是各国或地区行业协会法律制度建设的核心问题。

就中国《证券业协会章程》的内容来看，其第四章专门就组织机构和负责人产生、罢免等内容进行了具体详细的规定，涉及会员大会、理事会、常务理事会、监事会、会长办公会、会长、秘书长任职条件和资格、咨询委员会和专业委员会等各种组织结构的规定。由上述规定可以看出，中国证券业协会的内部自治治理结构从形式上看已经相当全面，似乎应当能够科学合理地运行，切实履行证券市场自律的监管职责，但实则不然。其中，最重要的问题就是无论是机构、人员还是职权都来自于政府的设立、任免和授权，这就大大减弱了证券业协会自律管理的功能。因此，应当进一步改革完善制度建设，改变其治理结构中影响自律监管的因素。尤其是从证券业协会的人事安排来看，必须脱离证监会的实际控制和干预，所有证券业协会的人事安排由全体会员大会决定，包括会长、副会长、秘书长、副秘书长人选以及协会内部组织机构的设置等，以此保证证券业协会组织结构的独立性。

当然，在当今中国，证券业的自律管理要达到和谐完善的境界，仅靠以上的一些措施和建议还是远远不够的，需要不断地进行创新、改革，完善法制建设，同时整合有用的社会资源，综合运用社会的其他机制来协调和配合，从制度的安排、机制的运用等多方面来保障中国证券业自律管理体制的有效实施。

结　语

曾几何时，证券业自律管理在英美西方证券市场发展的长河中，作为唯一的市场监管主体，凭借其自律的优势发挥了巨大的作用，并在一百多年的辉煌历史中占据着无以取代的地位。但随着证券市场的发展，追逐私利本性的证券经营者们在精心设计的名目繁多的衍生品种中，通过夸大、虚假、欺瞒等手段，在获取巨额利润的同时，也逐渐放弃了他们最初定下的自我约束、自我管理的"契约"盟誓，并最终在"大萧条事件"的爆发声中终结了证券市场证券业自律管理"一尊独大"的局面，由此开启了政府干预监管证券市场的大门，并在一路演变的过程中，在政府公权力的不断强势下，逐渐削弱了其自律管理原有的"独立的""自治的""私权利"的本质，被广泛质疑成为一个"准政府的机构"，成为政府证券监管的一个"臂膀"。

而生成于政府主导下、肩负着特定时期"历史使命"的中国证券业自律管理组织自始即被置于行政管控之下，致使证券业自律管理组织在这种天生发育土壤不良的环境下更缺少自律管理应有的"独立性""自治性"品质，政府色彩过于浓厚，俨然扮演着政府证券监管一个"附属机构"的角色。

究其根源，证券业自律管理之所以演变成政府证券监管的一个"臂膀"，其根源是证券业自律管理"公权化"症结。

形成证券业自律管理"公权化"异化的原因是多样的。一方面，在证券市场的不断发展中，证券业自律管理人员逐渐与市场分离，致使自律管理的专业性、灵活性优势逐渐淡化，出现与政府监管中监管人员与市场隔离的相似状态。另一方面，在私利逐利的驱使下，基于契约范畴的自律规则显得约束力不足，尤其是在交易所非互助化改制后，自律管理职能与其自身营利需求及其他相关主体经济利益诉求之间出现冲突，使交易所在行使自律管理权时，在处罚其成员和其他相关主体违规行为时表现出或妥协、或偏袒、或放松、或被"挟持"等自律管理不力的现象。这些现象使得证券业自律管理在每一次的危机爆发中成为主要被责难的对象。

应该说，证券业自律管理在其发展中确实存在上述问题，但上述所发生的问题并不是其"公权化"的根本原因。其实，每一次危机的发生，证券业自律管理体制也处于不断的自我调整和完善中。实际上，制度的异化更是外部强大力量使然的结果。

随着市场经济的发展，证券市场对一国经济发展所起到的影响作用越来越重要，政府对金融市场实行干预政策和对公共利益进行保护不仅是必须的，也是必要的。但是，证券市场的特殊性决定了政府的全面、直接监管政策不仅达不到所预期的目标，还会在政府公权力不断扩张之下削弱证券业自律管理的功能并逐渐使其异化。正是这种政府外部公权力的强烈干预才是证券业自律管理"公权化"形成的最根本因素。

正如任何行为都受到思想、理念的影响一样，经济学理论中主张的经济政策观点与政府是实施放松的金融监管政策还是加强干预的金融监管政策有着密切的关联性。也可以说，正是在经济学理论所主张的不同经济政策的引导下，政府对金融、证券监管采取了或自由放松、或加强干预的监管政策，且证券业自律管理体制在政府不断加强金融监管力度的背景下，逐步表现出异化的迹象。

尽管如此，生成于不同环境背景下的证券业自律管理制度，其"公权化"异化的路径选择和内涵却有所不同。任何制度变迁总是有其自身路径依赖的规律可循。

自律、自治精神是一种源于主体内部的自发与自觉结果，是文化发展的凝结，不可能由外界强行推行。英美证券业自律管理

结　语

制度恰恰是证券业经营主体自发、自觉的产物。市民社会的自治精神造就了英美国家高度发达的自律管理组织，由此彰显的独立、自治精神在政府证券干预不断加强的维度中尽管大大削弱并被质疑"公权化"现象，但也应该承认这种异化是站在最初证券业自律管理完全自由、自治的角度中论及的。换句话说，其证券业自律管理"公权化"演变是行业自律从最初的完全自由、自治管理走向政府干预、监管下的自由、自治管理，有其合理性。

而我国证券业自律管理体制完全是在政府行政推行中生成的。在我国缺乏市民社会"独立、自治"精神，在以集权主义、国家本位主义以及官本位主义为典型特征的环境下，我国证券业自律管理的"公权化"有其必然性。这种"公权化"是在严重脱离了行业自律管理本义前提下的严重异化。因而，有必要予以矫正。

证券业自律管理"公权化"矫正路径主要表现在三个方面。首先，修正我国现行政府主导证券监管理念是"公权化"矫正的首要路径选择。正确的思想、理念才能引导正确的行为，制定合理的措施。政府监管尽管是必要的，但却不能是统管型的。应确立政府适度监管理念，确立规则监管与原则监管相结合的理念，明确政府证券市场公平竞争最终裁决者的角色。在中国证券业自律管理制度天生"发育不良"的情形下，争取自身自治权的能力也天然不足，因而政府证券监管权限的合理分配和权限的下放是证券业自律管理健康发展的关键，而市民社会的有效培育也是其中重要的环节。

其次，应对我国证券交易所自律管理组织严重"公权化"现象进行矫正。在全球证券交易所已基本实现非互助化公司改制的浪潮中，在证券市场国际化趋势日益明显的情形下，若要参与到国际证券市场竞争中获得更多的国际市场资源，就应当进行交易所的公司化改制，这也是交易所"公权化"矫正的主要途径。

对此可合理借鉴英美等国交易所公司化改制后自律管理功能与自身利益冲突的解决之道，树立交易所市场一线监管者的地位及其交易市场一线监管者的自律管理职权。同时，积极架构我国交易所跨境联盟途径。

最后，矫正我国证券业协会严重"公权化"现象。在确立我国交易所证券交易市场一线监管者地位的基础上，重树证券业协会为统一的、独立的、非政府的证券业行业自律管理组织地位。赋予其行业自律管理自治权应有的各种职权体系，尤其是具有实质自治内容的处罚、裁决权。只有这样，才能真正改变其政府"桥梁"的角色，树立其证券业行业利益维护者、代表者的真正地位和权威。

证券业自律管理的变革是一个古老而又充满矛盾的课题。中西方在证券业自律管理的发展路径中都不同程度地表现出"公权化"的现象。中国证券业自律管理"公权化"尤为突出，探寻其矫正的路径相对也更为困难，这不仅仅关乎证券业自律管理本身某一措施的加强或变化，更涉及整个金融监管体制的变革，而这种变革绝非一朝一夕所能完成的。

因此，中国证券业自律管理"公权化"矫正之路任重而道远。鉴于本人学识有限，所研究内容定是粗陋之处颇多，还有待于进一步探索，也请各位专家不吝赐教。

参考文献

一、中文类

（一）著作类

1. ［美］路易斯·罗斯、乔尔·塞利格曼.美国证券监管法基础［M］.法律出版社，2008.
2. ［美］雷蒙德·W.戈德史密斯.金融结构与金融发展［M］.上海三联书店、上海人民出版社，1994.
3. ［美］兹维·博迪、罗伯特·C.默顿.金融学［M］.中国人民大学出版社，2001.
4. ［德］柯武刚、史漫飞.制度经济学［M］.商务出版社，2004.
5. ［美］唐纳德·A.威特曼.法律经济学文献［M］.苏力等译，法律出版社，2006.
6. ［美］莱瑞·D.索德奎斯特.美国证券法解读［M］.法律出版社，2005.
7. ［美］道格拉斯·C.诺斯.经济史中的结构与变迁［M］.上海人民出版社，1997.
8. ［美］道格拉斯·C.诺斯.制度、制度变迁与经济绩效［M］.上海人民出版社，1994.
9. ［美］罗纳德·卜麦金农.经济市场化的次序——向市场经济过渡时期的金融控制［M］.上海人民出版社，1999.
10. ［美］艾伦·加特.管制、放松与重新管制［M］.经济科学出版社，1999.
11. ［美］查尔斯·沃尔夫.市场与政府［M］.中国发展出版社，1994.
12. ［美］约瑟夫·E.斯蒂格利茨.政府为什么干预经济［M］.中国物资出版社，1998.

13. ［美］哈耶克.通往奴役之路［M］.中国社会科学出版社，1997.
14. ［美］安东尼·吉登斯."第三条道路"与新的理论［M］.杨雪冬、薛晓原译，社会科学文献出版社，2000.
15. ［美］波斯纳.法律的经济分析［M］.中国大百科全书出版社，1997.
16. ［英］哈耶克.自由秩序原理（上）.［M］.邓正来译，生活·读书·新知三联书店，1997.
17. 曾宛如.证券交易法［M］.元照出版社，2006.
18. 赖源河.证券交易法［M］.元照出版社，2008.
19. 钱小安.金融监管体制、效率与变革［M］.中国金融出版社，2006.
20. 宋鸿兵.货币战争［M］.中信出版社，2007.
21. 吴弘，胡伟.市场监管法论［M］.北京大学出版社，2006.
22. 林俊国.金融监管的国际合作机制［M］.社会科学文献出版社，2007.
23. 张新，朱武祥.证券监管的经济学分析［M］.上海三联书店，2008.
24. 鲁篱，黄亮，程乐明.金融公会法律制度研究［M］.中国金融出版社，2005.
25. 于绪刚.交易所非互助化及其对自律的影响［M］.北京大学出版社，2001.
26. 李东方.证券监管法律制度研究［M］.北京大学出版社，2002.
27. 谢平，蔡浩仪.金融经营模式及监管体制研究［M］.中国金融出版社，2003.
28. 谢增毅.公司制证券交易所的利益冲突［M］.社会科学文献出版社，2007.
29. 陈野华，等.证券业自律监管理论与中国的实践［M］.中国金融出版社，2006.
30. 姜洋.中国证券商监管研究［M］.中国金融出版社，2000.
31. 陈富良.放松规制与强化规制［M］.上海三联书店，2001.
32. 卞耀武.英国证券发行与交易制度［M］.法律出版社，1999.
33. 卞耀武.德国证券交易法律［M］.法律出版社，1999.
34. 鲁篱.行业协会经济自治权研究［M］.法律出版社，2003.
35. 屠光绍.证券交易所：现实与挑战［M］.上海人民出版社，2000.
36. 赵锡军.论证券监管［M］.中国人民大学出版社，2000.
37. 金志霖.英国行会史［M］.上海社会科学出版社，1996.

参考文献

38. 郭威. 政府监管与行业自律 [M]. 中国社会科学出版社, 2011.
39. 戴维·波普诺. 社会学 [M]. 李强译, 中国人民大学出版社, 1999.
40. 虞和平. 商会与中国早期现代化 [M]. 上海人民出版社, 1993.
41. 张路译. 美国 1933 年证券法（中英文对照本）[M]. 法律出版社, 2006.
42. 张璐等编译. 美国 1934 年证券交易法（中英文对照本）[M]. 法律出版社, 2006.
43. 叶林. 证券法（第三版）[M]. 中国人民大学出版社, 2008.
44. 陈甦. 证券法专题研究 [M]. 高等教育出版社, 2006.
45. 齐爱民、崔聪聪. 电子金融法研究 [M]. 北京大学出版社, 2007.
46. 卞耀武主编. 美国证券交易法律 [M]. 法律出版社, 1999.
47. 卞耀武主编. 日本证券法律 [M]. 法律出版社, 1999.
48. 卢文道. 证券交易所自律管理论 [M]. 北京大学出版社, 2008.
49. 郭薇. 政府监管与行业自律 [M]. 中国社会科学出版社, 2011.
50. 于旭刚. 交易所非互助化及其对自律的影响 [M]. 北京大学出版社, 2001.
51. 林丹明, 熊辉. 证券电子商务：网络经济时代的证券市场透视 [M]. 中国金融出版社, 2001.
52. 黄敏助. 最适合我国证券监理制度之研究 [M]. 华泰文化事业公司, 1999.
53. 吴志攀、白建军主编. 证券市场与法律 [M]. 中国政法大学出版社, 2000.
54. 范中超. 证券之死——从权利证券化到权利电子化 [M]. 知识产权出版社, 2007.
55. 张育军, 徐明主编. 证券法苑（第一卷）[M]. 法律出版社, 2009.
56. 黄红元, 徐明主编. 证券法苑（第七卷）[M]. 法律出版社, 2012.
57. 符启林主编. 中国证券交易法律制度研究 [M]. 法律出版社, 2000.
58. 林国俊. 金融监管的国际合作机制 [M]. 社会科学文献出版社, 2007.
59. 盛学军主编. 欧盟证券法研究 [M]. 法律出版社, 2005.
60. 郑顺炎. 证券市场不当行为的法律实证 [M]. 中国政法大学出版社, 2000.
61. 王曙光. 金融自由化与经济发展 [M]. 北京大学出版社, 2003.

62. 彭兴韵. 金融发展的路径依赖与金融自由化 [M]. 上海三联书店、上海人民出版社, 2002.
63. 将光和. 金融产业可持续发展理论研究 [M]. 商务印书馆, 2004.
64. 张宇燕. 经济发展与制度选择 [M]. 中国人民大学出版社, 1999.
65. 张兴胜. 渐进改革与金融转轨 [M]. 中国国金融出版社, 2007.
66. 漆多俊. 宏观调控法研究 [M]. 中国方正出版社, 2002.
67. 胡家永. 政府干预理论研究 [M]. 东北财经大学出版社, 1999.
68. 李扬, 王国刚, 何德旭. 中国金融理论前沿 [M]. 社会科学文献出版社, 2003.
69. 董欲平. 金融：契约、结构与发展 [M]. 中国金融出版社, 2001.
70. 上海证券报社著、关文、殷占武总策划. 资本大时代——中国证券市场20年 [M]. 中信出版社, 2011.
71. 洪伟力. 证券监管：理论与实践 [M]. 上海财经大学出版社, 2000.
72. 漆多俊. 经济法价值、理念与原则 [M]. 经济法论丛第2卷, 中国方正出版社, 1999.
73. 屠光绍. 市场监管：架构与前景 [M]. 上海人民出版社, 2000.
74. 蔡林海. 美国楼市泡沫的故事 [M]. 经济科学出版社, 2008.
75. 王森, 齐莲英. 美国证券市场：制度、运作与监管 [M]. 经济科学出版社, 2002.
76. 张育军. 投资者保护法研究 [M]. 人民出版社, 2007.
77. 王春鸽. 论证券交易所自律监管职能的完善 [M]. 中国政法大学, 2011.

（二）论文类

1. 陈柳钦. 金融危机背景下美国金融监管改革剖析 [J]. 博瑞金融论坛, 2009 (3).
2. 王自力. 道德风险与监管缺失：美国金融危机的深层原因 [J]. 中国金融, 2008 (20).
3. 周卫江. 美国金融监管改革计划的原因分析及其影响 [J]. 财经理论与实践, 2008 (6).
4. 罗洋. 美国金融监管体系改革动向及其对中国的启示 [J]. 南方金融, 2008 (6).

5. 徐克恩，鄂志寰.美国金融监管体系的重大变革［J］.国际金融研究，2008（5）.
6. 赵静梅.美国金融监管结构的转型及对中国的启示［J］.国际金融研究，2007（12）.
7. 尹继志.美国金融监管体系改革评析［J］.金融发展研究，2009（2）.
8. 廖岷.从美国次贷危机反思现代金融监管［J］.国际经济评论，2008（4）.
9. 廖岷.原则导向监管真的失效了吗？［J］.中国金融，2008（21）.
10. 王寅.美国金融监管改革与启示［J］.河南金融管理干部学院学报，2008（3）.
11. 邓翔，李雪娇."次贷危机"下美国金融监管体制改革分析［J］.世界经济研究，2008（8）.
12. 王永中.美国金融危机与国际金融新体系：日本学者观点综述［J］.中国社会科学院世界经济与政治研究所国际金融研究中心 Working Paper No.0902，2009（3）.
13. 郑联盛.美国金融危机的制度反思［J］.中国社会科学院世界经济与政治研究所国际金融研究中心 Working Paper No.0903，2009（3）.
14. 郑联盛.美国金融监管体系的反思［J］.中国社会科学院世界经济与政治研究所国际金融研究中心 Working Paper No.0904，2009（3）.
15. 朱海洋、高远.日本证券市场监管体制的变革［J］.世界经济情况，2007（5）.
16. 刘曝.世界三大证券监管模式比较研究［J］.学术论坛，2003（8）.
17. 黄增镇.从政府行为的缺陷看证券行业监管管理的法律完善［J］.法制与经济，2007（3）.
18. 郑泰安.中国证券监管理念探析［J］.理论与改革，2007（3）.
19. 单飞跃、罗小勇.由善政到善治——从证券监管联想至经济法的本质［J］.湖南省政法管理干部学院学报，2002（10）.
20. 孙杰.从内控的有效性看合规管理制度建设［J］.董事会，2008（9）.
21. 张健华.美国重构金融监管体制［J］.当代金融家，2008（6）.
22. 虞群娥.论全球金融监管模式变革与中国监管模式选择［J］.http：//www.lunwentianxia.com/product.free.8009571.2/ 2009－4－12.
23. 林丽霞、薛承勇.中国试行证券监管和解制度问题初探［J］.http：//www.

chinalawedu. com/news/21606/138/2006/3/li7342394732102360028526 – 0. htm 2009 – 4 – 12.

24. 宋绍青. 论中国证券监管体制的健全与完善［J］. http：//www. law – lib. com/lw/lw_ view. asp? no = 4908&page = 3 2009 – 5 – 10.

25. 李玉基. 证券监管有效行使的路径选择［J］. 甘肃社会科学，2003（3）.

26. 李慧泉. 中国证券市场监管理念的分析［J］. http：//article. chinalawinfo. com/Article_ Detail. asp?ArticleID = 35201 2008 – 12 – 11.

27. 兰德尔·多德（Randall Dodd）. 金融衍生产品市场自由化所带来的苦果［J］. 2005 年 4 月 http：//www. law-lib. com/lw/lw_ view. asp? no = 4908&page = 3 2012 – 2 – 18.

28. 张鑫. 中国证券交易所公司化改革及竞争法律研究［J］. 商业时代，2012（2）.

29. 焦津洪. "欺诈市场理论"研究［J］. 中国法学，2003（2）.

30. 郭富青. 论中国资本市场的监管领域与自律、自治空间［J］. 学术前沿，2006（5）.

31. 真荣、黄正红. 美国证券业的自律监管制度［J］. 上市公司，2002（11）.

32. 谢增毅. 中国证券交易所的组织结构与公司治理：现状与未来［J］. 财贸经济，2006（6）.

33. 谢增毅. 证券交易所自律监管的全球考察：困境与出路［J］. 王保树主编. 商事法论集（第 11 卷），法律出版社，2006.

34. 谢增毅. 证券交易所组织结构和公司治理的最新发展［J］. 环球法律评论，2006（2）.

35. 谢增毅. 政府对证券交易所的监管论［J］. 法学杂志，2006（3）.

36. 王晓国、方园. 美国证券行业的组织创新及启示［J］. 证券时报，2008（8）.

37. 沈联涛. 从监管者角度看 21 世纪的第一次网络危机［J］. 上海证券报，2009（5）.

38. 刘志华. 中国证券交易所自律监管体制的问题及其改进［J］. 理论前沿，2008（11）.

39. 梁斌. 中国证券业自律性监管组织及其运行机制的实证分析［J］. 甘肃行政学院学报，2004（2）.

参考文献

40. 日本证券金融法制的最新发展与课题 [J]. 中国人民大学商法研究所 "商法前沿论坛"系列之二十五.
41. 庄玉友. 日本金融商品交易法述评 [J]. 证券市场导报, 2008 (5).
42. 彭冰、曹加里. 证券交易所监管功能研究——从企业组织的视角 [J]. 中国法学, 205 (1).
43. 赵振华. 自律是中国证券监管的有益补充 [J]. 求实, 2004 (11).
44. 朱慈蕴. 论证券交易所与会员公司的法律关系——两者关系法律构造的问题点 [J]. http://www.civillaw.com.cn/article/default.asp?id = 33510 2009 – 5 – 12.
45. 郭雳. 美国证券执法中的行政法官制度 [J]. 行政法学研究, 2008 (4).
46. 邱永红. 论《物权法》框架下的投资者权益保护——以证券交易所为视角 [J]. http://www.civillaw.com.cn/article/default.asp?id = 41865 2009 – 2 – 12.
47. 邱永红. 中国证券市场国际化进程中的监管合作与协调探析 [J]. http://www.civillaw.com.cn/article/default.asp?id = 41865 2009 – 2 – 12.
48. 邱永红. 论国际证券监管合作与协调的法学和经济学基础 [J]. http://www.civillaw.com.cn/article/default.asp?id = 41865 2009 – 2 – 12.
49. 徐明、卢文道. 从市场竞争到法制基础: 证券交易所自律监管研究 [J]. http://www.civillaw.com.cn/Article/default.asp?id = 22981 2008 – 12 – 21.
50. 蒋学跃. 关于证券交易所创设违约金监管制度的研究 [J]. 深圳证券交易所综合研究所 2008.4.10 深证综研字第 0162 号.
51. 叶林、王丽萍. 证券市场诚信、自律和法治原则研究 [J]. 上证联合研究计划第 15 期(法制系列)课题报告.
52. 张学政、刘磊. 境外主要交易所一线监管的现状、发展趋势及启示 [J]. 理论与实践, 2010 (3).
53. 深圳证券交易所 2007 年自律监管工作年度报告.
54. 深圳证券交易所 2008 年自律监管工作年度报告.
55. 上海证券交易所 2007 年自律监管工作年度报告.
56. 上海证券交易所 2008 年自律监管工作年度报告.
57. 郭晔. 有限理性框架下证券交易监管研究 [J]. 厦门大学博士论文, 2002.

58. 沈鹏.证券监管的限度［J］.中国政法大学博士论文，2003.
59. 龙超.证券监管的原因与结构分析［J］.复旦大学博士论文，2003.
60. 陶虎.中国证券监管制度效率分析［J］.江西财经大学博士论文，2003.
61. 陈道江.中国证券市场演进的制度经济学分析［J］.浙江大学博士论文，2004.
62. 赵洪军.中国证券市场监管理念与演变分析［J］.经济纵横，2006（10）.
63. 梁定邦.梁定邦先生纵谈《证券法》与证券监管［J］.证券市场导报，1999（1）.
64. 陈岱松.证券监管之法理释义［J］.上海市社会科学界第六届学术年会论文集，2008.
65. 包勇恩.新巴塞尔协议监管理念的制度缺陷——美国金融危机的金融法反思［J］.福建金融管理干部学院学报，2009（1）.
66. 唐久红，唐岳驹.阿克洛夫、斯彭斯和斯蒂格利茨的微观信息经济学理论及其应用［J］.国外社会科学，2002（6）.
67. 陈红.全球金融监管理念的冲突、碰撞及转型［J］.西部论丛，2010（10）.
68. 时辰宙.国际金融监管理念的最新演进［J］.金融发展研究，2010（12）.
69. 黎四奇.对我国证券监管理念的批判与反思［J］.经济论丛，2009年下卷，总第17卷.
70. 徐明，卢文道.证券交易所自律监管研究［J］.华东政法大学学报，2005（5），（42）.
71. 龙献忠，周晔.我国政府在金融监管中的定位困境与对策［J］.求索，2010（5）.
72. 赵洪军.中国证券市场监管理念与演变分析［J］.经济纵横，2006（10）.
73. 石岩.监管理念之我见［J］.中国投资，1999（8）.
74. 贾捷，李志强.基于演化经济学的企业文化演化解释［J］.经济纵横，2006（8）.
75. 祁斌.美国金融监管改革法案历程、内容、影响和借鉴［J］.金融发展评论，2010（9）.

76. 孙光焰. 我国证券监管理念的市场化 [J]. 中南民族大学学报（人文社会科学版），2007（2）.
77. 真荣、黄正红. 美国证券业的自律监管制度 [J]. 上市公司，2002（11）.
78. 黄运成. 在创新中加强监管 [J]. 中国证券报，2002（11）.
79. 张清华. 全球金融危机下中国证券监管理念的历史审视 [J]. 证券法苑，2010.
80. 谢增毅. 证券交易所组织结构和公司治理的最新发展 [J]. 环球法律评论，2006（2）.
81. 邱润根. 证券跨境交易的监管模式研究 [J]. 当代法学，20（2），(116).

二、英文文献

1. Yesenia Cervantes, "FIN RAH!"... A WELCOME CHANGE: WHY THE MERGER WAS NECESSARY TOPRESERVE U. S. MARKET INTEGRITY, Fordham Journal of Corporate and Financial Law, 2008.
2. Bradley J. Bondi, SECURITIES ARBITRATIONS INVOLVING MORTGAGE-BACKED SECURITIES AND COLLATERALIZED MORTGAGE OBLIGATIONS: SUITABLE FOR UNSUITABILITY CLAIMS?, Fordham Journal of Corporate and Financial Law, 2009.
3. Constantine N. Katsoris, SECURITIES ARBITRATORS DO NOT GROW ON TREES, Fordham Journal of Corporate and Financial Law, 2008.
4. Cheryl Nichols, MUTUAL RECOGNITION BASED ON SUBSTITUTED COMPLIANCE: AN INTEGRAL COMPONENT OF THE SEC'S MANDATE, North Carolina Journal of International Law and Commercial Regulation, Fall 2008.
5. John H. Walsh, INSTITUTION-BASED FINANCIAL REGULATION: A THIRD PARADIGM, Harvard International Law Journal, Summer, 2008.
6. Bridget B. Zoltowski, RESTORING INVESTOR CONFIDENCE: PROVIDING UNIFORMITY IN SECURITIES ARBITRATION BY OFFERING GUIDELINES FOR ARBITRATORS IN DECIDING MOTIONS TO DISMISS BEFORE A HEARING ON THE MERITS, Syracuse Law Review, 2008.

7. Department ADR News, FINRA SEEKS LIMITS ON MOTIONS TO DISMISS, Dispute Resolution Journal November, 2007-January, 2008.
8. Department ADR News U. S., SECURITIES NEWS: FINRA CODE CHANGES, PROPOSALS, Dispute Resolution Journal August-October, 2008.
9. Justin Kelly, STUDY SHOWS MIXED VIEWS ON FAIRNESS OF SECURITIES ARBITRATION, Dispute Resolution Journal August-October, 2008.
10. Stephen J. Ware, WHAT MAKES SECURITIES ARBITRATION DIFFERENT FROM OTHER CONSUMER AND EMPLOYMENT ARBITRATION?, University of Cincinnati Law Review Winter 2008.
11. Christopher W. Cole, FINANCIAL INDUSTRY REGULATORY AUTHORITY (FINRA): IS THE CONSOLIDATION OF NASD AND THE REGULATORY ARM OF NYSE A BULL OR A BEAR FOR U. S. CAPITAL MARKETS?, UMKC Law Review, Fall, 2007.
12. Thomas H. Oehmke and Joan M. Brovins, Arbitrating and Mediating Customer Securities Disputes at FINRA, American Jurisprudence Trials Database updated April 2009.
13. Jill I. Gross and Barbara Black, WHEN PERCEPTION CHANGES REALITY: AN EMPIRICAL STUDY OF INVESTORS' VIEWS OF THE FAIRNESS OF SECURITIES ARBITRATION, Journal of Dispute Resolution, 2008.
14. Banking & Financial Services Policy Report October, 2007, SEC Approves FINRA Rule Governing Sales Practices of Deferred Variable Annuities.
15. Banking & Financial Services Policy Report September, 2007, SEC Gives Regulatory Approval for NASD and NYSE Consolidation.
16. Banking & Financial Services Policy Report November, 2007, SEC Releases Source Code for Interactive Data Viewer for Free Use by the Market.
17. ADR Brief, NEW SECURITIES ADR PILOT LAUNCHES, ALLOWING INDUSTRY ARBITRATOR REMOVAL, Alternatives to the High Cost of Litigation, November, 2008.
18. ADR Brief, NEW SECURITIES ADR PILOT LAUNCHES, ALLOWING INDUSTRY ARBITRATOR REMOVAL, Alternatives to the High Cost of Litigation, November, 2008.
19. Roberta S. Karmel, SHOULD SECURITIES INDUSTRY Self-REGULATORY

ORGANIZATIONS BE CONSIDERED GOVERNMENT AGENCIES?, Stanford Journal of Law, Business and Finance, Fall 2008.
20. Laurence A. Steckman、Robert E. Conner, THE UNSUITABILITY OF THE "SUITABILITY RULE": WHY FINRA'S CURRENT INTERPRETATION OF CONDUCT RULE 2310 UNDERMINES INVESTOR "HOLDING CLAIM" ENTITLEMENTS IN CONTEMPORARY MARKETS, Journal of Business, Entrepreneurship and the Law, Fall 2008.
21. Errold F. Moody, ELDER INVESTMENTS: A CRITIQUE OF PROFESSIONAL AND CONSUMER MEDIOCRITY, Marquette Elder's Advisor, Fall 2008.
22. Barbara Black, ARE RETAIL INVESTORS BETTER OFF TODAY?, Brooklyn Journal of Corporate, Financial & Commercial Law, Spring, 2008.
23. Cheryl Nichols, MUTUAL RECOGNITION BASED ON SUBSTITUTED COMPLIANCE: AN INTEGRAL COMPONENT OF THE SEC'S MANDATE, North Carolina Journal of International Law and Commercial Regulation, Fall 2008.
24. Stan. L. Rev, From Markets to Venues: Securities Regulation in an Evolving World, Stanford Law Review, November, 2005.
25. 2008 Financial Industry Regulatory Authority, FINRA Notices to Members, December 8, 2008.
26. Berkeley Bus. L. J. Which Way for Market Institutions: The Fundamental Question of Self-Regulation, Berkeley Business Law Journal, Fall, 2007.
27. Jonathan R. Macey and Maureen O'Hara, From Markets to Venues: Securities Regulation in an Evolving World, Stanford Law Review, November, 2005.
28. Richard G. Ketchum, LECTURE: THE FIFTH ANNUAL A. A. SOMMER, JR. LECTURE ON CORPORATE, SECURITIES & FINANCIAL LAW, Fordham Journal of Corporate & Financial Law 2005.
29. John F. X. Peloso、Robert Colby、Richard G. Ketchum, LECTURE: THE FOURTH ANNUAL ALBERT A. DeSTEFANO LECTURE ON CORPORATE, SECURITIES & FINANCIAL LAW: PANEL DISCUSSION: CRISIS IN CONFIDENCE——Self-REGULATION IN THE SECURITIES INDUSTRY, Fordham Journal of Corporate & Financial Law 2005.
30. Andrew J. Cavo, WEISSMAN V. NATIONAL ASSOCIATION OF SECURITIES DEALERS: A DANGEROUSLY NARROW INTERPRETATION OF AB-

SOLUTE IMMUNITY FOR Self-REGULATORY ORGANIZATIONS, Cornell Law Review January, 2009.
31. Jarad D. Hunter, COMMENT AND CASENOTE: "NO CRYING IN BASE-BALL" —AND NO MORE CRYING ON THE STOCK MARKETS: AN ALTERNATE-HYBRID APPROACH TO Self-REGULATION, University of Cincinnati Law Review Winter, 2005.
32. Jake Keaveny, In Defense of Market Self-Regulation AN ANALYSIS OF THE HISTORY OF FUTURES REGULATION AND THE TREND TOWARD DEMUTUALIZATION, Brooklyn Law Review Summer, 2005.
33. Eric J. Pan, A EUROPEAN SOLUTION TO THE REGULATION OF CROSS-BORDER MARKETS, Brooklyn Journal of Corporate, Financial & Commercial Law, Fall, 2007.
34. E. Jackson, MARKETS AS REGULATORS: A SURVEY, Southern California Law Review, September, 2007.
35. Ethiopis Tafara、Robert J. Peterson, A Blueprint for Cross-Border Access to U. S. Investors: A New International Framework, Foreign Issuers & the U. S. Securities Laws 2007.
36. John C. Coffee, LAW AND THE MARKET: THE IMPACT OF ENFORCEMENT, University of Pennsylvania Law Review, December, 2007.
37. Stavros Gadinis、Howell E. Jackson, MARKETS AS REGULATORS: A SURVEY, Southern California Law Review, September, 2007.
38. Edward Sherwin, THE COST-BENEFIT ANALYSIS OF FINANCIAL REGULATION: LESSONS FROM THE SEC'S STALLED MUTUAL FUND REFORM EFFORT, Stanford Journal of Law, Business and Finance, Fall, 2006.
39. Jerry W. Markham、Daniel J. Harty, FOR WHOM THE BELL TOLLS: THE DEMISE OF EXCHANGE TRADING FLOORS AND THE GROWTH OF ECNS, Journal of Corporation Law Summer 2008.
40. Howell E. Jackson, THE IMPACT OF ENFORCEMENT: A REFLECTION, University of Pennsylvania Law Review PENNumbra 2008.
41. Herbert Harrer、Mark Devlin, FAIRNESS OPINIONS IN GERMANY AND THE UNITED STATES OF AMERICA, Journal of International Banking Law and Regulation 2008.

42. Bo Harvey, EXCHANGE CONSOLIDATION AND MODELS OF INTERNATIONAL SECURITIES REGULATION, Duke Journal of Comparative and International Law, Fall 2007.
43. Lawrence A. Cunningham, BEYOND LIABILITY: REWARDING EFFECTIVE GATEKEEPERS, Minnesota Law Review, December, 2007.

三、中国、国外相关法规

1. 中国证券业协会章程
2. 证券交易所管理办法
3. 证券经纪人管理暂行规定
4. 中国证券业协会会员公约
5. 中国证券业协会会员管理办法
6. 中国证券业协会证券分析师职业道德守则
7. 证券从业人员诚信信息管理暂行办法
8. 证券业从业人员执业行为准则
9. Objectives and Principles of Securities Regulation—International Organization of Securities Commissions, May 2003.
10. THE DEPARTMENT OF THE TREASURY BLUEPRINT FOR A MODERNIZED FINANCIAL REGULATORY STRUCTURE, THE DEPARTMENT OF THE TREASURY, March 2008.
11. FINRA Rules.
12. FINRA Coordinator Program.
13. Progress Status of Initiative toward Better Regulation — from July 2007 to April 2008, 日本.
14. Financial Instruments and Exchange Act (Effective April 1, 2008), 日本.

后记一

本书是在博士论文的基础上稍加修改完成的。论文成书一刻算是对博士学习阶段的一个最后交代，心里多少有些许的高兴。虽然这不是自己第一部独著的著作，但却是凝聚了自己以往最多辛苦、最多困惑、最多心血的著作。也正如博士论文完成之时的感受一般，经过"长途跋涉"到达"顶点"的"兴奋"远不是高兴二字所能涵盖的。更何况该部著作还远不能用"顶点"来衡量，充其量算是一个阶段学习的成果吧，尽管其中确实凝结了自己的某种思想。

因为兴趣也因为境遇我迈入了公司、证券法律研究领域。选择证券业自律管理研究更多是在博士导师冯果先生的鼓励下进行的，而我国证券业自律管理的不足早已成为共识，并已成为先期研究者笔下滔滔论证的课题，因而如何在一个业界任谁都可以说上几句的选题上进行"破题"成为博士论文写作过程中的重大困扰。尽管证券业自律管理的异化——"公权化"为该论题"破题"的点睛之处，并得到评审导师、答辩导师的一致首肯，但在窃喜之余也多少带有些许的惶恐。这种惶恐一部分来自自己较为缺乏的实战经验。

但是，这或许也是理论研究的魅力之处。观点的冲突、思想的闪耀不在于因循守旧、罔顾突破，而更在于大胆求索、不断创新，即便不够成熟甚或稚嫩，也会为新的探求提供可资辩证的佐料，此也不失为一种成果吧。证券业自律管理研究是一个古老而又常新的前沿性课题，其中不少问题富有研究价值，并具有可争论性。我不奢求本书的研究内容所给出的结论皆能自圆其说，尤其是这样一个本身就很明显的冲突性观点，但其中的所思所想作

后记一

为自己研究的一个阶段成果已可觉欣慰。当然，对于本书中的不足和缺陷，也衷心地希望同行的成就者们及读者批评指正。

写作的过程是累并快乐着的。其间的熬夜、辛苦、困惑、兴奋、愉悦、顿悟都随着流逝的时光渐渐积淀为内心世界，成为人生体味。

在本书出版之际，再次感谢论文写作过程中给予我指导意见的各位导师，尤其是冯果先生，谢谢您在论文写作过程中的答疑解惑，而在我毕业后您仍不遗余力给予我帮助，让我感激之余对"恩情"二字有了更多的领悟。

人生历程每一点滴的成就都离不开友情的相伴，而我一直以来都是幸运的，每一个阶段都有真心的朋友给我鼓励、促我成长，衷心地谢谢你们！对你们我有最真诚的感恩！除此之外，本书的出版还要特别感谢同学、朋友的不断鼓励和帮助，感谢知识产权出版社彭小华主任的大力支持，没有你们的帮助，本书的面世恐还将为时遥远。衷心地谢谢你们！

楼 晓

2013 年 11 月 12 日于西安

后记二

时光荏苒,转眼五个年头稍纵即逝。五年的光阴里这一刻我最惴惴不安,在改完最后一个字时心里不是释然,而是不安、担忧和无奈。明知拙作有太多的不足,但时限已到,也不得不交出去,就好像一幅画总感觉哪里缺了一笔,或者画板的颜色中总少了那一抹该有的亮色。说不清楚从什么时候起,心里总有一种惆怅的感觉,使得自己在写作的过程中总是断断续续,其中的无奈、困惑犹如五味杂陈,不时让自己深陷其中不能自拔。

在我第一次踏进武大校园时,就被它的青山、绿水和透着历史的古老建筑所吸引并由衷地喜欢,以致多次梦见五颜六色的花朵簇拥着的校园大道,那种美景甚至比现实中的更加绚丽多彩,我想可能是记忆太深刻的缘由吧。当我再次进入武大开始博士学习的时候,那些熟悉的印记让我有种回家的感觉。的确,母校原本就是人生中最绚丽的一抹记忆。我想我是幸运的,因为那里有太多的欢笑和美好的回忆。

是的,在我的幸运中,在我即将再次离开母校时,心中已经无数次要感谢我的导师——冯果先生。感谢您的帮助和包容。其实感谢之余也多有愧疚,愧疚于自己论文写作中的拖拉、迟钝。每当深夜自责自己不够努力、慵懒成习而懊悔时光的流逝时,也多有辜负您的期望之感。您敏锐的思维、严谨的态度、宽厚的胸怀和仁义的品德,也不是这里所能展现的;而我对您的感谢,也绝非言语所能表达,一切的一切都铭刻在心吧!

当然拙作的完成,还要感谢宁立志教授、熊伟教授、喻术红教授、张蓉芳教授和孙晋教授在开题、预答辩中对拙作提出的中肯意见和建议,真诚地感谢你们给予我的指导和帮助。我知道拙作还有诸多不足，感谢你们以宽厚、和蔼的大师风范给予我的温和指导。我想经济法教研室和谐的学术氛围和老师们一语中的的指导也是我们这些学子的幸运。再一次感谢你们！

正像导师冯果先生所言，博士学习是一个痛苦多于欢乐的过程，博士学位论文的写作更是一段掺杂着欢乐、煎熬、静思和困惑的心路历程。原本计划三年毕业，或雄心勃勃发誓在国外访学一年完成论文，但都因种种原因没能实现；其实这些所谓的原因也多为安慰自己的借口，真正的原因还在于内心动力的缺乏。写作是辛苦的，但是当心在其中，完成一篇译文或突然对多时的困惑有所"顿悟"时，又何尝不是一种享受和一份欣喜！在深夜完成一些笔墨之后也有些许的满足，只是自己懒散的毛病徒增了许多无奈、焦躁和痛苦。想来这就是人生吧，努力、懊悔夹杂其中。

感谢我的家人在我读博期间给予我的帮助，尤其是我乖巧的女儿，在我烦躁、不耐烦的时候，用她虽稚嫩但大度的胸怀开导我，给我欢乐！还要感谢那些给我帮助的同学，谢谢你们的鼓励！

窗外已经见白，清脆的鸟鸣已在耳畔，伴随着窗外清晨扫地的刷刷声——又过了一个不眠的夜晚！

行将落笔的时候，不禁感慨万千！本该早已完成的任务却在这个时候才了结，多少有些无奈、不甘！路已走过，只希望今后的路能更多些坚持和勤奋！也算是对自己的勉励吧。

学生时代终于要结束了，一个阶段的结束意味着另一个阶段的开始。而此时正值春意盎然、鲜花争艳的季节，让过往的一切美好永驻心头，新的一页在憧憬中绚烂地绽放……